엄마아빠가 지어주는

 **우리아이 명품이름**

전광 지음

보고사
BOGOSA

엄마아빠가 지어주는
New 우리아이 명품이름

초판 1쇄 2008년 11월 27일
초판 2쇄 2009년 9월 8일
 2판 1쇄 2011년 6월 17일
 3판 1쇄 2013년 5월 20일
 3판 2쇄 2015년 7월 3일
 4판 1쇄 2026년 1월 1일

지은이 | 전 광
발행인 | 김흥국
발행처 | 보고사

등 록 | 1990년 12월 13일 제6-0429호
주 소 | 경기도 파주시 회동길 337-15
전 화 | 031-955-9797
팩 스 | 02-922-6990
메 일 | bogosabooks@naver.com
홈페이지 | www.bogosabooks.co.kr

정 가 25,000원
ISBN 978-89-8433-695-7 03150

ⓒ전광, 2008

사전 동의 없는 무단 전재 및 복제를 금합니다.
잘못 만들어진 책은 바꾸어 드립니다.

책을 펴내며

오늘날의 이름학은 확립된 이론이 아니라 이러저러한 가설(hypothesis)이다. 그러나 가설(hypothesis)이란 것도 신선한 경지를 열어 주면서 현실적으로 설득력이 있어야 한다.

그러면 실상은 어떤가. 대부분의 주장들이 별것도 아닌 자질구레한 것들을 들고 나와 다양한 작명을 어렵게 만들고 있다.

그래서 나는 지금까지 난무하는 여러 주장들을 철저하게 파헤쳐 그 진위를 가린 후 쓸데없는 것들은 던져버리고 동양 전래의 순수한 음양오행 바탕 위에서 폭넓게 이름을 지을 수 있도록 혁신적인 이론을 전개하였다.

이 책은 여러 가지로 참신하다. 예를 들어 컴퓨터의 활용으로 이름 짓기에 필요한 사주팔자 세우기를 간단하게 해결할 수 있다.

나이 여든이 넘어서도 지금이 청춘인 나는 이 책에 정열을 쏟았다.

청춘은 덧없는 육체의 젊음에서 잠시 동안 얻어지는 형이하학적 욕망의 불꽃이 아니라 이상을 추구하는 정열로 쟁취할 수 있는 형이상학적 이데아의 아름다움이다.

독자님께 늘 은혜와 사랑이 충만하길 바란다.

석오(石梧) 전광(錢洸)

목차

01 이름과 운명

1. 들어가기에 앞서 　　　　　　　　　　　10
   1) 이름의 등장 　　　　　　　　　　　10
   2) 이름으로 역사를 바꾼 사람들 　　　11
   3) 이름 없이 살다 간 사람들 　　　　　15
   4) 이름대로 산 사람들 　　　　　　　18
   5) 고찰 순서 　　　　　　　　　　　　25
2. 성현의 견해와 성경의 내용 　　　　　26
   1) 공자 　　　　　　　　　　　　　　26
   2) 노자 　　　　　　　　　　　　　　26
   3) 석가 　　　　　　　　　　　　　　27
   4) 성경 　　　　　　　　　　　　　　28
3. 종합적인 판단 　　　　　　　　　　　29

02 기초 지식

1. 이름의 의미 　　　　　　　　　　　　40
2. 이름의 종류 　　　　　　　　　　　　44
   1) 아명과 관명 　　　　　　　　　　　44
   2) 자 　　　　　　　　　　　　　　　44
   3) 호 　　　　　　　　　　　　　　　45
   4) 필명과 예명 　　　　　　　　　　　47
3. 이름의 글자 수 　　　　　　　　　　　48
4. 성·씨·성씨 　　　　　　　　　　　　49
5. 성명의 배치 　　　　　　　　　　　　51
6. 족보 　　　　　　　　　　　　　　　52
7. 이름과 음양오행 　　　　　　　　　　53
   1) 이름 　　　　　　　　　　　　　　53

2) 음양오행	53
3) 소리(발음)와 음양	58
4) 소리(발음)와 오행	59
5) 글자(문자)와 음양	65
6) 글자(문자)와 오행	77
7) 뜻과 음양	78
8) 뜻과 오행	78
8. 이름과 81수리 이론	82
1) 의의	82
2) 배경	85
3) 내용	86
4) 81수리의 길흉	88
5) 정리	109
9. 이름학의 원칙	112

03 이름자

1. 항렬자	116
2. 자녀간의 서열을 나타낼 수 있는 글자	120
3. 동자이음어	126
4. 인명용 한자	129
5. 불용 문자	133
1) 의미	133
2) 진정한 불용 문자	133
3) 불길 문자	134
4) 길한 문자	136

목차

04 이름 짓기

1. 총설 · 140
   1) 작명 요령 · 140
   2) 작명에서 지켜야 할 기준 · 140
2. 작명 요령 1 · 143
3. 작명 요령 2 · 153
4. 작명 요령 3 · 155
   1) 남성의 경우 · 157
   2) 여성의 경우 · 159
   3) 외자 이름의 경우 · 163
   4) 성별이 다른 쌍둥이의 이름을 짓는 경우 · 164
   5) 성별이 같은 쌍둥이의 이름을 짓는 경우 · 165
   6) 부모의 성명 글자를 넣어서 이름을 짓는 경우 · 167
5. 한글 이름 · 168
   1) 의의 · 168
   2) 특징 · 168
   3) 문제점 · 169
   4) 음양오행 기타 · 170
   5) 짓는 요령 · 172
   6) 한글 이름 예 · 172
6. 이러저러한 이론들 · 188
   1) 삼원오행 · 188
   2) 오행의 상생 · 191
   3) 분파와 충돌 · 200

05	사주가 필요로 하는 오행	1. 사주입문	210
		1) 사주란 무엇인가	210
		2) 본인별	212
		3) 사주 구성법	214
		2. 희용신	227
		1) 용신을 찾는 방법	227
		2) 신강 신약 판단	229
		3) 조후로 찾는 희용신	235

06	윤회와 이름		238

07	개명	1. 의의	250
		2. 사유	250
		3. 절차	252

부록	1. 인명용 한자	262
	2. 성씨에 따른 길한 수리의 배합표	416
	3. 성씨에 따른 명품이름 짓기	437

01
이름과 운명

1. 들어가기에 앞서
    1) 이름의 등장
    2) 이름으로 역사를 바꾼 사람들
    3) 이름 없이 살다 간 사람들
    4) 이름대로 산 사람들
    5) 고찰 순서

2. 성현의 견해와 성경의 내용
    1) 공자
    2) 노자
    3) 석가
    4) 성경

3. 종합적인 판단

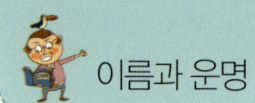 이름과 운명

Part 01 들어가기에 앞서

01 이름의 등장

인간은 언제 지구에 나타났으며 본래 모습은 무엇일까? 이에 대한 해답은 아직도 찾기 어렵다. 그러나 성경은 태초에 하나님이 인간을 창조하였으며 나아가 그 인간에게 「아담」이란 이름을 지어주었다고 한다.

인류의 역사는 보통 전설과 설화로 시작된다. 사마천의 『사기(史記)』에 의하면 중국의 역사는 삼황오제에서 시작되어 하(夏)·은(殷)·주(周) 3대로 이어진다. 사마천은 삼황에 대해서는 언급하지 않았지만, 오제는 황제·전욱·제곡·요·순이고, 순임금으로부터 왕위를 물려받은 우 임금이 중국 최초의 하왕조를 열었다고 기록하였다. 사마천의 『사기』 역시 성경처럼 이름과 더불어 시작한다.

단군(檀君)은 만주와 한반도 지역 최초의 국가인 고조선을 세운 인물이다.

『삼국유사』는 『위서』, 『고기』를 인용하여 단군의 고조선 건국과 관련된 기이한 이야기와 단군의 치세 기간을 기술하고 있다.

『조선왕조실록』은 단군이 중국의 요 임금과 같은 시대에 최초의 나라를 세우고 백성들에게 의·식·주를 비롯한 온갖 예절을 가르쳤다고 기록하고 있다.

단군은 '단군왕검(檀君王儉)'의 약칭이다.

'단군왕검(檀君王儉)'이란 칭호에서 '단군(檀君)'은 제주(祭主)이고 '왕검(王儉)'은 국가를 통치하는 대군주라고 해석한다. 즉 '단군왕검(檀君王儉)'이란 제사(祭祀)와 정사(政事)를 맡은 지도자(指導者)이다.

02 이름으로 역사를 바꾼 사람들

인류의 역사는 파란만장하다. 그 가운데 자신의 이름과 운명을 연관시켜 역사를 바꾼 사람들이 있다.

Case 01

칭기즈칸
[成吉思汗(성길사한), Chingiz Khan, 1155 ?~1227.8.18]

칭기즈칸은 러시아 바이칼호 근처에서 태어났으며 본래 이름이 「테무친(鐵木鎭)」이다. 아버지 예쉬게이가 선조의 복수를 하기 위해 타타르를 습격하여 그 수령인 테무친위게(Temujin Uge)를 생포하여 돌아왔을 때 아들이 출생하였기 때문에 이름을 테무친이라 하였다.

테무친이 9세 때 아버지는 타타르족에 의해 살해되었다. 이때부터 테무친은 몽고 전역의 통일에 나섰는데 1189년 몽골씨족연합의 맹주에 추대되어 칭기즈칸이라는 칭호를 얻었다. 1206년 몽골제국의 칸에 오르면서 군사조직에 바탕을 둔 천호라고 하는 유목민집단을 95개 편성하였다. 1215년 금나라의 수도 베이징에 입성했으며 1219년에는 서역 정벌을 떠나 인더스 강변까지 진출했다. 다른 종교와 문화에 관대했으며 특히 위구르 문화를 사랑했다.

'칭기즈'란 고대 터키어인 텡기즈(바다)의 방언이라고도 하고, 즉위할 때 5색의 서조(瑞鳥)가 '칭기즈, 칭기즈'하고 울었다고 하는 데서 유래한다고도 하나, 샤머니즘의 '광명의 신(Hajir Chingis Tengri)'의 이름이라고 보는 것이 옳다고 한다. '칸(汗)'은 군장(君長)이다.

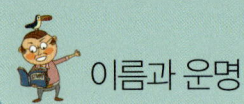

이름과 운명

Case 02

이승만
[李承晩, 1875.3.26~1965.7.19]

대한민국을 세운 이승만 전 대통령은 1875년 황해도에서 조선왕조 태종의 맏아들인 양녕대군의 16대 손인 이경선의 외아들로 태어났다. 아버지 이경선은 유학을 공부한 선비였고, 어머니 김해 김씨는 학식이 풍부한 훈장 김창은의 외동딸로 당시에는 드물게 한문교육을 받은 여성이었다.

어머니가 꿈에 용을 보고 낳은 아이라 하여 어렸을 때 이름은 「승룡(承龍)」이다. 5대를 외아들로 이어 온 집안이라 부모님은 특별한 기대를 가지고 승룡이 3세 때 서울로 이사를 하였다. 그리하여 마침내 양녕대군의 사당인 지덕사가 있는 도동에 정착한 후 승룡은 봉사손(奉祀孫)인 이수근옹이 세운 도동서당에서 한학을 공부하며 이름을 「승만」이라 하였다.

일본인의 명성황후(明成皇后) 시해에 대한 복수사건에 연루되었으나 미국인 여의사의 도움으로 관헌의 눈을 피하는 데 성공하여 위기를 모면, 이 무렵 개화사상에 심취, 그리스도교에 입교하였다.

독립협회, 한성임시정부, 상하이 임시정부에서 활동했다. 광복 후 우익 민주진영 지도자로 1948년 대한민국 초대 대통령에 당선되었다. 4선 후, 4·19 혁명으로 사임했다. 하와이로 망명하여 거기서 91세 때 사망하였다.

Case 03

김일성
[金日成, 1912.4.15~1994.7.8]

북한의 김일성 전 주석은 1912년 평안남도에서 태어났으며 본래 이름이 「김성주(金成柱)」이다. 아버지는 김형직(金亨稷), 어머니는 강반석(康盤石)이고, 동생으로 김철주(金哲柱)와 김영주(金英柱)가 있다. 어려서 부모를 따라 만주로 이사하였다. 그 후 소련군 장교가 되었다. 1945년 광복과 더불어 소련군 대위 신분으로 평양에 들어와 「김영환(金英煥)」이란 가명으로 활동하였다. 곧 소련군 소령으로 진급하고 그 해 소련군 로마넨코 소장이 평양시민들 앞에서 '김일성 장군'(실제 독립운동을 한 김일성은 만주 독립군으로 활동하면서도 그 모습을 잘 드러내지 않아 일반 대중이 쉽게 알아보지 못했으나, 그의 전공(戰功)만은 많은 사람에게 알려진 상태였다)이라고 그를 소개한 뒤부터 「일성」이란 이름을 사용하였다. 소련군의 힘으로 북한 적화사업의 선봉에 섰으며, 공산당 가운데에서 남조선노동당 등의 국내파나 소련파, 그리고 중국의 옌안[延安]파 등 적수가 될 수 있는 세력을 숙청하여 권력체제를 구축하였다. 북한 공산화를 이룩하였고, 남한까지 공산화하기 위해 6·25전쟁을 일으켰으나 실패하였다. 생전에 태양처럼 군림하였으며 사후인 오늘날까지 북한 동포들은 그를 위대한 수령으로 받들고 있다.

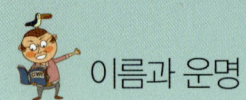

이름과 운명

Case 04

김대중
[金大中, 1924.1.6~]

김대중 전 대통령은 1924년 전라남도 신안에서 태어났다. 호적상 출생일은 1926년 1월 6일이다. 1950년 『목포일보』 사장이 되었고 1960년 민의원에 당선된 후 1971년까지 6·7·8대 국회의원을 역임하였다. 1971년 신민당 대통령후보로 민주공화당의 박정희(朴正熙)와 겨루었으나 패배하였다. 그 후 미국·일본 등지에서 박정희 정권에 맞서 민주화운동을 주도하다가 1973년 8월 8일 도쿄[東京]의 한 호텔에서 중앙정보부(지금의 국가정보원) 요원에 의하여 국내로 납치(김대중납치사건)되어 세계의 이목을 집중시켰다. 처음 이름은 「대중(大中)」이었으나 한동안 가운데 중(中)을 버금 중(仲)으로 바꾸어 「대중(大仲)」이란 이름을 사용하였다. 그러나 그 후 다시 대중(大中)이란 이름을 사용, 1997년 12월 15대 대통령선거에서 당선되어 한국 정치사상 최초의 정권교체를 이룩하였으며, 1998년 2월 제15대 대통령에 취임하였다.

2000년 6월 13~15일 김정일 국방위원장의 초대로 평양을 방문하여 6·15남북공동선언을 이끌어냈다. 또한 50여 년간 지속되어 온 한반도 냉전과정에서 상호불신과 적대관계를 청산하고 평화에의 새로운 장을 여는 데 크게 기여한 공로로 2000년 노벨평화상을 받았다.

03　이름 없이 살다 간 사람들

 앞에서 자신의 이름과 운명을 연관시켜 역사를 바꾼 인물들을 보았다. 그러나 인류의 역사가 유명인사(有名人士)들 위주로 흘러온 것만은 아니다. 이름 없이 살다 간 수많은 여성과 은사(隱士) 그리고 민초(民草)가 있었다.

여성

 인류의 역사에서 수많은 여성이 이름 없이 살다가 그대로 사라져갔다. 중국 최초의 중앙집권적 통일제국인 진(秦)나라를 세운 전제군주인 진시황은 스스로를 「시황제(始皇帝)」라 칭하며 불로장생의 선약을 구하기까지 하였다. 그러나 지금까지 전해 내려오는 시황제 기록 중에는 주변 여성에 관한 것이 없다. 황후·후비·후궁 어느 한 여성의 성도 이름도 기록이 없으면서 아들·딸은 20명이나 된다. 시황제가 145개의 궁전에 1만 명의 미녀들이 있는 게 부족하다 해서 아방궁을 지어 그 이상의 미녀들을 거느렸는데 여성에 대해서는 일언반구의 구전(口傳)까지 없다. 시황제는 자신의 사망과 동시에 수많은 여성을 순사(殉死)시켰다.

은사

 은사란 예전에 벼슬을 하지 않고 숨어살던 선비이다. 은사는 이름을 내세우지 않는다. 장량(張良)은 유방(劉邦)을 도와 한(漢)을 세운 인물이다. 장량은 은사 황석공(黃石公)으로부터 가르침을 받았는데 이 황석공은 사람의 이름이 아니다.

황석공

 장량이 이곳저곳을 떠나니던 젊은 시절 어느 날이었다. 산책을 나갔다가 개울을 건너기 위해 다리 위로 올라서고 있었는데 그때 다리 위로 마주 올라서는 늙

이름과 운명

은이가 있었다. 보통 사람은 아닌 듯했다. 머리카락과 눈썹이 하얗게 세고 등이 휘어지고 거친 삼베옷을 걸치고 있었지만 그 늙은이는 걸음걸이가 당당하고 눈이 광채를 발하고 있었다. 가까이 다가온 늙은이가 이상한 짓을 했다. 자신이 신고 있던 가죽신을 다리 아래로 차 벗어 던지고는 꾸짖듯이 말했다. "애야, 무얼 보고 있느냐? 얼른 저 아래로 내려가 내 신을 주워오너라!" 장량은 나이 서른을 넘긴 자신을 아이처럼 불러대면서 되잖은 심부름을 시키는 것이 못마땅했지만 늙은이의 짓이라 생각하고 그대로 해주었다. 다리 위로 올라가 주워 온 신을 내밀자 늙은이가 또 억지를 부렸다. "신을 주워 왔으면 어서 신기지 않고 무얼 꾸물거리느냐?" 장량은 기왕 벌어진 일인지라 시키는 대로 했다. 신을 다 신긴 장량이 공손하게 먼지까지 털어주자 알 듯 말 듯한 웃음을 지으며 내려보더니 갑자기 휙 돌아서서 가 버렸다. 그러더니 한 마장이나 갔다가 아직도 묘한 느낌에 자리를 뜨지 못하고 있는 장량에게로 돌아왔다. "너 이놈, 참으로 가르칠 만하구나. 닷새 뒤 새벽에 여기로 다시 나를 만나러 오겠느냐?" 장량이 기다리고 있던 사람처럼 대답했다. "예, 그리하겠습니다." 그리고는 다시 그 늙은이 앞에 꿇어앉아 예까지 올렸다. 장량은 약속한 날이 되자 새벽 일찍 그 다리로 나갔다. 그런데 장량이 그 다리에 이르러 보니 늙은이가 먼저 와 있었다. 늙은이는 불같이 화를 내며 장량을 꾸짖었다. "도무지 너란 놈은 어떻게 된 놈이냐? 어른과 약조를 맺고서도 이렇게 늦다니!" 그리고는 장량이 변명할 틈도 없이 되돌아서면서 말했다. "그 정성으로 무얼 배우겠느냐? 닷새 뒤에 다시 이리로 오너라. 그때는 오늘보다 좀 더 일찍 와야 한다." 닷새 뒤 장량은 새벽 닭이 울기 바쁘게 그 다리 위로 달려갔다. 하지만 이번에도 그 늙은이가 먼저 와 있다가 전보다 더 화를 내며 꾸짖었다. "또 늦다니, 도대체 너는 어떻게 생겨먹은 놈이냐? 어찌하여 이리 늦었느냐?" 그리고는 찬바람이 도는 얼굴로 뒤돌아서며 말했다. "닷새 뒤에 좀 더 일찍 오너라." 장량은 어이가 없었지만 닷새 뒤에는 아예 한밤중에 다리로 나갔다. 차라리 거기

서 날을 새우면서 그 늙은이를 기다려볼 작정이었다. 하지만 오래 기다릴 것도 없이 그 늙은이가 나타났다. 그는 장량이 먼저 와 있는 것을 보자 비로소 기뻐하며 "암 이래야지, 마땅히 이래야 하고 말고!" 그리고는 품안에서 책 한 권을 내주며 엄숙히 말했다. "내가 너에게 가르치고자 하는 것은 여기 이 책 속에 다 들어있다. 이 책을 읽어 그 뜻을 깨달으면 너는 제왕의 스승이 될 수 있을 것이며, 10년 뒤에는 뜻한 바를 이룰 수 있을 것이다." 늙은이는 더욱 알 수 없는 말을 보탰다. "너는 13년 뒤 제수 북쪽에서 나를 만날 것이다. 곡성산 아래에서 누런 돌 하나를 보게 될 것인데 그게 바로 나이니라." 그리고는 돌아서며 어둠 속으로 사라져 버렸다. 한참 뒤에야 정신을 차린 장량이 이름이라도 듣고자 늙은이를 찾았으나 이미 자취를 찾을 길이 없었다. 그 뒤 장량은 하는 수 없이 그 늙은이를 그가 자신이라고 일러준 누런 돌〔황석〕에서 따 「황석공(黃石公)」이라 불렀다.

민초

인류의 역사는 파란만장하다. 그 가운데서 자신의 이름까지 잊어버린 채 살아간 사람들 중 민초가 많을 것이다. 중국을 예로 들어보자. '인류 최대의 토목공사'라고 불리는 만리장성은 중국 역대 왕조들이 세운 방어용 성벽이다. 지도상 연장길이 2,700km이며, 중간에 갈라져 나온 지선들까지 합치면 총 길이가 약 5,000~6,000km에 이른다. 동쪽 산하이관에서 서쪽 자위관까지 동서로 길게 뻗어 있다. 이 만리장성의 축성 및 개보수를 위하여 얼마나 많은 민초가 희생되었겠는가. 그 밖에도 동서양을 막론하고 세계 각국의 수많은 민초가 이러저러한 풍파를 겪으면서 자신의 이름까지 잊어버린 채 살아갔을 것이다.

우리나라에서는 노비와 천민계급 등은 조선 후기까지도 성(성씨)을 쓸 수 없었다. 그리고 「마당쇠」, 「개똥이」, 「막내」 등으로 불리며 살아갔다.

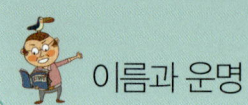

04 이름대로 산 사람들

왕건
[王建, 877~943]

건(建) : 세울 건

전설에 따르면, 왕건은 서해 용왕의 외손자라고 한다. 그래서 고려의 역대 임금들은 자신이 용의 후예라고 믿어 왔다.

그의 출생에 대해선 다음과 같은 이야기가 전해져 오고 있다.

송악의 호족 왕륭이 송악의 남쪽에 집을 새로 짓고 있었다. 그때 마침 그곳을 지나던 도선대사란 고승이 문 밖에서 이것을 보고 "북쪽으로 옮겨 지으면 이곳에서 세상을 구할 성인이 태어날 것"이라고 중얼거리며 탄식하였다. 그러면서 왕륭에게 새 집터를 잡아주고 이 일을 비밀로 할 것을 당부한 뒤 길을 떠났다. 그로부터 얼마 후 왕륭의 부인 한씨에게 태기가 있더니 그 이듬해 1월 14일 아들이 태어났다. 아기가 태어날 때 신비한 광채와 자줏빛 기운이 방 안 가득 빛나고 하루종일 뜰에 서려 있었다. 왕륭은 도선대사의 예언대로 아들이 태어나자 이름을 건이라 지었다.

왕건은 어릴 적부터 총명함과 슬기로움이 남달랐으며 용모도 훤칠하여 장부다운 기상을 두루 갖추고 있었다. 왕건이 17살이 되자 도선대사가 다시 송악으로 왕건을 찾아와 그에게 군사학과 천문학, 제례법 등을 가르쳤다.

896년 왕륭과 왕건 부자는 중부 지방의 강자로서 세력을 떨치던 궁예를 찾아가 미련 없이 송악을 바치고, 그 밑으로 들어가 벼슬을 하였다.

왕건은 후고구려의 장군으로서 전장에서 무공을 세우고 후고구려의 세력 확장에 매우 중요한 역할을 하였다. 궁예로부터 인정받아 정기대감에 오른 왕건은 약관의 나이에도 불구하고 뛰어난 지략과 통솔력으로 연이어 군대를 이끌고 출정하여 한강 이남 지역을 무리없이 평정하였다. 특히 후백제의 견훤과의 대결에서는 909년 해군대장군이 되어 함대를 거느리고 전라도 지역으로 진격하여 나주 등지를 점령하여 후백제를 배후에서 견제하게 하였다. 이외에도 수많은 전공을 올려 913년 문무백관의 최고 우두머리인 시중의 지위에까지 올라 명실상부한 2인자가 되었다. 궁예는 그를 전적으로 신임하고 모든 정사를 맡겼다.

그러나 이후 궁예의 폭정이 극심해지자 918년 홍유, 배현경, 신숭겸, 복지겸, 박술희 등의 추대를 받아 군사를 이끌고 봉기하여 궁예를 몰아내고 새 임금으로 추대되어, 918년 6월 15일 철원의 포정전에서 즉위하였다. 그는 국호를 고구려의 뒤를 잇는다는 정신으로 고려, 연호를 천명을 받았다는 뜻으로 천수(天授)라고 하였다. 그리고 자신의 고향이자 세력 근거지인 송악을 "개경"으로 이름을 고쳐 수도를 이전하고 새 왕조를 세웠다.

935년 후백제 왕실 내분으로 도망온 견훤의 귀순을 받아들였다. 같은 해 자진 항복해 온 경순왕을 극진하게 대우해 사위로 맞아들여 신라를 평화적으로 합병하였으며, 936년 10만 명에 가까운 대군을 거느리고 후백제와 일대 격전을 벌인 끝에 멸망시켜 후삼국을 완전히 통일하였다.

강근호
[姜槿虎, 1888.11.3~1960.2.24]

근(槿): 무궁화나무 근
호(虎): 범 호

무궁화나무는 우리나라이고 범은 장수이니 우리나라를 지키는 인물이다.
1888년(고종 25) 11월 3일 함경남도 정평(定平)에서 태어났다. 함흥중학교(咸興中學校) 2학년에 재학 중이던 1916년 학생사건으로 일본 경찰의 수배를 받게 되자 만주(滿洲)로 망명하였다. 1919년 3월 옌볜[延邊]의 룽징촌[龍井村]에서 3·1운동에 참여한 뒤, 같은 해 만주군정서 무관학교를 졸업하였다.

이어 신흥무관학교(新興武官學校) 근무를 거쳐 1920년 북로군정서(北路軍政署) 후위부대장으로 청산리전투(靑山里戰鬪)에 참가하였다. 1921년 군정서 사관(士官)으로 있

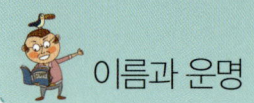
이름과 운명

다가 시베리아로 건너가 흑하사변(黑河事變)을 겪은 뒤, 이르쿠츠크 고려혁명군관학교(高麗革命軍官學校) 교관으로 근무하였다.

1922년에는 공산주의 반대 투쟁을 전개하다가 이르쿠츠크 형무소에서 1년간 복역하였고, 출옥 후 다시 만주로 돌아와 계속 항일 독립운동에 전념하였다. 1943년 애국동지회(愛國同志會) 청년군사훈련 교관을 맡아 독립군 양성에도 힘썼고, 6·25전쟁이 발발했을 때는 육군 제103사단 13연대장으로 참전하기도 하였다.

1977년 건국포장, 1990년 건국훈장 애국장이 추서되었고, 2000년에 부산광역시 해운대구에 기념비가 세워졌다.

한경직
[韓景職, 1902~2000.4.19]

경(景) : 볕 경
직(職) : 직분 직

이름자의 뜻이 매우 밝은 직업을 가리킨다.

평안남도 평원(平原)에서 출생하였으며, 1925년 평양 숭실전문학교(崇實專門學校)를 졸업하였다. 1926년 미국 엠포리아대학, 1929년 프린스턴 신학대학을 졸업했으며 1948년 엠포리아대학에서 신학박사 학위를 받았다.

1945년 서울 영락교회(永樂教會) 목사로 부임하고 1954년에는 숭실대학 학장을 겸직하였으며, 1955년 대한예수교 장로회 총회장, 숭실대학(崇實大學) 이사장을 역임하였다. 그 후 서울여자대학 재단이사장, 대광(大光)중고등학교 재단이사장 등을 역임하였다.

1965년 아시아 전도협의회(傳道協議會) 위원장을 거쳐 기독교선명회 이사장, 홀트양자회 이사장, 장로회신학대학 이사장이 되었다.

국민훈장 무궁화장을 받고 1992년에는 '노벨 종교상'으로 일컬어지는 템플턴상을 받았다.

임방울

[林芳蔚, 1904~1961]

방(芳) : 꽃다울 방
울(蔚) : 우거질 울

'방울'이 소리, 즉 음(音)을 연상시키고 그 뜻이 아름답다.

전라남도 광산(현재의 광주 광역시 광산구) 출생이다. 아버지의 소망에 따라 14세 때 박재현(朴載賢) 문하에서 〈춘향가〉와 〈흥보가〉를 배웠고, 뒤에 유성준(劉成俊)으로부터 〈수궁가〉·〈적벽가〉를 배웠다. 선천적으로 아름다운 목소리를 가지고 태어났고 성량도 풍부하였다.

오랫동안 수련한 그는 25세 때 상경하여 송만갑(宋萬甲)의 소개로 처녀무대에서 〈춘향가〉 가운데 '쑥대머리'를 불러 크게 인기를 얻었다. 이것을 계기로 그의 창작으로 전하는 '쑥대머리'를 비롯한 많은 음반을 내었다.

특히 일본에서 취입한 '쑥대머리'는 우리나라·일본·만주 등지에서 100여만 장이나 팔렸다 한다. 그 뒤 음반취입과 판소리 공연에만 힘을 쏟았고 창극운동에는 가담하지 않았다. 그리하여 그를 판소리 전통을 최후까지 고수한 사람으로 보고 있다. 한편으로는 서편제 소리의 최후 보루라고도 한다.

판소리 다섯 마당을 다 잘하였지만 특히 〈춘향가〉·〈수궁가〉·〈적벽가〉를 잘하였다.

1960년 국악상(國樂賞)을 받았다.

이름과 운명

김영삼
[金泳三, 1927.12.20~]

영(泳) : 헤엄칠 영
삼(三) : 석 삼(3)

'헤엄칠 영'과 '석 삼(3)'이니 전국체전 수영대회에서 3인이 승부를 가린다고 연상할 수 있다. 3김은 김영삼(YS)·김대중(DJ) 전 대통령과 김종필 전 자민련 총재(JP)를 일컫는 말이다. 이들은 대한민국 역사상 40여 년간 특정지역을 기반으로 천하를 3등분, 막강한 정치적 영향력을 행사했다.

YS · DJ · JP가 승부를 가린 결과,
- 섬 출신으로서 '헤엄칠 영'이 들어간 YS가 1등
- 역시 섬 출신으로서 '가운데 중'이 들어간 DJ가 2등
- 섬 출신이 아닌 JP는 결국 꿈을 접어버렸다.

경남 거제(巨濟) 출생이다. 1952년 서울대학교 철학과를 졸업하고 국무총리 장택상(張澤相)의 비서가 되었다. 1954년 26세의 최연소자로 3대 민의원 의원에 당선된 후 5·6·7·8·9·10·13·14대 의원에 당선됨으로써 9선의원이라는 기록을 세웠다. 1974·1979년의 신민당과 1987년의 통일민주당 등 야당총재를 3번 지냈다.

1980년 이후 전두환(全斗煥) 정부에 의해 2년 동안 가택연금되어 정치활동을 못하였고, 1983년 5월 18일~6월 9일 민주화를 요구하며 단식투쟁을 전개, 5공화국하에서의 민주화운동의 구심적 역할을 하였다. 1985년 김대중(金大中)과 함께 민주화추진협의회(민추협) 공동의장직을 맡았고, 신민당 창당을 주도하여 신한당을 와해시켰다.

1987년 통일민주당을 창당, 총재가 되고 그해 12월 13대 대통령선거에 출마하였으나 낙선하였다. 1989년 6월 북방정책의 일환으로 한국 정치지도자로는 처음으로 소련을 방문하였다. 1990년 민주정의당 총재 노태우(盧泰愚), 신민주공화당 총재 김종필(金鍾

泌)과 통합, 민주자유당을 창당, 대표최고위원이 되었다.
1992년 12월 14대 대통령선거에서 당선, 1993년 2월 취임함으로써 32년간의 권위주의적 통치를 종식시키고 문민(文民)정부를 출범시켰다.

 **전산초**
[田山草, 1921~1999]

산(山) : 뫼 산
초(草) : 풀 초

여성인데 성(성씨)인 밭 전(田)과 이름자인 뫼 산(山)·풀 초(草)가 어울려 청순한 이미지를 자아낸다. 어떤 여성일까?

전산초는 1941년 세브란스 간호학교를 졸업한 뒤 50여 년간 줄곧 간호계에 투신했다. 「전인간호」라는 인간중심의 간호이론을 국내 최초로 주창하여 일찍이 우리나라 현대간호의 장을 연 장본인이다. 그는 간호교육, 연구, 지역사회 봉사활동 등을 활발히 하며 간호학 및 간호교육의 발전을 위한 학문·제도적 기틀을 마련했다. 또 대한간호협회장, 연세대 간호대학장 등을 역임하며 국가보건 및 간호정책활동과 보건연구활동으로 국민건강 증진에 기여한 한국간호100년사가 낳은 '한국의 나이팅게일'로 불린다.

저서로는 『성인간호학』, 『간호철학 및 윤리』 등이 있으며, 국민훈장 목련장(1978), 국제적십자사 플로렌스 나이팅게일기장, 간호대상(1999) 등을 수상했다.

이름과 운명

남여수
[南汝守, 1948~]

여(汝) : 너 여
수(守) : 지킬 수

나이 60이 넘은 할머니이다. 필자에게 손자 이름을 지으러 와서 한다는 첫마디가 "사람은 이름대로 살아요"이다.

호기심이 나서 왜 그런 이야기를 하느냐고 물었더니, "신기하지요! 서울 사람인 제가 결혼해서 남편 따라 전라남도 여수로 가서 7년이나 살았어요"라고 한다.

노천명
[盧天命, 1911.9.1~1957.6.16]

천(天) : 하늘 천
명(命) : 목숨 명

천명(天命)이란 타고난 수명 또는 하늘의 명령이다. '사슴의 시인' 노천명(盧天命)은 황해도에서 태어났다. 어릴 때 홍역을 앓아 사경을 헤매다 소생했기 때문에 아명(兒名)인 기선(基善)을 천명(天命)으로 바꾸었다.

남빛 치마와 흰 저고리를 즐겨 입었다는 노천명 시인은 평생 독신으로 살다 46세를 일기로 사망했다.

여성다운 섬세한 서정을 절제된 언어로 표현하였는데 주로 애틋한 향수와 향토색 짙은 고독을 노래하였다.

자신의 '천명(天命)'을 예감하고 다음의 시를 남겼다고나 할까.

구름같이

큰 바다의 한 방울 물만도 못한
내 영혼의 지극히 작음을 깨닫고
모래 언덕에서 하염없이
갈매기처럼 오래오래 울어 보았소.

어느 날 아침 이슬에 젖은
푸른 밭을 거니는 내 존재가
하도 귀한 것 같아 들국화 꺾어들고
아름다운 아침을 종다리처럼 노래하였소.

허나 쓴 웃음치는 마음
삶과 죽음 이 세상 모든 것이
길이 못 풀 수수께끼어니
내 생의 비밀인들 어이하오.

바닷가에서 눈물짓고…
이슬 언덕에서 노래 불렀소.
그러나 뜻 모를 인생
구름같이 왔다 가나 보오.

05 고찰 순서

  이름과 운명은 어떤 관계일까? 이름으로 운명을 바꿀 수 있을까? 이름이란 있으나마나 한 것일까? 필자로서는 선뜻 결론을 내릴 수 없다. 따라서 '이름과 운명'에 대해서는 성현의 견해와 성경의 내용을 알아보고 여러 가지 사례를 살펴서 종합적인 판단을 내리는 것이 좋을 듯하다.

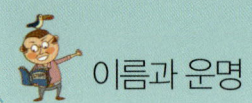 이름과 운명

Part 02 성현의 견해와 성경의 내용

01 공자

공자는 『논어』에서 "이름이 바르지 못하면 말이 순하지 아니하고, 말이 순하지 아니하면 일을 이루지 못한다"고 하였다. 이것을 바꾸어 이야기하면 "이름이 바르면 말이 순하고, 말이 순하면 일을 이룬다"는 것이다.

공자의 사상을 받들어 모시는 유가(儒家)에서는 이름에 대한 견해를 더욱 구체화시켜 '명체불리(名體不離)' 즉 '이름이 곧 몸이요, 몸이 곧 이름이라' 하였다.

02 노자

노자가 지은 『도덕경』의 맨 처음에 "말로 표현될 수 있는 도(道)는 영원한 도가 아니요, 이름 붙여진 이름이란 것도 본래 자기의 이름은 아니다"라는 글귀가 나온다. 이 글귀를 좀 더 상세하게 설명하면 다음과 같다.

참으로 영원히 살아 있는 진리인 도(道)는 그 모습을 그림으로 그려볼 수도 없고 언어로 한정할 수도 없다. 언어로 한정하는 데에서 이름이 생기게 된다. 그러나 이름이란 그 이름이 지칭하려고 하는 실상이 아니다. 그러므로 어떤 이름이라

할지라도 꼭 맞는 이름이란 없다. 그래서 "성인에게는 이름이 없다"고 한다.

　노자의 뒤를 이은 장자는 '호접몽(胡蝶夢)'을 통하여 자신이란 존재에 대하여 근본적인 의문을 던졌던 것이니 인간세상에서 자신의 이름이 「A」로 통하든 「B」로 통하든 아무래도 괜찮았을 듯싶다. 때문에 장자 역시 '성인에게는 이름이 없다'고 할 것이다.

> **호접몽(胡蝶夢)**
>
> '나비의 꿈'이라고도 한다. 장자가 나비이었던 꿈에서 깨어나 자신이 나비와 인간 중 어느 것이냐 즉 꿈이 현실인지 아니면 현실이 꿈인지에 대하여 근본적인 의문을 던졌다는 고사에서 온 말이다.

03 석가

　석가는 설법을 하다가 갑자기 연꽃을 들어 대중에게 보였다. 진리의 참모습은 언어나 문자로 다 표현할 수 없으니 뜻있는 사람은 언어나 문자를 떠나서 스스로 깨달아야 한다는 별도의 가르침이었다. 이때 마하가섭만이 그 뜻을 깨닫고 미소지었다고 한다. 이를 두고 이심전심(以心傳心), 교외별전(敎外別傳), 염화미소(拈華微笑)라고 한다. 그러니 석가도 노자처럼 이름이란 완전한 것이 아니라고 본 셈이다.

이름과 운명

04 성경

하나님의 이름은 「여호와」이고 「여호와」는 하나님의 영원한 이름이다. 태초에 하나님이 천지를 창조하면서 첫째 날에는 낮과 밤, 둘째 날에는 하늘, 셋째 날에는 땅과 바다의 이름을 지었다. 그리고 인류 최초의 첫 사람에게 「아담(사람이란 뜻)」이란 이름을 지어주었다.

그러나 하나님은 모든 것을 창조하고서도 이름 짓는 일을 혼자 다 하지 않고 일부를 인간인 아담에게 맡겼다. 아담이 각 생물을 부르는 것이 곧 그 이름이 되었다. 그러니까 아담은 인류 최초의 작명가이다. 하나님이 아담의 배필을 창조하자 아담은 아내에게 여자란 뜻으로 「하와」란 이름을 붙여주었다. 「이브(Eve)」는 「하와」의 영어 이름이다.

하나님은 때로는 인간의 이름을 개명해주었다. 일개 족장에 불과한 「아브람(존귀한 아버지란 뜻)」을 열국(列國)의 아버지란 뜻의 「아브라함」으로 개명해주어 이스라엘 민족의 조상이 되게 해주었고, 아브라함의 아내이자 족장의 부인에 불과한 「사래(왕비 또는 여주인의 뜻)」를 열국의 어머니란 뜻의 「사라」로 개명해주었다.

Part 03 종합적인 판단

　결론적으로 말해 이름이 운명에 영향을 미칠 수 있으나 반드시 그런 것은 아니다.

　공자는 이름이 운명에 영향을 미친다고 보았다. 그러나 훗날 유가(儒家)에서 극단적인 이름 지상주의로 흘러 이름이 인간을 이끌어간다는 사상으로까지 확대된 것은 잘못이다. 이런 사상이 오늘날의 형식적인 이름학을 초래하여 세상을 어지럽히고 사람을 미혹하게 하는 결과로 이어졌다.

　노자나 석가는 시시각각으로 변해가는 존재한테 붙여진 고정된 이름이 자연스러운 것은 아니라고 보았다. 하지만 노자나 석가가 현실세계에서 불리는 이름 자체를 전혀 부인한 것은 아니다. 왜냐하면 노자는 도(道)를 「무(無)」라는 이름으로 부르다가 나중에는 「현(玄)」이란 이름으로 개명까지 하였으며, 석가도 언어나 문자 자체를 전혀 부인한 것은 아니기 때문이다.

　성경은 절대자인 하나님도 「여호와」란 영원한 이름을 가지고 있으며, 인간은 개명을 통하여 뜻한 바를 이루어 그 영화로운 이름이 내세의 천국에서도 빛날 수 있다고 한다.

 필자는

　이름이 운명에 영향을 미칠 수 있다고 생각한다. 무심코 던진 말 한마디가 사람의 일생을 좌우할 수 있는데, 하물며 뜻이 담겨 있고 반복되는 이름을 그것에 비할 수 있겠는가.

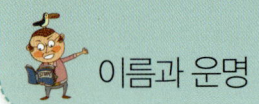
이름과 운명

① 사주가 똑같은 두 여인

　필자가 동방명리학연구원을 개설하기 전의 일이다. 그 당시 잘 나가는 멀쩡한 친구 ○○을 보고 감옥에 갈 것이라고 예언했는데 그것이 적중했다. 이 사실이 여러 친구에게 알려져 너도나도 필자를 찾았다.

　그런데 친구 A는 자신의 사주 풀이를 자세하게 듣고서도 그것이 부족했던지 여인 B를 통하여 이름난 무당 C를 초청했다. IMF시절이었으니 그럴만도 했다. 무당 C는 사람을 보지 않고 이름만 가지고도 알아맞힌다고 소문이 나 있었다.

　친구 A는 장난기가 있다. 무당 C를 초청하기 전에 여인 B를 시켜서 필자의 이름을 알려주고 어떤 사람이냐고 물어보았다. 그랬더니 "그 어른은 신기(神氣)가 있는 분입니다. 매우 현명한 동자신(童子神)이 그 분을 밝혀드리고 있어요"라고 하더란다.

　초청이 이루어져 A·B·C와 필자 그리고 친구 △△, 이렇게 다섯이 일식(日食)집에서 자리를 함께했다.

　먼저 무당에게 이야기를 청했다. IMF한파에 시달리는 우리들의 앞날이 어떠할까 잘 좀 가르쳐 달라고 했다. 그랬더니 무당은 지금 이 자리에 참석한 분 중에 염력이 높은 분이 한 분 계셔서 도저히 말문이 열리지 않는다는 것이다. 그러면서 자꾸 필자를 바라보는 것이 아닌가. 필자는 짚이는 바가 있어서 "제가 사주학자라서 그럴런지 모르겠네요. 조금도 신경쓰지 마세요"라고 하였더니 편안한 자세로 이야기를 시작했다.

　무당의 이야기를 듣고 난 후 필자가 두 여인의 사주를 봐 주기로 되어 있었다. 그러나 이 어찌된 일인가. 공교롭게도 두 여인은 을사(乙巳)년 기축(己丑)월 경오(庚午)일 무인(戊寅)시 출생이어서 사주가 똑같은 게 아닌가. 친구들은 사주학자와 무당이 자리를 같이 했다는 것과 사주가 똑같은 두 여인이 한자리에 모인 것

은 그야말로 TV 생중계감이라고 하면서 흥미진진해 했다. 필자는 그야말로 식은 땀이 흘렀지만 정신을 가다듬고 두 여인의 공통점과 차이점에 대해서 이야기했다. 똑같은 사주임에도 두 여인의 출생지가 다르고 출생시각이 다르다는 점에 착안한 것이었다. 한 여인은 남쪽 섬에서 태어났고, 다른 한 여인은 휴전선 부근에서 태어났다. 또 두 여인의 출생시각은 45분의 차이가 있었다.

무당한테는 신이 들린 나이를 추리해주었고, 다른 여인에게는 그녀의 아버지 본부인의 성씨까지 추리해주었는데, 모두 적중했다. 무당은 사주학의 광범위한 터치와 섬세한 적용방식에 경탄했다.

사주가 똑같은 두 여인의 공통점은 다음과 같다.

- 둘 다 춤을 추면서 살아간다(한 여인은 무당, 다른 한 여인은 고전무용가).
- 둘 다 아버지가 매우 일찍 돌아가셨다.
- 둘 다 어머니가 후처이다.
- 둘 다 나이 마흔이 가깝도록 남편 및 자식과 인연이 없다.
- 둘 다 이름에 '아름다울 미(美)'가 들어 있다.
- 둘 다 다리에 질환이 있고 기타 신체에 공통점이 많다.

사주가 똑같은 두 여인에게도 차이점은 있다. 한 여인은 남쪽 섬에서 태어나 고등학교를 졸업하고 독신으로 살아왔는데 지금은 작두 위에서 칼춤을 추는 무당이다. 그러나 다른 한 여인은 휴전선 부근에서 태어나 대학교까지 졸업하고 결혼해서 자식까지 두었는데 지금은 그들과 헤어져 고전무용가로서 활약하고 있다.

그런데 두 여인의 이름 글자 중 한 글자는 공교롭게도 똑같지만 나머지 한 글자는 다르다.

두 여인의 사주를 보면 모두 추운 계절에 태어나 불[火]을 필요로 한다. 그리고 모두 흙[土]을 많이 지니고 있어 이를 파고들어 부드럽게 해줄 나무[木]를 필요로 한다. 그러면 이 두 가지를 모두 만족시켜줄 수 있는 것은 무엇일까? 그것은 나무[木]이다. 왜냐하면 나무는 불[火]을 일으키는 동시에 흙[土]을 파고들어 부드럽게 해줄 수 있으니 두 가지를 모두 만족시켜주는 것이다. 두 여인 중 대학교까지 나와 고전무용가가 된 여인의 이름에는 나무[木]가 들어 있었으나 다른 여인의 이름에는 나무[木]가 없었다.

　　무당은 '무속인'이라 부르지 말고 '무당'으로 불러주는 것이 더 좋다고 했다. 그러면서 10년 이내에 자신은 큰 국사무당이 되겠다고 했다. 무당은 진솔한 분위기에 기분이 좋아서 하루 종일 함께 놀자고 청해왔다. 우리는 자리를 옮겨 가며 하루 종일 시간 가는 줄 모르고 놀았다.

② 이완용(李完用)

　　이완용은 기미(己未)년 신미(辛未)월 정미(丁未)일 정미(丁未)시 출생이어서 사주의 연월일시에 모두 '미(未)'가 들어 있다. 이 '미(未)'는 사주학상 나무[木]를 잡아먹는 이른바 목고(木庫)이다. 이(李)씨 왕조는 오얏나무로서 바로 나무[木]이다. 그러니 이완용(1858~1926)은 이씨 왕조를 잡아먹는 사주로 태어났다. 그리고 이름을 풀어보면 '이(李)'씨 왕조를 '완전히(完)' 끝내는 데 '쓰이는(用)' 이완용(李完用)이다.

　　이완용은 1901년 궁내부 특진관으로 있다가 이전의 친러파에서 친일파로 바뀌어 1905년 학부대신이 되고, 같은 해 11월 을사조약의 체결을 지지, 솔선하여 서명함으로써 을사5적신(乙巳五賊臣)의 한 사람으로 지탄을 받았다. 그해 12월에 의

정대신 서리·외부대신 서리를 겸직, 1907년 의정부 참정이 되었으며 의정부를 내각으로 고친 다음 통감 이토 히로부미의 추천으로 내각총리대신이 되었다. 헤이그밀사 사건 후 일본의 지시대로 고종에게 책임을 추궁하고 양위할 것을 강요, 순종을 즉위시켰다. 1910년 8월 29일 총리대신으로 정부 전권위원(全權委員)이 되어 일본과 한일병합조약을 체결, 그 공으로 일본 정부에 의해 백작이 되었다. 조선총독부 중추원 고문을 거쳐 1911년 조선귀족원 회원을 역임, 1920년 후작에 올라 죽을 때까지 일본에 충성을 다했다. 글씨에 뛰어났다.

③ 필자, 전광(錢洸)

필자는 갑신(甲申)년 임신(壬申)월 계해(癸亥)일 경신(庚申)시 출생이어서 사주에 물[水]의 세력이 엄청나다. 이름자 광(洸) 또한 '물용솟음칠 광'으로서 물[水]이다.

필자는 인생의 대부분을 물[水]과 깊은 인연을 맺고 살아왔다. 필자는 어렸을 때 할머니를 따라 냇가에 자주 갔다. 할머니께서는 정성들여 만든 백설기를 물고기들한테 던져주면서 물속의 용왕님께 기도드렸다. 필자의 아버님과 필자가 잘되라고 촛불을 켜놓고 지극정성으로 축원하시던 그 모습이 지금도 생각난다. 그렇듯 할머니께서는 우리 부자를 물속의 용왕님께 맡겼다고 하셨다. 그래서 필자는 자라면서부터 물과 인연을 맺었다.

필자는 경북 문경의 작은 산골마을에서 태어나 그곳에서 초등학교와 중학교를 졸업하였다. 그런데 고등학교는 물이 많은 항구도시인 부산으로 진학하였다. 이 역시 물과의 인연이다. 그리고 대학은 법대(法大)로 진학하였다. 법(法)이란 무엇인가? 물 수(水)와 갈 거(去)가 합쳐진 글자로 물이 흘러간다는 뜻이다. 모든 일을 물 흐르듯 순리대로 처리하고 수평을 이루어 사물의 참된 모습을 나타낸다는 의

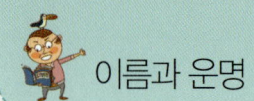
이름과 운명

미이다. 이 또한 물과의 인연이다.

  대학을 졸업한 후에는 맥주회사에 들어가 10년을 보냈다. 그 당시 여러 회사들이 활기를 띠었는데 필자는 결국 물과 인연을 맺어 물바다 하이트맥주(주)로 갔다. 그 후 직장을 옮겨 공무원연금공단으로 갔는데 거기서도 물과 인연을 맺어 수안보온천 지역의 일을 맡아 또 10년을 보냈다.

  퇴직 후에도 물과의 인연이 끝나지 않아서 마포에서「동방명리학연구원」을 개설하였다. 마포는 포구이고 물이며 명리학은 자평학(子平學)이니 이것 역시 물이다. 자평(子平)은 '명경지수(明鏡止水)'이다.

  그러나 우리는 이름의 영향력을 지나치게 과대평가해서는 안 된다. 왜냐하면 사람이란 외부의 요인에 따라서 결정을 당하기도 하지만, 자신의 심성(心性)으로 스스로 결정해 나가는 경우도 있기 때문이다. 이름이란 어디까지나 사람이 살아가는 데 필요한 보조적인 수단에 지나지 않는다. 이름이 주체가 되어 사람을 이끌어 나간다고 볼 수 없다. 사람에 따라서는 객관적으로 나쁜 이름이라도 이것을 좋게 받아들여 복된 삶으로 연결하는 경우가 있다.

① 김자지(金自知)

  1367년(고려 공민왕 16)~1435년(조선 세종 17) 즉 고려말과 조선초의 문신이다. 이름이 '자지'라서 남에게 자신의 이름을 알려줄 때는 "스스로 자(自), 알 지(知)입니다"라고 했을 것 같다.

  고려 우왕 때 과거에 급제하여 1404년 집의가 되고, 1408년 형조참의가 되었다. 그 후 1418년 호조참판, 이듬해에 형조참판이 되고, 다시 예조참판을 거쳐 대사헌·원주목사가 되었으며, 1423년에는 평안도관찰사, 1428년에는 형조판서가 되었다.

　만년에는 개성부유후(開城府留後)가 되었다가 1434년 68세 때 관직에서 물러났다. 학문이 뛰어나 음양(陰陽)·복서(卜筮)·천문·지리·의약·음률에 이르기까지 통달하였다.

② 신보지(申寶至)

　출생 ?년~1196년 즉 고려시대의 무신이다. 이름이 '보지'라서 남에게 자신의 이름을 알려줄 때는 "보배 보(寶), 이를 지(至)입니다"라고 했을 것 같다.
　명종 때 장군이 되고 1181년 정월 금나라에 사신으로 가서 만춘절(萬春節)을 축하하고 돌아와 같은 해 12월에 어사중승(御史中丞)에 올랐으며, 1194년 12월에 수사공 좌복야(守司空 左僕射)에 이르렀다.

③ ○백수

　필자가 운영하는 아이이름작명원(www.iirum.com)으로 매일 다양한 작명 신청이 올라온다. 다음은 그 가운데 하나로 딸을 낳은 아기 엄마가 올린 것이다.

> 선생님, 안녕하세요?
> 친정어머니가 절에서 스님한테 받아온 아기 이름이 2개 있습니다.
> 하지만 이 이름들은 제가 학교 다닐 때 흔히 부른 이름이라….
> 독특하면서 부르기도 쉽고 한 번 들으면 기억할 수 있는 이름으로 부탁드립니다.
> 단, 저희 신랑 이름 같은 것은 말구요.

　그런데 맨 나중에 부탁하는 말이 이상하다. 그래서 아기 엄마의 신랑 이름을

35

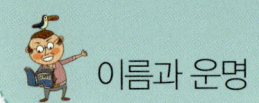
이름과 운명

보니 「○백수」이다. 아기 엄마가 지적한대로 신랑 이름은 그야말로 '독특하면서 부르기도 쉽고 한 번 들으면 기억할 수 있는 이름'이지만 '백수'란 백수건달 즉 아무것도 가진 것 없는 멀쩡한 건달을 연상시킨다. 오호라! 이름이 운명에 영향을 미친다면 신랑은 그야말로 아직 새파랗게 젊은 나이로 그만 백수건달? 어디 한번 확인해봐야지. 필자는 이름학자답게 ○백수 씨한테 전화를 걸었다.

"안녕하십니까, ○백수 씨! 저는 작명원 원장인데요, 부인께서 신청하신 따님의 이름은 정성 들여 짓고 있습니다. 그런데 이름학자의 입장에서 궁금한 것이 있어서 전화를 걸었으니 이해해주시고요. ○백수 씨는 현재 직업이 무엇이며 자신의 이름에 대해서 어떻게 생각하고 계십니까?"

필자는 ○백수 씨가 푸념을 털어놓을 줄 알았다. 그런데 결과는 정반대였다.

"아! 선생님, 저희 공주 이름 잘 좀 지어주시고요…. 저는 지금 자영업을 하고 있는데 이름 덕을 많이 보고 있는 것 같아서 이름에 대해서 만족스럽게 생각하고 있습니다. 사람들이 한 번 들으면 잊지 않고 더구나 '백수'를 면하라는 뜻에서 적극 도와주는 것 같아 사업에 도움이 된다고 생각합니다."

이렇게 대답하는 것이 아닌가! 필자가 '백수'란 이름을 보고 떠올렸던 '이름의 영동력(靈動力) 때문에 운명이?'라는 추측은 빗나갔다. 사람이 지니고 있는 심성(心性)의 중요성을 새삼 깨달았다. 「○석두」란 이름의 '석두'란 석두(石頭) 즉 '돌대가리'를 연상시킨다. 필자는 ○석두 씨를 잘 안다. 본인은 '석두'란 이름 때문에 스트레스를 많이 받았다고 한다. 하지만 본인은 그동안 진짜 석두(石頭)가 되지 않으려고 분골쇄신(粉骨碎身)하였다고 한다. ○석두 씨는 위의 ○백수 씨처럼 현실을 긍정적으로 받아들이면서 희망찬 새벽을 열어가고 있다.

사람은 마음먹기에 따라 지옥을 천국으로 바꿀 수 있다. 현실을 긍정적으로 받아들이면서 웃으며 살아간다면 하늘인들 또 어찌하겠는가. 하늘은 스스로 노력하는 사람을 돕는다.

성경에는

> '여호와가 보는 것은 사람과 같지 아니하니 사람은 외모를 보거니와 여호와는 중심을 보느니라' 는 내용이 있다.

하나님이 사울 왕을 제거하고 다음 왕을 세우기 위해 사무엘에게 "네가 저 시골 이새의 집으로 가서 그의 아들 중 한 명으로 하여금 왕이 되게 하라"고 하였다. 사무엘이 이새의 집을 찾아가 "하나님께서 너의 아들을 쓰려고 하니 여덟 아들 중 한 명을 내 앞으로 데려오라"고 하니 이새는 제일 맏아들을 데리고 왔다. 아들 중 인물도 제일 좋고 공부도 많이 시켰기 때문이다. 사무엘이 맏아들을 보고 깜짝 놀라면서 "과연 하나님께서 우리 민족의 왕으로 세울 인물이 여기 있구나" 하고 기뻐하였다. 그래서 맏아들로 하여금 왕이 되게 하려는 순간 여호와 하나님이 나타나서 말하기를 "너는 외모를 보지만 나는 중심을 본다. 맏아들은 아니다"라고 했다.

어떤 것이 외모인가? 외적인 것이다. 이름 역시 외적인 것이다.

그러면 어떤 것이 중심인가? 내적인 것이다. 영혼이다.

하나님은 인간에게 새로운 사명과 역할을 줄 때 필요하면 개명도 해준다. 하지만 운명을 바꾸어나가는 주체는 어디까지나 인간이다. 스스로 영혼을 다스려 자신의 운명을 바꿀 수 있다.

우리는 하늘나라에 가서도 자신의 이름이 영광스럽게 불릴 수 있도록 스스로를 더욱 다듬어 나가야 한다.

02

기초 지식

1. 이름의 의미
2. 이름의 종류
3. 이름의 글자 수
4. 성·씨·성씨
5. 성명의 배치
6. 족보
7. 이름과 음양오행
8. 이름과 81수리 이론
9. 이름학의 원칙

Part 01 이름의 의미

이름이란 어느 대상을 일컬어 부르는 칭호이다. 주로 어느 대상과 다른 대상을 구별하기 위하여 사용하는데(하늘·땅·사람), 때로는 이름이 어느 개념을 대표하기도 하고(대통령), 때로는 이름이 명예·명성·평판 등을 나타내기도 한다.

사람의 경우에는 이름을 다음과 같이 좁은 의미와 넓은 의미로 구분하여 생각할 수 있다.

- **좁은 의미** : 성(성씨)에 붙여 다른 사람과 구별하는 명칭
 (이순신 장군의 경우「순신」)
- **넓은 의미** : 성을 포함시켜 다른 사람과 구별하는 명칭
 (이순신 장군의 경우「이순신」)
 넓은 의미의 이름은 성명이다.

동명성왕[東明聖王, BC 58~BC 19]은 고구려의 시조(재위 BC 37~BC 19)이다.
그를 주몽이라고 부르게 된 이유에 대해서는『삼국사기』의「고구려본기」〈동명성왕〉조에 나와 있다. "시조 동명성왕(東明聖王)은 성이 고(高)씨이고, 이름이 주몽(朱蒙)이다[추모(鄒牟) 또는 중해(衆解)라고도 하였다]. 그의 나이 겨우 일곱 살이었을 때에 남달리 뛰어나 스스로 활과 화살을 만들어 쏘면 백발백중이었다. 부여의 속어에 활 잘 쏘는 것을 주몽(朱蒙)이라고 하였으므로 이것으로 이름을 삼았다"라고 기록되어 있다.『삼국유사』의 기록에서도 같은 내용을 찾아볼 수 있다.

　이름을 지을 때 작용하는 모티프(motif)에는 여러 가지가 있다. 요즈음 부모들이 선호하는 이름을 모티프에 따라 정리하면 다음과 같다.

1. 종교적 의미를 지닌 이름
　　☐ 남자 이름 : 요한(성경 속 인물), 예찬(예수님을 찬양함)
　　☐ 여자 이름 : 여은(여호와의 은혜), 하영(하나님의 영광)
　　☐ 남녀 모두 사용하는 이름 : 선재(화엄경의 선재동자), 주하(주 하나님)

2. 발음하기 쉬운 이름
　　이름자 모두 받침이 없는 이름 : 서우, 세아

3. 중성적인 이름
　　남녀 모두 사용할 수 있는 이름 : 연수, 지후

4. 태명을 살려 짓는 이름
　　임신 중에 부르는 이름인 태명(胎名)을 사용하는 이름 : 사랑, 희망

5. 한글 이름 같은 한자 이름
　　☐ 남자 이름 : 대솔, 해찬
　　☐ 여자 이름 : 여울, 신비

6. 부모의 이름자에서 한 글자씩 따서 짓는 이름
　　예를 들어 아빠 이름이 「김하준」, 엄마 이름이 「정인서」인 경우 자녀 이름을 「김서하」로 지을 수 있음.

기초 지식

　이름이란 어느 대상을 일컬어 부르는 칭호이므로 하늘에도 「도솔천」 같은 이름이 있고, 땅에도 「서울」 같은 이름이 있으며, 사람의 경우에는 자연인뿐만 아니라 법인까지 사람으로 다루어진다. 유형·무형의 모든 것이 이름을 가질 수 있고 요즈음은 강아지 작명원까지 등장하였다.

서울 4대문의 이름

- 동대문 : 흥인지문(興仁之門)
- 서대문 : 돈의문(敦義門)
- 남대문 : 숭례문(崇禮門)
- 북대문 : 숙정문(肅靖門)

　서울 4대문은 인(仁), 의(義), 예(禮), 지(智)의 유교적 이상을 상징하며, 각 대문의 이름 또한 이를 반영하고 있다.
　지(智)를 상징하는 숙정문의 경우, 그 문이 열리면 도성의 여자들이 음란해진다 하여, 실제로 사용하지는 않고 닫아두었다.
　서울 4대문 사이사이에 4소문이 있었는데 4대문보다 규모가 작았으나 실제로 한성을 드나드는 주요 출입구였다.

스코필드 박사의 한국 이름

　'3·1운동 민족대표 33인'에 못지않다고 해서 '34번째 민족 대표'로 불리는 캐나다 의료선교사 스코필드 박사의 한국 이름은 석호필(石虎弼)이다. 1916년 세브란스 의전 초청으로 한국에 온 이듬해 선교사 자격 한국어 시험에 합격하면서 한

국식 이름을 지었다. 굳은 종교적 신념(石)과 용맹한 성격(虎)으로 어려운 사람을 돕는다(弼)는 뜻이다. 그는 본명과 발음도 비슷하고 자신의 의지가 실린 이 이름을 몹시 아꼈다.

불곰 「보이텍」

폴란드 병사들이 이란의 고원에서 엄마 잃은 새끼곰「보이텍」을 발견한 것은 2차 세계대전이 한창이던 1943년 초였다. 병사들은 당시 생후 8주였던 이 새끼 불곰을 막사 안에서 군납 우유를 먹여 길렀고, 의지할 곳 없던 보이텍은 병사들을 부모처럼 따랐다.

이후 보이텍은 정식 사병 계급장까지 받고 2차대전 사상 치열하기로 유명했던 이탈리아 '몬테 카시노' 전투(1944년)에 참전하는 등 혁혁한 '전공'을 세운 뒤 1963년 스코틀랜드에서 생을 마쳤다.

연합군 '병사' 보이텍의 임무는 박격포탄과 탄약을 전선으로 나르는 것이었다. 키 180cm, 몸무게 113kg의 거구로 자란 보이텍은 앞발을 이용해 11kg짜리 탄약 상자를 가볍게 들어 날랐다. 사람처럼 두 발로 서서 걷기를 좋아했고, 차량을 타고 이동할 때는 항상 조수석에 앉았다. 휴식을 취할 때는 다른 병사들과 마찬가지로 맥주와 담배를 즐겼다. 더운 여름에는 사병 샤워장에 들어가 샤워도 했다.

한번은 주변을 두리번거리다가 부대 안에 잠입한 적의 스파이를 붙잡기도 했다.

전쟁이 끝나 부대는 해산됐고, 보이텍은 동물원으로 보내졌다. 부대 동료들은 이후에도 이 동물원을 방문했다. 폴란드어로 부르면, 반가운 표정으로 '담배를 달라'는 몸짓을 했다고 한다.

기초 지식

Part 02 이름의 종류

01 아명과 관명

아명(兒名)은 신생아가 성장하는 동안의 이름 즉 아이 때의 이름이다. 옛날에는 의약이 발달하지 못하여 신생아가 다 성장하지 못하고 죽는 사례가 많았다. 그래서 아명은 무병장수를 염원하면서 천하게 짓는 경향이 있었다. 이름이 천하면 마귀가 함부로 접근하지 않는다고 보았기 때문이다. 고종황제의 아명이「개똥이」였다고 한다.

관명(冠名)은 아이가 어른이 되는 예식(남자는 갓을 쓰고 여자는 쪽을 짐) 즉 관례 때 아명을 버리고 새로 지은 이름을 말한다. 아명이 그대로 관명으로 이어져 한자로「개동(介東)」,「계동(啓東)」,「소동(召東)」,「소동(蘇同)」,「마동(馬東)」,「마동(馬銅)」으로 된 경우도 있었다.

02 자

자(字)는 사람의 본이름 외에 부르는 이름으로서 부명(副名)인데 흔히 장가든 뒤에 성인(成人)으로서 본이름 대신으로 불렀다. 황희(黃喜) 정승의 자는「구부(懼夫)」였다.

03 호

　호(號)는 사람의 본이름이나 자(字) 이외에 쓰는 아명(雅名)으로서 '별호'라고도 한다. 본인이 지은 호를 자호(自號)라고 한다. 이율곡 선생의 어머니인 신(申)씨는 주(周)나라의 성군인 문왕(文王)의 어머니 태임(太任)부인을 스승으로 삼아 본받겠다는 뜻에서 자호를 「사임당(師任堂)」이라고 하였다. 다른 사람이 지어준 호를 아호(雅號)라고 한다. 그러나 아호에는 풍아·우아의 뜻이 담겨 있으니 본인이 지은 것이라도 이러한 뜻이 담겨 있으면 이를 아호라고 부를 수 있을 것이다.

　＊ 필자의 아호는 한학에 조예가 깊은 대학교 친구가 지어주었는데 「석오(石梧)」이다. 돌 석(石), 오동나무 오(梧)로서 '돌밭에서 자라난 오동나무'를 가리킨다. 조선조의 상촌(象村) 신흠(申欽)은 오동나무와 매화 그리고 달과 버드나무를 가지고 멋진 시(詩) 한 수를 남겼다.

**오동나무는 천 년이 되어도 항상 곡조를 간직하고 있고,
매화는 일생 동안 춥게 살아도 향기를 팔지 않는다.
달은 천 번을 이지러져도 그 본질이 남아 있고,
버드나무는 일백 번 꺾여도 새 가지가 올라온다.**

　시호(諡號)란 제왕·경상(卿相)·유현(儒賢)이 죽은 뒤에, 그의 공덕을 칭송하여 임금이 추증(追贈)하던 이름이다. 이순신(李舜臣) 장군은 「충무(忠武)」가 시호이다.

기초 지식

※ 율곡(栗谷) 이이(李珥)

 율곡(栗谷) 이이(李珥)는 중종(中宗) 재위 31년(서기 1536년), 강릉 북평촌에서 태어났다. 율곡은 외갓집에서 태어나 여섯 살 때 본가인 한성 수진방으로 오기까지 그곳에서 자랐다.
 그의 어머니 사임당(師任堂) 신(申)씨는 율곡을 낳던 날 태몽을 꾸었는데, 검은 용이 바다에서 날아와 침실 쪽 마루 천장에 스며드는 것이었다. 잠에서 깨고 얼마 후에 율곡이 태어났다고 해서 어릴 적 이름을 현룡(見龍)이라고 하였다. 그때 율곡을 낳았던 방을 지금도 몽룡실(夢龍室)이라고 부른다. 율곡(栗谷) 이이(李珥)는 총명함이 어려서부터 남다른 데가 있었다. 율곡이 세 살 때 외할머니 이(李)씨가 석류 열매를 율곡에게 보여 주면서 "무엇과 같으냐?"고 물었다. 그러자 율곡은 옛 시를 인용하여 "부서진 빨간 구슬을 껍질이 싸고 있다"라고 대답하여 주위를 감탄케 하였다. 겨우 말할 나이에 이미 글까지 깨우쳤던 것이다.
 네 살 때는 사략(史略)의 첫 권을 배우면서 스승이 문장 부호를 잘못 붙여놓은 것을 찾아낼 정도로 영특하였다.
 일곱 살 때는 이웃에 사는 진복창이라는 사람에 대해 평하는 진복창전(陳復昌傳)을 지었는데, 여기에서 율곡은 진복창을 소인으로 보고 장차 큰 화를 일으킬 사람이라고 말하였다. 그런데 실제로 진복창은 을사사화(乙巳士禍) 때 갖은 악행을 저지르니, 이는 율곡의 예언이 그대로 적중한 것으로서, 어릴 때부터 뛰어났던 그의 안목은 가히 놀라울 따름이다.
 여덟 살 때는 파주의 임진강변에 있는 화석정(花石亭)을 두고 시를 지었는데 그 형식이나 내용에 있어서 훌륭하기 그지없었다.
 그리고 열 살 때 지은 경포대부는 마치 인생을 달관한 사람의 작품으로 생각될 정도였다.

　이(珥)라는 이름은 율곡이 열한 살 때 아버지가 큰 병을 앓던 중 꿈을 꾸었는데, 백발 노인이 율곡을 가리키며 "이 아이는 동국(東國)의 대유(大儒)이니, 이름을 '구슬 옥(玉)' 변에 '귀 이(耳)'자를 붙여 짓도록 하라"고 말하여 이름을 바꾸게 되었다고 한다.

　열세 살인 명종(明宗) 재위 3년(서기 1548년)에 소과인 진사시(進士試)에 합격하였으나, 어린 나이에도 과거만을 위하여 학문하는 것이 옳은 일은 아니라고 생각했다. 이 생각은 그의 일생에 걸친 신조이기도 하였다.

　자(字)는 숙헌(叔獻)이다.

　호는 율곡(栗谷)·석담(石潭)·우재(愚齋)이다. 율곡(栗谷)은 한때 기거했던 파주 지방의 지명을 따른 것이다.

　시호(諡號)는 문성(文成)이다.

04 필명과 예명

　필명(筆名)은 시가·작품 등의 글을 쓸 때 사용하는 집필가의 이름이다. 시인 김지하(金芝河)는 본이름이 영일(英一)이고 필명이 지하(芝河)이다.

　예명(藝名)은 미술, 음악, 연극, 영화 등 예술적인 분야에 몸담고 있는 사람들이 자신이 속한 분위기에 맞추어 세련되고 멋있게 또는 독특하게 부각시켜서 본이름 외에 따로 지어 부르는 이름이다. 탤런트 최불암(崔佛岩)은 본이름이 최영한(崔英漢)이고 「불암(佛岩)」은 예명이다. 그리고 패션디자이너 앙드레 김은 본이름이 김봉남(金鳳男)이고 「앙드레 김」은 예명이다.

기초 지식

Part 03 이름의 글자 수

이름을 지을 때는 성(성씨)과 따로 두 글자를 사용하기도 하고 (○정희), 한 글자를 사용하기도 하는데 (○광), 때로는 여러 글자를 사용하기도 한다(○마리아).

참고로 대법원에서는 업무 불편을 이유로 '이름의 기재 글자와 관련된 호적사무처리 지침'에서 성(성씨)을 제외한 나머지가 다섯 글자를 넘지 않도록 하였다.

이름에 두 글자를 사용하는 것은 성(성씨)과 합쳐 성명을 세 글자로 구성하는 것인데 이것은 천지인(天地人)에 바탕을 둔 동양의 조화사상인 3신(三神) 사상의 표현이라고 보여진다. 성명을 두 글자로 구성하는 것은 동양의 음양(陰陽) 사상의 표현이라고 보여진다. 음〔-〕과 양〔+〕의 아름다운 조화, 즉 여성〔-〕과 남성〔+〕이 서로 사랑을 하면 아름다운 가정을 이룰 수 있다.

을지문덕과 연개소문

고구려의 명장인 을지문덕(乙支文德)과 연개소문(淵蓋蘇文)은 둘 다 성명이 네 글자이다. 그러나
- 을지문덕은 '문덕(文德)' 두 글자가 이름이다.
- 연개소문은 '개소문(蓋蘇文)' 세 글자가 이름이다.

'을지'라는 성(성씨)은 연장자를 의미한다고도 하며, '을'만 성(성씨)이고 '지'는 존대의 접미사로 보기도 한다.

연개소문의 성(성씨)에 대하여 중국측 기록에는 '천(泉)' 또는 '전(錢)'이라 하였는데, 이는 연(淵)이 당나라 고조의 성명인 이연(李淵)의 이름자와 같으므로 그것을 피하려 한 때문으로 볼 수 있다.

Part 04 성·씨·성씨

　성(姓)이란 한 혈통을 잇는 겨레붙이의 칭호이다〔김(金)·이(李)·박(朴) 등〕. 그런데 옛날 사람들은 이 성(姓)을 씨(氏)와 구별해서 사용하였다. 왜냐하면 '성(姓)'은 여성〔女〕이 생(生)하는 것이어서 모계(母系) 중심이고, '씨(氏)'는 남성의 벼슬이나 관직 또는 사업 등을 기준으로 한 것이어서 부계(父系) 중심이라고 보았기 때문이다. 그래서 성(姓)이 같고 씨(氏)가 다르면 서로 혼인을 하는 것이 불가능하지만, 씨(氏)가 같고 성(姓)이 다르면 서로 혼인을 하는 것이 가능하다고 하였다. 그러나 후세 사람들은 성(姓)과 씨(氏)를 함께 다루며 그냥 '성씨(姓氏)'라고도 한다.

　우리나라에서는 중국의 한자가 전래된 삼국시대 이후부터 특수한 사람들 위주로 중국의 성씨를 사용한 것으로 추정한다. 『삼국사기』에도 성을 사용한 사람보다는 성을 사용하지 않은 사람이 더 많다고 한다.

　그러던 것이 고려 시대에 들어서서 태조 왕건이 성을 하사하면서 우리나라의 성씨 체계가 확립되었다. 고려 문종 9년(1055)에는 성이 없는 사람은 과거에 급제할 수 없다는 법령을 내렸다. 때문에 고려 문종 이후의 사람을 시조로 하는 성씨가 많아졌다.

　조선 초기에 이르러서는 성의 사용이 양민에게까지 보편화되었으나 노비와 천민계급 등은 조선 후기까지도 성을 쓸 수 없었다. 그러나 1909년 민적법(民籍法)이 시행되면서 어느 누구라도 성을 가질 수 있게 되었다. 그 결과 성씨의 숫자가 더욱 늘어났다.

　지금은 국제화 시대이니 외국인의 귀화 등으로 새로운 성씨가 더욱 많이 생겨나리라고 본다.

기초 지식

기모노와 일본의 성씨

　일본의 전통 의상인 기모노는 세계에서 가장 우아한 옷의 하나로 손꼽힌다. 그러나 이 기모노가 일본 여성들한테는 사연이 있는 옷이라고 한다. 기모노는 한 장으로 된 사각형의 천을 몸에 감고 허리에 오비를 둘러 멋을 낸 의상이다. 오비만 풀면 기모노를 완전히 벗을 수가 있다. 더구나 옛날에는 기모노 안에 속옷을 입지 않았다고 한다. 나아가 등에 담요 같은 걸 매면 어느 장소에서든지 남녀관계를 맺기가 좋을 것이다. 그래서 다음과 같은 이야기가 나온다.

　"일본에서는 오랜 내전으로 남자들이 너무 많이 죽었다. 그래서 바쿠후(幕府)는 종족번식을 위한 고육책으로 여자들에게 기모노에다 속옷은 입지 말고 등에는 담요 같은 걸 매도록 해서 아무데서나 남자만 만나면 애를 만들게 했다. 그래서 태어난 아이한테는 아버지의 성씨를 몰라 할 수 없이 그 '장소'를 가지고 성씨로 하였다. 예를 들어 그 장소가 나무 밑이면 → 木下 (나무 목, 아래 하), 대나무 밭이면 → 竹田 (대 죽, 밭 전), 시골 동네 우물가이면 → 村井 (마을 촌, 우물 정), 보리밭이면 → 麥田 (보리 맥, 밭 전), 산인지 들인지 아리송하면 → 山野 (뫼 산, 들 야) 등이다. 논에는 물이 고여 있으니 논 답(畓)은 그 장소가 되기 어렵고 따라서 밭 전(田)이 많이 등장하였다."

　위의 이야기는 어디까지나 '이야기'일 뿐이다.

　필자는 기모노가 남방의 개방적 바탕 위에서 일본인의 체격상의 결함을 보완할 수 있도록 고안된 의상이라고 본다. 그리고 옷 내외부의 차림은 여체의 선에 포인트를 맞추면서 고온다습한 여름을 지내거나 옷의 단조로움을 탈피하면서 한랭한 겨울을 나기 위한 수단이었다고 본다.

　성씨 제도는 나라에 따라서 다양한 체계를 나타낸다. 일본의 성씨는 매우 복잡하고 그 숫자도 13만 2천여 개로서 세계에서도 으뜸인데, 성씨 중에서 두 글자로 된 것이 가장 많고 한 글자나 세 글자로 된 것도 많다.

Part 05 성명의 배치

　넓은 의미의 이름인 성명(姓名)을 사용할 때 성(姓)과 명(名)을 어떻게 배치하느냐도 나라에 따라서 차이가 있다.

　우리나라, 중국, 일본에서는 가문 이름 즉 성(姓)을 앞으로 배치하고, 개인 이름 즉 명(名)은 뒤로 배치한다. 여기에는 전체가 개체에 우선한다는 사상이 담겨 있다.

　유럽에서는 개인 이름 즉 명(名)을 앞으로 배치하고, 가문 이름 즉 성(姓)은 뒤로 배치한다. 여기에는 개체가 전체에 우선한다는 사상이 담겨 있다.

　인도에서는 우리나라, 중국, 일본과는 달리 명(名)을 앞으로 배치하고, 성(姓)은 뒤로 배치한다. 헝가리는 유럽에 있으면서도 우리나라, 중국, 일본처럼 성(姓)을 앞으로 배치하고 명(名)은 뒤로 배치한다.

　인도네시아나 미얀마에서는 성(姓)은 없고 「수카르노」, 「수하르트」, 「나수티온」 같은 명(名)만 있다.

기초 지식

Part 06 족보

   족보(族譜)란 한 가문의 계통과 혈통 관계를 기록한 책으로서 '계보(系譜)책'이라고 부를 수도 있다. 즉 나와 집안의 뿌리를 알 수 있는 한 가문의 역사책이다.

   우리나라의 족보는 다른 나라들이 부러워할 정도로 잘 발달되어 있어서 매우 뛰어난 족보로 정평이 나 있다. 따라서 우리나라가 계보학의 종주국으로 꼽힌다. 외국의 경우에도 족보학회나 족보전문 도서관이 있는 등 가계(家系)에 대한 관심이 많지만, 우리나라처럼 각 가문마다 족보를 문헌으로까지 만들어 2천년 가까이 기록해온 나라는 없다.

Part 07 이름과 음양오행

01 이름

사람의 경우에는 이름이란 넓은 의미로는 성명(姓名)이다. 이 성명은 소리(발음), 글자(문자), 뜻으로 이루어진다.

> **이순신 장군의 경우**
> - 소리(발음) : ㅇ ㅣ ㅅ ㅜ ㄴ ㅅ ㅣ ㄴ
> - 글자(문자) : 李舜臣
> - 뜻 : 순임금 순(舜), 신하 신(臣)

* 이름의 구성요소는 ①소리(발음), ②글자(문자), ③뜻이다.
 소리(발음)는 음령(音靈)이라고도 한다.
 글자(문자)는 상형(象形)이라고도 한다.

02 음양오행

동양에서는 복희 시대 이후 음양오행 사상을 연구 발전시켜 왔다. '음양오행(陰陽五行)'이란 우주변화의 원리를 설명하기 위하여 우주에 충만해 있는 기(氣)가 어떠한 형태로 파동(波動)을 이루어나가는가를 요약해서 나타내는 동양 전래의 형이상학적인 용어이다.

 기초 지식

◎ 음과 양은 서로 보완하면서 하나의 통일체를 이루는 상반(相反)된 작용이다.

음양
음 : 달〔月〕· 밤 · -
양 : 해〔日〕· 낮 · +

◎ 오행은 음과 양의 운동을 세분화한 목(木)·화(火)·토(土)·금(金)·수(水)이다.

오행
목(木) : 나무 · 확장 · 따뜻함 · 봄
화(火) : 불 · 분산 · 더움 · 여름
토(土) : 흙 · 조정 · 전환 · 환절기
금(金) : 쇠 · 수축 · 서늘함 · 가을
수(水) : 물 · 통합 · 차가움 · 겨울

◎ 오늘날 동서양은 시간의 단위인 일주일을 이 음양오행의 일곱 가지 즉 월(月)·화(火)·수(水)·목(木)·금(金)·토(土)·일(日)로 구성하여 사용하고 있다.

◎ 만세력이란 천체를 관측하여 해와 달의 운행과 절기 따위를 적은 책이다.

만세력은 음양오행의 바로미터(barometer)이다.
그런데 만세력에는 연월일(年月日)이 간지(干支)라는 문자로 나타나 있다.

예를 들면 2010년은 경인(庚寅)년인데 무인(戊寅)월 을유(乙酉)일부터 시작된다.

- 간(干)은 하늘이고 천간(天干)이라고도 한다. 천간에는 갑(甲)·을(乙)·병(丙)·정(丁)·무(戊)·기(己)·경(庚)·신(辛)·임(壬)·계(癸)의 10간이 있다. 위에서 본 2010년의 경우 윗글자인 경(庚)·무(戊)·을(乙)은 천간이다.
- 지(支)는 땅이고 지지(地支)라고도 한다. 지지에는 자(子)·축(丑)·인(寅)·묘(卯)·진(辰)·사(巳)·오(午)·미(未)·신(申)·유(酉)·술(戌)·해(亥)의 12지가 있다. 위에서 본 2010년의 경우 밑글자인 인(寅)·인(寅)·유(酉)는 지지이다.
- 천간과 지지를 합쳐 간지(干支)라고 한다. 10간과 12지를 동시에 순차적으로 진행시켜 짝을 이루어나가면 60개의 간지가 되는데 이것을 육십갑자(六十甲子)라고 한다. 갑자(甲子), 을축(乙丑), 병인(丙寅), 정묘(丁卯)……순으로 짝지어 나가면 마지막은 계해(癸亥)가 된다.

- 10간의 음양과 오행은 다음과 같다.

음양오행 \ 10간	갑(甲)	을(乙)	병(丙)	정(丁)	무(戊)	기(己)	경(庚)	신(辛)	임(壬)	계(癸)
음양	+	-	+	-	+	-	+	-	+	-
오행	목(木)		화(火)		토(土)		금(金)		수(水)	

- 12지의 음양과 오행은 다음과 같다.

음양오행 \ 12지	자(子)	축(丑)	인(寅)	묘(卯)	진(辰)	사(巳)	오(午)	미(未)	신(申)	유(酉)	술(戌)	해(亥)
음양	-	-	+	-	+	+	-	-	+	-	+	+
오행	수(水)	토(土)	목(木)		토(土)		화(火)	토(土)	금(金)		토(土)	수(水)

기초 지식

◎ 오행의 작용

- 상생(相生)

　서로 생(生)하는 것 즉 도와주는 것이다. 오행에서 목(木)은 화(火)를, 화(火)는 토(土)를, 토(土)는 금(金)을, 금(金)은 수(水)를 생하고, 수(水)는 목(木)을 생한다. 즉 목생화(木生火), 화생토(火生土), 토생금(土生金), 금생수(金生水), 수생목(水生木)으로 이어지는 것이다.

　　　　　　　　생　　생　　생　　생　　생
　　목(木) → 화(火) → 토(土) → 금(金) → 수(水) → 목(木)

　이 생의 이치를 살펴보자. 나무〔木〕에서 꽃이 피면 꽃은 화(火)요, 꽃이 지면 이것이 땅으로 떨어져 흙〔土〕이 되고, 흙은 자체적으로 광물질〔金〕을 형성하며, 광물질은 녹아서 물〔水〕이 된다. 물은 나무〔木〕를 생하여 순환상생을 거듭한다.

- 상극(相剋)

　서로 극(剋)하는 것 즉 억압하는 것이다. 오행에서 목(木)은 토(土)를, 토(土)는 수(水)를, 수(水)는 화(火)를, 화(火)는 금(金)을, 금(金)은 목(木)을 극한다. 즉 목극토(木剋土), 토극수(土剋水), 수극화(水剋火), 화극금(火剋金), 금극목(金剋木)으로 이어지는 것이다.

　　　　　　　　극　　극　　극　　극　　극
　　목(木) → 토(土) → 수(水) → 화(火) → 금(金) → 목(木)

　이 극의 이치를 이치를 살펴보자. 나무〔木〕는 흙〔土〕을 파고들고, 흙〔土〕은 물〔水〕의 흐름을 막으며, 물〔水〕은 불〔火〕을 꺼버리고, 불〔火〕은 쇠〔金〕를 녹이며, 쇠〔金〕는 나무〔木〕를 자른다.

오행의 생극(生剋)을 논할 때 흔히들 생(生)은 좋고 극(剋)은 나쁘다고 한다. 왜냐하면 생은 정(正)으로 볼 수 있고, 극은 반(反)으로 볼 수 있기 때문이다.

그러나 정(正)과 반(反)의 참모습은 어떠한가? 소우주인 인간에게 정(正)은 혈액의 순환과 같고, 반(反)은 심장의 박동과 같아서 생중유극(生中有剋)이요 극중유생(剋中有生)이다. 생 가운데 극이 있고 극 가운데 생이 있다. 그래서 소우주인 인간에게 생과 극은 다 필요한 것이다. 나의 주장에 대해서 옳다고 찬성하는 사람은 일단 나를 생(生)해주는 사람이지만 간신일 수 있다. 나의 주장에 대해 그르다고 반대하는 사람은 일단 나를 극(剋)해주는 사람이지만 충신일 수 있다.

우리는 생과 극 어느 하나에 치우쳐서는 안 된다. 극은 생으로 이어진다. 예를 들어 나무는 흙을 파고들어 목극토(木剋土)를 하는데 그 결과 민둥산을 홍수로부터 보호하니 목생토(木生土)를 이룬다. 이러한 이치는 다른 오행의 경우도 마찬가지이다. 그러므로 생과 극을 분리시켜 '생(生)'을 사랑하고 '극(剋)'을 미워하는 오류를 범하면 안 된다.

- 상비(相比)

서로 같은 오행끼리 만나는 것을 말한다. 목(木)이 목(木)을, 화(火)가 화(火)를, 토(土)가 토(土)를, 금(金)이 금(金)을, 수(水)가 수(水)를 만나는 것을 말한다.

목(木)·목(木)	화(火)·화(火)
	토(土)·토(土)
금(金)·금(金)	수(水)·수(水)

서로 같은 오행끼리 만나면 일단 힘이 더욱 강해진다.

기초 지식

> 이름의 구성요소인 ① 소리(발음), ② 글자(문자), ③ 뜻을 각각 음양오행으로 나누어 정리하면 다음과 같다.
>
> ① 소리(발음)　　소리(발음)와 음양
> 　　　　　　　　소리(발음)와 오행
>
> ② 글자(문자)　　글자(문자)와 음양
> 　　　　　　　　글자(문자)와 오행
>
> ③ 뜻　　　　　　뜻과 음양
> 　　　　　　　　뜻과 오행

03　소리(발음)와 음양

　우리가 이름을 부를 때 생기는 소리(발음)는 한글의 모음에 따라 음과 양으로 나누어 구분할 수 있다.

◎ 모음이 어둡고 중후한 느낌을 주면 음(음성모음)이고,
　모음이 밝고 경쾌한 느낌을 주면 양(양성모음)이다.

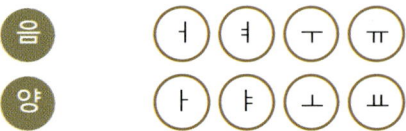

　ㅡ와 ㅣ는 일반적으로 음으로 구분하는 것 같다.

◎ 필자는 성명 글자의 모음이 음성 모음이냐 양성 모음이냐를 논하지 않는다.

그런데 성씨와 이름의 끝 글자는 소리(발음)음양이 서로 달라야 한다고 설명하는 학설이 있다. 예를 들어 성씨가 김(金), 우(禹), 정(鄭)씨와 같이 음성 모음일 때는 이름의 끝 글자가 양성 모음이어야 하고, 반대로 성씨가 노(盧), 박(朴)씨와 같은 양성 모음일 때는 이름의 끝 글자가 음성 모음이어야 한다는 것이다. 이 학설에서는 성명이 몇 개의 글자로 구성되었든 첫 글자인 성씨와 이름의 끝 글자 즉 두 글자의 음양이 조화를 이루는지가 중요하다.

그러나 위의 학설을 역사적인 인물의 이름에 대입해보고 그 타당성 여부를 확인해보고 넘어가는 것이 좋다고 본다.

고구려의 명장인 을지문덕, 신라가 삼국통일을 이루도록 한 태종무열왕 김춘추와 김유신 장군, 고려의 명장인 강감찬, 조선시대의 이이(이율곡) 선생과 이순신 장군 그리고 현대의 인물로 이병철 삼성그룹 창업주와 정주영 현대그룹 창업주는 성씨와 이름의 끝 글자가 모두 음성 모음 또는 양성 모음이어서 음양의 조화를 이루지 못하였다. 그러나 한 사람도 빠짐없이 자신의 이름을 우리나라 역사에 훌륭한 인물로 남기고 있다.

그러므로 성씨와 이름의 끝글자가 음양의 조화를 이루어야 한다는 위의 학설은 하나의 가설(假說)에 불과할 뿐 현실에 비추어 설득력이 약하다고 할 수 있다.

04 소리(발음)와 오행

우리가 이름을 부를 때 발음하는 소리(발음)는 한글의 자음에 따라 오행〔木火土金水〕으로 나누어 구분할 수 있다. 소리(발음)오행은 그냥 발음오행 또는 음령

기초 지식

오행이라고도 하며, 한글 이름이나 한자 이름 모두 우리말로 부르므로 둘 다 적용할 수 있다. 이 책에서는 발음오행으로 부른다. 발음오행은 한글의 자음을 목(木)·화(火)·토(土)·금(金)·수(水)오행으로 어떻게 구분하느냐에 따라 다수설과 소수설로 의견이 나누어진다.

① 다수설

다수설은 발성 기관의 위치에 따라 다음과 같이 오행을 분류한다.

오행	목(木)	화(火)	토(土)	금(金)	수(水)
발음	ㄱ·ㅋ	ㄴ·ㄷ·ㄹ·ㅌ	ㅇ·ㅎ	ㅅ·ㅈ·ㅊ	ㅁ·ㅂ·ㅍ
발음기관	어금니	혀	목구멍	이	입술

★ 다수설의 발음오행

목(木) 오행	ㄱ·ㅋ
화(火) 오행	ㄴ·ㄷ·ㄹ·ㅌ
토(土) 오행	ㅇ·ㅎ
금(金) 오행	ㅅ·ㅈ·ㅊ
수(水) 오행	ㅁ·ㅂ·ㅍ

② 소수설

소수설은 ㄱ·ㅋ, ㄴ·ㄷ·ㄹ·ㅌ, ㅅ·ㅈ·ㅊ에 대해서는 다수설과 같은 입장이다. 그러나 ㅇ·ㅎ과 ㅁ·ㅂ·ㅍ에 대해서는 다수설과 반대의 입장을 취하고 있다. 즉 ㅇ·ㅎ은 수(水)이고 ㅁ·ㅂ·ㅍ은 토(土)라는 것이다.

★ 소수설의 발음오행

목(木) 오행	ㄱ·ㅋ (다수설과 같음)
화(火) 오행	ㄴ·ㄷ·ㄹ·ㅌ (다수설과 같음)
토(土) 오행	ㅁ·ㅂ·ㅍ
금(金) 오행	ㅅ·ㅈ·ㅊ (다수설과 같음)
수(水) 오행	ㅇ·ㅎ

위의 내용을 보면 소수설과 다수설은 토(土) 오행과 수(水) 오행에 해당하는 한글의 자음을 서로 뒤바꿔놓고 있다. 따라서 소수설에 따르면 발음오행으로 '이'나 '황'은 토(土) 오행이 아닌 수(水) 오행이고, '민'이나 '박' 그리고 '팽'은 수(水) 오행이 아닌 토(土) 오행이라고 한다. 소수설은 훈민정음 해례본을 따라서 목구멍소리를 수(水)로 보고, 입술소리를 토(土)로 본다.

【 이 책에서는 아직까지 이론이 확실하게 정립되지 않은 현실을 감안하여 일단 다수설을 따른다. 다수설을 따를지 아니면 소수설을 따를지의 문제는 앞으로 확실한 이론 정립과 구체적인 검증 결과를 토대로 명확한 결론을 내리는 것이 옳다고 본다. 】

기초 지식

③ 발음오행의 중요성

이름학상 발음오행이 어느 정도로 중요할까?
이름의 구성요소 가운데 어느 것을 앞세우느냐에 따라서 달라진다.

◇ 소리(발음)를 앞세우는 견해
 : 발음오행이 가장 중요하다고 한다.

◇ 글자(문자)를 앞세우는 견해
 : 이름자의 획수를 따진 수리오행이 가장 중요하다고 한다.

◇ 뜻을 앞세우는 견해
 : 이름이 지니고 있는 의미를 바탕으로 한 자원오행(字源五行)이 가장 중요하다고 한다.

 소리(발음)를 앞세우는 견해에서 발음오행이 가장 중요하다고 하는 것은 지극히 당연하다. 그러나 그 구체적인 이론을 살펴보면 '이름은 평생 듣는 것이어서 감각이나 감정에 영향을 미치므로 오행을 따질 때 발음오행이 가장 중요하다. 그리고 발음오행은 상생을 이루는 것이 바람직하다. 그 이유는 발음상 힘이 덜 들고 막힘이 없으며 생기를 주기 때문이다'라는 내용이다. 나아가 이른바 「파동 성명학」은 '동양(한, 중, 일, 대만, 싱가포르)에서만 사용하는 한문에 의한 학설로는 서양인의 이름을 풀이하지 못한다. 그러므로 이름은 소리의 파동으로 판단해야 한다'는 주장을 펼친다.

> **뜻? 발음?**

　이름의 발음이 나름대로 운명에 영향을 미칠 수 있다는 것을 전혀 부정할 수는 없다. 그러나 '뜻'이 아닌 '발음' 그 자체가 운명에 결정적인 영향을 미친다고 볼 수는 없다. 왜냐하면 예를 들어 자신에게 'ㄱ'음(音)이 필요한 사람에게 '가갸거겨'라는 연속음이 무슨 도움이 되겠는가.

　사람은 나이가 들수록 이름을 부르는 기회가 적어지는 것 같다. 아기일 때는 이름을 많이 부른다. 그러나 사회생활을 시작하면서는 ○ 과장, ○ 부장, ○ 국장, ○ 상무, ○ 사장 등으로 통한다. 요즈음은 여성의 경우도 이와 다르지 않아서 ○ 판사, ○ 장관, ○ 대통령 등으로 통한다. 이름의 발음을 중요하게 여기는 견해, 특히 파동 성명학은 우리가 마치 이름을 발음하느라 날을 지새우는 양 이야기하지만 실상은 그렇지 않다.

　우리가 이름자로 사용하는 한자는 뜻글자이다. 그런데 발음오행이 가장 중요하다고 하면서 한자 '목(木)'을 나무가 아닌 수(水 : ㅁ)라 하고, '화(火)'를 불이 아닌 토(土 : ㅎ)라 하고, '금(金)'을 쇠가 아닌 목(木 : ㄱ)이라 하며, '수(水)'를 물이 아닌 금(金 : ㅅ)이라고 하니 좀 너무하지 않은가.

　그리고 발음오행은 상생을 이루는 것이 바람직하다는 발상 그 자체도 문제이다. 상생과 상극은 모두 진리의 모습이다. 생은 극으로 이어지고 극은 생으로 이어진다. 상생으로는 매끄러움을 추구할 수 있고 상극으로는 박력을 불러올 수 있다. 때문에 생과 극을 분리시켜 '생'을 사랑하고 '극'을 미워하는 오류를 범하면 안 된다.

# 기초 지식

'파동 성명학'에 대해서는 학자들이 구체적인 예를 들어 가면서 그 허구성을 지적하고 있다. 서양인의 이름 또한 동양인의 이름처럼 뜻을 지니고 있다. 우리와 언어가 다르다고 해서 서양인의 언어를 단순한 '소리의 파동'으로 이해할 것인가? 인류란 소리의 파동에 따라 조건반사적으로 움직이는 실험실의 생쥐와 같은 존재가 아니다.

'파동 성명학'과 유사한 '○○ 성명학'은 식물이나 동물을 키우면서 음악을 들려주었을 때 성장 속도가 더 빨라졌거나 더 건강해졌다는 사례를 들어 '이름은 소리이고 소리는 사람을 만든다'고 한다. 하지만 음악이란 무엇인가? 음악은 단순한 '소리' 내지 '발음'이 아니다. 음악이란 박자·가락·음색·화성 따위를 갖가지 형식으로 배합한 곡을 연주하는 것으로서 '예술' 즉 '뜻'이다.

하나님이 인류 최초의 첫 사람에게 「아담(사람이란 뜻)」이란 이름을 지어주었고 일개 족장에 불과한 「아브람(존귀한 아버지란 뜻)」을 열국(列國)의 아버지란 뜻의 「아브라함」으로 그리고 아브라함의 아내이자 족장의 부인에 불과한 「사래(왕비 또는 여주인이란 뜻)」를 열국의 어머니란 뜻의 「사라」로 개명해준 까닭이 무엇인가? '소리' 내지 '발음' 때문이 아니라 '뜻' 때문이었다.

 ## 석오 생각

필자는 이름의 구성요소 가운데 뜻을 앞세우는 견해를 지지한다.

그러나 이름을 지을 때 자원오행만으로 만족스러운 이름을 구성할 수 없다면 그때는 일정한 요건하에 발음오행을 함께 사용할 수 있다고 본다.

05 글자(문자)와 음양

　글자(문자)의 음양은 한문 이름이든 한글 이름이든 글자의 획수로 판단하는데 짝수이면 음이고 홀수이면 양이다.

　이름학에서는 성씨를 포함하여 이름자가 모두 음이거나 모두 양이면 일단 음양의 조화를 이루지 못하므로 아름답지 못한 이름이라고 판단한다.

　참고로 2자 성 즉 두 글자 성씨는 두 글자가 하나의 성씨를 이룬 것이므로 두 글자의 획수를 합친 것을 그 성씨의 획수로 한다.

① **음양의 조화를 이루지 못한 이름**

이지민

성명	李	祉	民
획수	7	9	5
음양	홀수(양)	홀수(양)	홀수(양)

김민채

성명	金	旻	采
획수	8	8	8
음양	짝수(음)	짝수(음)	짝수(음)

> 기초 지식

◇ 성씨를 포함하여 이름이 두 글자인 경우(성명이 두 글자인 경우)

    a. 음 음 ● ●
    b. 양 양 ○ ○

a, b 모두 음양의 조화를 이루지 못한 이름이다.

◇ 성씨를 포함하여 이름이 네 글자인 경우(성명이 네 글자인 경우)

    a. 음 음 음 음 ● ● ● ●
    b. 양 양 양 양 ○ ○ ○ ○

a, b 모두 음양의 조화를 이루지 못한 이름이다.

② **음양의 조화를 이룬 이름**

◇ 성씨를 포함하여 이름이 두 글자인 경우(성명이 두 글자인 경우)

    a. 음 양 ● ○
    b. 양 음 ○ ●

◇ 성씨를 포함하여 이름이 세 글자인 경우(성명이 세 글자인 경우)

    a. 양 양 음 ○ ○ ●
    b. 양 음 음 ○ ● ●
    c. 음 음 양 ● ● ○
    d. 양 음 양 ○ ● ○
    e. 음 양 양 ● ○ ○
    f. 음 양 음 ● ○ ●

◇ 성씨를 포함하여 이름이 네 글자인 경우(성명이 네 글자인 경우)

    a. 양 양 양 음 ○ ○ ○ ●
    b. 양 음 음 음 ○ ● ● ●
    c. 양 음 음 양 ○ ● ● ○
    d. 음 음 음 양 ● ● ● ○
    e. 양 양 음 음 ○ ○ ● ●
    f. 양 음 양 음 ○ ● ○ ●
    g. 양 음 양 양 ○ ● ○ ○
    h. 음 음 양 양 ● ● ○ ○
    I. 음 양 양 양 ● ○ ○ ○
    j. 음 양 양 음 ● ○ ○ ●
    k. 음 양 음 양 ● ○ ● ○
    l. 음 양 음 음 ● ○ ● ●

기초 지식

③ 획수 계산 방법

글자의 획수를 따져 이름의 좋고 나쁨을 가린다면 한 획 차이로 길흉이 뒤바뀌는 사례가 많을 것이다. 그런데 이렇게 중요한 획수 계산에 대해 학자들의 견해가 일치하는 것은 아니다.

◇ 한자(한문 글자)의 획수

한자(한문 글자)의 획수를 계산하는 방법으로는 필획법, 원획법 등이 있다.

- 필획법(筆劃法)은 획수 그대로 계산하는 방식이다.

3획	氵 · 忄 · 扌 · 阝
4획	王 · 艹 · 辶 · 月
5획	罒 · 衤

이 견해는 소수설로서, 실제로 쓰이는 대로 획수를 계산하는 것이 정당하므로, 예를 들어 삼수변(氵)은 3획이지 왜 4획(水)이 되느냐고 의문을 제기한다.

- 원획법(原劃法)은 원래의 뜻을 찾아 원뜻대로 계산하는 방식이다.

필획	원획	부수 이름	획수
氵	水	삼수변	4
忄	心	심방변	4
扌	手	손수변	4
月	肉	육달월	6
艹	艸	초두밑	6
辶	辵	책받침	7
罒	网	그물망	6
犭	犬	개사슴록변	4
王	玉	구슬옥변	5
礻	示	보일시변	5
衤	衣	옷의변	6
阝(우)	邑	우부방	7
阝(좌)	阜	좌부방	8
耂	老	늙을로밑	6

위 표에 있는 부수 외에 숫자를 표시하는 일(一)은 1획, 이(二)는 2획, 삼(三)은 3획, 사(四)는 4획, 오(五)는 5획, 육(六)은 6획, 칠(七)은 7획, 팔(八)은 8획, 구(九)는 9획, 십(十)은 10획으로 계산한다. 그러나 10을 넘으면 본래의 획수대로 계산해서 백(百)은 6획, 천(千)은 3획, 만(萬)은 15획으로 계산한다.

이 견해는 다수설로서, 한자는 표의문자(表意文字)이므로 당연히 원획대로 계

기초 지식

산해야 마땅하고, 따라서 예를 들어 삼수변(氵)은 원획이 수(水)이므로 3획이 아니라 4획이라고 설명한다.

이 책에서는 원획법을 기준으로 하였다.

일반적으로 이름학자들은 성명 글자가 획수로 음양의 조화를 이루도록 배열해야 한다고 설명한다. 우주만물 자체가 음양의 조화 없이는 이루어질 수 없는 이치와 같다고 보기 때문이다. 그러면 성명 글자가 획수로 음양의 조화를 이루도록 배열하지 못하였을 때 어떤 결과가 일어날까?

◇ 성자와 이름자가 모두 짝수인 경우

만약 성자와 이름자가 모두 짝수로 구성된 순음(純陰) 또는 독음(獨陰)일 경우, 음기가 성하면 자연히 양기가 쇠하는 이치대로 가정에서 아버지와 남편 그리고 아들과의 인연이 박하고 크고 작은 변괴가 자주 일어난다고 한다. 마치 밤만 있고 낮은 없는 것처럼 만물이 생성되지 못하고 성격이 침울해지며, 성인병, 중풍, 신경통 등으로 고생하게 되고, 일생 동안 즐거움을 모르고 살아가게 된다는 것이다. 또한 음은 짝수로서 약하고 정적이며 소극적인 특징이 있으며 여성적인 역할을 하는데, 이름이 전부 음수로 구성되어 있으면 우유부단하고 진취성이 부족하므로 항상 정체상태를 면하기 어렵다고 한다.

◇ 성자와 이름자가 모두 홀수인 경우

반대로 성자와 이름자가 모두 홀수로 구성된 순양(純陽) 또는 독양(獨陽)일 경우, 음기가 쇠진한 이치라 가정적으로 어머니와 아내와의 인연이 박하고, 질병으로 일생을 고통스럽게 보내며, 사회생활에서도 화합하기 어려우므로 큰일을 이루지 못하고 실패와 좌절로 온갖 파란을 겪게 된다고 한다. 또한 양은 홀수로서 강

하고 동적이며 적극적인 특징이 있으며 남성적인 역할을 하는데, 이름이 전부 양수로 구성되어 있으면 의기양양하지만 지나치게 강한 운세로 인해 마치 내리막길을 달리는 고장난 자동차처럼 파괴를 초래하여 비운에 빠지게 된다고 한다.

그러면 다음의 예들을 살펴보기로 하자.

우선 성명 글자가 획수로 음양의 조화를 이루지 못하여 불행을 초래한 것이 아닐까 생각이 드는 예들이다.

성명	○	○	○
획수	9	9	15
음양	홀수(양)	홀수(양)	홀수(양)

이 사람은 사회 저명인사로 아내와 사별한 뒤 자식들과 함께 살아오다 86세에 스스로 목숨을 끊었다. 성명이 모두 홀수(양)로 이루어져 음양의 조화를 이루지 못하였기 때문에 45년간을 아내 없이 살았다고 볼 수 있을까.

성명	○	○	○
획수	7	5	15
음양	홀수(양)	홀수(양)	홀수(양)

성명이 모두 홀수(양)인 '7 5 15'로 이루어진 사람이 있다. 대학교 3학년 때 사법시험에 합격하여 판사로 매우 높은 자리까지 올라갔다. 그런데 성명이 음양의 조화를 이루지 못한 탓인지 그만 교통사고로 아내와 자식을 모두 잃고 말았다.

기초 지식

성명	○	○	○
획수	6	6	8
음양	짝수(음)	짝수(음)	짝수(음)

성명이 모두 짝수(음)인 '6 6 8'로 이루어진 사람이 있었다. 엄청난 부자이었으나 남의 꼬임에 빠져서 큰 재산을 다 날리고 그러한 가운데서도 이성문제를 일으켜 참한 아내의 가슴에 못을 박고는 인생을 끝마쳤다.

성명	○	○	○
획수	20	10	6
음양	짝수(음)	짝수(음)	짝수(음)

성명이 모두 짝수(음)인 '20 10 6'으로 이루어진 여성이 있다. 매우 똑똑하고 반듯하며 청순한 미모까지 갖추었는데 10대 중반 무렵 어머니를 잃고 지금은 노처녀로 직장생활을 하고 있다.

전광

성명	錢	洸
획수	16	10
음양	짝수(음)	짝수(음)

필자의 성명은 모두 짝수(음)인 '16 10'으로 이루어져 있다. 성명이 음양의 조화를 이루지 못하여 그런 것인지, 아버지와 어머니가 화목하지 못한 가정에서 자라났고, 아버지는 일찍부터 「전삿갓」어른으로 방랑생활을 하다가 필자의 나이 40대 중반에 이 세상을 떠나셨으며, 어머니는 필자의 나이 20세가 되기 전에 이미 가정을 떠나셨다. 다행스럽게도 필자는 좋은 아내를 만나 1남 3녀를 두고 행복한 가정을 이루고 있지만, 그렇다고 해서 음양이 조화로운 가정을 이루어 왔던 것은 아니다. 왜냐하면 필자는 결혼생활 절반가량을 가족과 떨어져 살아왔기 때문이다.

그러나 성명 글자가 획수로 음양의 조화를 이루지 못하더라도 행복한 일생을 누리는 사람이 많다. 따라서 성명 글자가 획수로 음양의 조화를 이루지 못하더라도 그것으로 인해 불행으로 이어진다고 할 수 없다.

이강국

성명	李	康	國
획수	7	11	11
음양	홀수(양)	홀수(양)	홀수(양)

성명이 모두 홀수(양)인 '7 11 11'로 이루어져 있다. 헌법재판소장을 역임하였다. 하늘의 은총을 누려서 복된 명문가를 이루었다.

 기초 지식

정일형

성명	鄭	一	亨
획수	19	1	7
음양	홀수(양)	홀수(양)	홀수(양)

성명이 모두 홀수(양)인 '19 1 7'로 이루어져 있다. 제2대 국회의원부터 제8대 국회의원까지 계속 당선되어 7선의원이 되었고, 외무부장관을 역임하였으며, 행복한 가정을 이루었다.

이건희

성명	李	健	熙
획수	7	11	13
음양	홀수(양)	홀수(양)	홀수(양)

성명이 모두 홀수(양)인 '7 11 13'으로 이루어져 있다. 우리나라 최고의 재벌가를 이루고 화락(和樂)한 가정을 꾸려서 많은 사람들의 부러움을 받으며 살아가고 있다.

홍라희

성명	洪	羅	喜
획수	10	20	12
음양	짝수(음)	짝수(음)	짝수(음)

성명이 모두 짝수(음)인 '10 20 12'로 이루어져 있다. 위의 이건희 전 삼성그룹 회장의 아내이다.

황희

성명	黃	喜
획수	12	12
음양	짝수(음)	짝수(음)

성명이 모두 짝수(음)인 '12 12'로 이루어져 있다. 하늘의 축복을 받은 가정이어서 자식까지 영의정에 오르고 자신의 아름다운 이름을 후대에 길이 전하고 있는 황희 정승도 성명 글자가 획수로 음양의 조화를 이루지 못하였다.

위에서 보듯 성명 글자가 획수로 음양의 조화를 이루지 못하더라도 그것으로 인해 불행으로 이어진다고 할 수 없다.

글자에 마력이 있어서 그 획수 때문에 사람의 운명이 좌우된다고 믿는 것은 마치 종이에 그려진 부적의 형상 때문에 사람의 길흉화복이 좌우된다고 믿는 것과

기초 지식

같다.

그러나 인간은 약한 존재이다. 위에서 본 성명 글자가 획수로 음양의 조화를 이루지 못하여 불행을 초래한 것이 아닐까 생각이 드는 예들을 보면 생각이 달라진다.

필자는 이름을 지을 때 성명 글자가 획수로 음양의 조화를 이루도록 해주는 것이 좋다고 본다. 필자가 자신의 지난날을 성명 글자의 획수와 결부시켜 이렇게 이야기하는 것이 아니다.

동양철학의 알맹이 내지 '알파와 오메가'인 하도(河圖)와 낙서(洛書)는 짝수와 홀수가 각각 음(陰)과 양(陽)이라고 일러준다.

음[-]과 음[-], 양[+]과 양[+]은 서로 배척한다. 그러니 음[-]과 양[+]이 어우러지게 해주는 것이 좋지 않겠는가.

◇ 한글의 획수

한글의 획수는 자음과 모음을 구분하여 판단한다.

★ 자음의 획수

1획	ㄱ·ㄴ·ㅇ
2획	ㄷ·ㅅ·ㅈ·ㅋ·ㄲ
3획	ㄹ·ㅁ·ㅊ·ㅌ·ㅎ
4획	ㅂ·ㅍ·ㄸ·ㅆ·ㅉ

자음의 획수에 관한 한글학회의 견해는 위와 같다. 그러나 위 견해와 달리 'ㅈ'은 'ㅈ'으로서 2획이 아닌 3획이며, 'ㅊ'은 'ㅊ'으로서 3획이 아닌 4획이라고 주장하는 학자들이 있다.

★ 모음의 획수

1획	ㅡ·ㅣ
2획	ㅏ·ㅓ·ㅗ·ㅜ·ㅢ
3획	ㅐ·ㅔ·ㅚ·ㅟ·ㅑ·ㅕ·ㅛ·ㅠ·ㅝ
4획	ㅘ·ㅝ·ㅒ·ㅖ
5획	ㅙ·ㅞ

06 글자(문자)와 오행

이름학에서는 글자의 소리를 가지고 발음오행을 논하고, 글자의 획 수를 가지고 수리오행을 논하며, 글자의 뜻을 가지고 자원오행을 논한다.

여기서 다룰 수리오행 이론은 글자의 획수에 따른 오행분류로, 성과 이름자가 그 오행의 배합에서 상생관계를 이루도록 하자는 주장이다. 이 이론에서 이야기 하는 수리오행은 다음과 같다.

★ 수리오행

수리	1·2	3·4	5·6	7·8	9·10
오행	목(木)	화(火)	토(土)	금(金)	수(水)

※ 단, 10이 넘을 경우에는 10은 버리고 끝 수리로 한다.
예를 들어 15이면 10은 버리고 5가 남으므로 수리오행은 토(土)가 된다.

기초 지식

그러나 수리오행을 현실적으로 구체화시키는 방법이 문제이다.

대표적인 세 가지 방법이 있다(내용 생략). 오늘날의 이름학에서는 발음오행, 수리오행, 자원오행 중 수리오행에는 별로 비중을 두지 않는다.

07　뜻과 음양

'뜻'이란 자원오행(글자 자체가 지니고 있는 고유의 오행) 즉 글자의 부수나 글자가 담고 있는 의미를 가리키므로 그 오행〔木火土金 水〕이 문제이지 음양은 문제가 되지 않는다. 예를 들어 '불꽃 환(煥)'이나 '빛날 빈(彬)'은 글자의 부수나 글자가 담고 있는 의미를 따라 화(火)로 다룰 뿐 그 음양까지 문제삼는 것은 아니다. 만약 음양을 문제삼는다면 금수(金水)를 음, 목화(木火)를 양으로 다루면 된다. 토(土)는 기(己)·축(丑)·진(辰)은 음, 무(戊)·미(未)·술(戌)은 양으로 본다.

08　뜻과 오행

① 글자의 부수에 따른 오행

목(木) 오행	근(根)·동(東)·이(李) 등
화(火) 오행	병(炳)·성(性)·준(俊) 등
토(土) 오행	규(圭)·미(美)·성(城) 등
금(金) 오행	각(珏)·류(劉)·음(音) 등
수(水) 오행	강(江)·영(永)·태(泰) 등

② 글자의 의미에 따른 오행

목(木) 오행	건(建)·서(抒)·인(寅) 등
화(火) 오행	가(街)·심(心)·정(丁) 등
토(土) 오행	경(京)·읍(邑)·진(辰) 등
금(金) 오행	돈(敦)·상(尙)·신(辛) 등
수(水) 오행	범(凡)·보(甫)·임(壬) 등

어지간히 한문에 밝은 사람이 아니고서는 한자별 자원오행을 알지 못한다. 그래서 이 책은 「부록」에 대법원이 정한 인명용 한자를 수록하면서 한자별 자원오행을 밝혀놓았다.

③ 자원오행의 비중

오늘날의 이름학에서는 발음오행, 수리오행, 자원오행 중 수리오행에는 별로 비중을 두지 않고 발음오행과 자원오행을 비중있게 다룬다. 대표적인 세 가지 견해를 살펴보자.

◇ '발음오행 〉 자원오행'이라는 견해

이 견해는 이름짓기에서 자원오행을 맞추느라고 발음오행이 어긋난다면 자원오행을 포기하는 것이 낫다고 한다. 왜냐하면 오늘날은 뜻보다는 발음의 시대이므로 한자가 지닌 '영(靈)'보다는 발음이 상생하는 효과를 내는 것이 더 중요하다고 보기 때문이다.

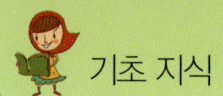

기초 지식

이 견해는 나름대로의 논리를 가지고 있다. 그러나 발음오행을 지나치게 강조하면 엉뚱한 결과를 일으킬 가능성이 상당히 많을 것 같다. 왜냐하면 예를 들어 물〔水〕인 '못 택(澤)'은 초성이 'ㅌ'이니 발음오행으로는 불〔火〕이고, 또 화(火)인 '밝을 병(炳)'은 초성이 'ㅂ'이니 다수설의 발음오행으로는 물〔水〕이기 때문이다. 물인 수(水)가 불인 화(火)로 바뀌고, 불인 화(火)가 물인 수(水)로 바뀌면 곤란하지 않겠는가.

◇ '자원오행 = 발음오행'이라는 견해

이 견해는 우선 이름을 지을 때 자원오행, 발음오행을 모두 충족하는 글자를 찾기가 매우 어렵다는 것을 지적한다. 그리고 그런 경우에는 자원오행이나 발음오행 중 어느 것을 기준으로 해도 크게 잘못될 것은 없다고 한다. 이 견해에 따르면 융통성 있는 작명이 가능하다.

◇ '자원오행 〉 발음오행'이라는 견해

이 견해는 이름에 내포되어 있는 의미의 중요함을 상기시킨다. 세계 어느 나라 문자라도 그 안에 함축되어 있는 내용에 따라 유도되는 영동력의 차이가 매우 크다는 것이다. 따라서 발음오행보다는 자원오행에 비중을 두어야 한다고 설명한다. 오늘날 많은 작명가들이 자원오행을 위주로 이름을 짓고 있다. 자연스러운 현상이다. 왜냐하면 자원오행이 글자 자체가 지니고 있는 고유의 오행이기 때문이다.

필자는 이름의 구성요소 가운데 뜻을 앞세우는 견해를 지지한다. 그러나 이름을 지을 때 자원오행만으로 만족스러운 이름을 구성할 수 없다면 그때는 발음오

행을 함께 사용할 수 있다고 본다. 하지만 이런 경우에도 한계가 있어서 '불꽃 환(煥)'처럼 불〔火〕에 해당함이 분명한 글자, '수풀 림(林)'처럼 나무〔木〕에 해당함이 분명한 글자, '터 기(基)'처럼 흙〔土〕에 해당함이 분명한 글자, '은 은(銀)'처럼 쇠〔金〕에 해당함이 분명한 글자, '강 강(江)'처럼 물〔水〕에 해당함이 분명한 글자와 같은 것들은 발음오행을 기준으로 다르게 다룰 수는 없다고 본다.

참고로 성명 글자의 오행을 따져 그 상생과 상극을 문제삼을 필요가 없다. 흔히 이야기하는 것처럼 상생이 좋고 상극이 나쁘다면, 예를 들어 김(金)씨 성을 지닌 사람이 추운 겨울철에 태어나서 목화(木火)가 필요한 경우 금극목(金剋木), 화극금(火剋金) 때문에 합당한 이름을 포기해야 할 것이다.

 기초 지식

 Part 08 이름과 81수리 이론

01 의의

　81수리 이론이란 성명 각 글자의 획수를 세어 원격(元格)·형격(亨格)·이격(利格)·정격(貞格)의 4격을 구성한 후, 이것을 81수리로 따져 이름이 갖는 운세를 설명한 것이다.

　「주역」을 보면 원형이정(元亨利貞)이라는 말이 나온다. '원'은 봄, '형'은 여름, '이'는 가을, '정'은 겨울이다. 따라서 원격은 초년운, 형격은 청장년운, 이격은 말년운, 정격은 전체운을 나타낸다. 한 글자 성에 두 글자 이름인 경우 원격은 성을 제외한 이름 두 글자의 획수를 합한 것이고, 형격은 성과 이름 첫 글자의 획수를 합한 것이며, 이격은 성과 이름 끝 글자의 획수를 합한 것이고, 정격은 성과 이름 두 글자의 획수를 모두 합한 것이다.

> ○ **원격** : 성을 제외한 이름 두 글자의 획수를 합한 것
> ○ **형격** : 성과 이름 첫 글자의 획수를 합한 것
> ○ **이격** : 성과 이름 끝 글자의 획수를 합한 것
> ○ **정격** : 성과 이름 두 글자의 획수를 모두 합한 것

　성과 이름에 따라 4격을 어떻게 구성하는지 자세하게 살펴보자.

① 한 글자 성에 두 글자 이름인 경우

a	b	c
任 임 6획	衍 연 9획	俊 준 9획

- 원격 : b(9획) + c(9획) → 18획
- 형격 : a(6획) + b(9획) → 15획
- 이격 : a(6획) + c(9획) → 15획
- 정격 : a(6획) + b(9획) + c(9획) → 24획

② 한 글자 성에 외자 이름인 경우

a	b	c
金 김 8획	正 정 5획	0획

- 원격 : b(5획) + c(0획) → 5획
- 형격 : a(8획) + b(5획) → 13획
- 이격 : a(8획) + c(0획) → 8획
- 정격 : a(8획) + b(5획) + c(0획) → 13획

기초 지식

③ 두 글자 성에 두 글자 이름인 경우

a	b	c
南宮 남궁 9획 + 10획(19획)	石 석 5획	友 우 4획

- 원격 : b(5획) + c(4획) → 9획
- 형격 : a(19획) + b(5획) → 24획
- 이격 : a(19획) + c(4획) → 23획
- 정격 : a(19획) + b(5획) + c(4획) → 28획

④ 두 글자 성에 외자 이름인 경우

a	b	c
皇甫 황보 9획 + 7획(16획)	炅 경 8획	0획

- 원격 : b(8획) + c(0획) → 8획
- 형격 : a(16획) + b(8획) → 24획
- 이격 : a(16획) + c(0획) → 16획
- 정격 : a(16획) + b(8획) + c(0획) → 24획

⑤ 한 글자 성에 세 글자 이름인 경우

a	b	c	d
吉 길 6획	千 천 3획	里 리 7획	馬 마 10획

- 원격 : b(3획) + c(7획) + d(10획) → 20획
- 형격 : a(6획) + b(3획) → 9획
- 이격 : a(6획) + d(10획) → 16획
- 정격 : a(6획) + b(3획) + c(7획) + d(10획) → 26획

지금까지 살펴본 것과 같이 81수리 이론에서 수리를 다룰 때에는 성명 각 글자의 획수를 따지는 것이 아니라 4격 수리로 따진다는 점을 유의해야 한다.

02 배경

이름학상의 수리 이론에 따르면, 수(數)에는 우주의 원리가 담겨 있기 때문에 성명을 이루는 글자의 획수로 성명의 주인공에게 미치는 영향을 판단할 수 있다고 한다. 이름학상의 수리 이론은 크게 두 가지로 나누어 볼 수 있는데, 그 중 하나는 주역의 논리에 따른 이론이고, 다른 하나는 81수리 이론이다.

남송(南宋) 때 채침(蔡沈)이 「홍범황극」의 81수원도(八十一數原圖)를 만들어 한자의 획수에 따라 길흉을 설명한 것이 81수리 이론의 시작으로 알려져 있다. 채침

은 「주역」의 8×8=64의 방법을 모방하여, 동양 전래의 낙서(洛書)를 기본으로 9×9의 수리체계를 구성하였다. 생각하건대 8×8=64보다 9×9=81이 더 나은 수리체계라고 선뜻 믿을 수가 없다.

그러면 현재 사용하고 있는 81수리 이론의 길흉판단은 어떠한가? 채침의 81수 원도는 1·1~1·9로부터 9·1~9·9까지 종횡으로 배열하여 길흉수(吉凶數)를 정하였다. 81수는 1·1에서부터 9·9까지 81개의 수를 말하는 것이지 1에서부터 81까지 연결된 수를 말하는 것이 아니다. 따라서 10, 20, 30, 40, 50, 60, 70, 80의 10수 8개가 빠져 있다. 이것을 일본의 이름학자 구마자키 겐오가 10수를 넣고 차례대로 배열하다 보니 원래의 홍범황극 81수와는 길흉수가 서로 맞지 않는다. 예를 들어 2·2는 11수에 해당한다. 2·2는 흉수이다. 그러나 구마자키 겐오의 11수는 길한 수가 된다. 이처럼 현재 사용하고 있는 81수리 이론의 길흉 판단은 근거가 분명하지 않다.

03 내용

81수리 이론의 내용은 무엇인가?
예를 들어 간단히 살펴보기로 하자.

a	b	c
朴 박	旼 민	序 서
6획	8획	7획

◇ 원격(b＋c) → 초년운(15)

15 : 통솔격(統率格)·복수운(福壽運)

지혜와 덕망 그리고 원만하고 쾌활한 성품으로 상하의 신뢰와 존경을 누리며 자립대성하는 순조로운 운세를 지닌 수이다. 가정운과 사회운이 모두 좋다. 부귀영화로 천하에 명성을 떨친다. 특히 통솔력과 지배력이 뛰어나다. 처음의 좋은 운에 너무 빨리 만족하지 말고 보다 큰 뜻을 펼치는 것이 바람직하다.

◇ 형격(a＋b) → 청장년운(14)

14 : 이산격(離散格)·파괴운(破壞運)

모든 것이 사방으로 흩어지고 파괴되는 수이다. 노력에 비해 대가가 적고, 수고는 있으나 공이 없다. 소극적인 성격 때문에 조직사회에 잘 적응하지 못한다. 가정운이 좋지 않아 가족끼리 헤어져 사는 경우가 많다. 여성의 경우에는 남편운이 매우 좋지 못하다.

◇ 이격(a＋c) → 말년운(13)

13 : 지모격(智謀格)·지달운(智達運)

두뇌가 명석하고 재주가 뛰어나 큰일을 성취할 수 있다. 탁월한 통솔력과 선견지명으로 만인의 신망을 얻어 뭇사람을 영도하는 위치에 설 수 있다. 입신양명이 따르는 매우 좋은 수이다. 다만 자만심에 빠지기 쉬우므로 항상 겸손과 미덕을 갖추도록 노력할 필요가 있다.

기초 지식

◇ 정격(a+b+c) → 전체운(21)

> **21 : 수령격(首領格)·견실운(堅實運)**
> 지인용(智人勇)의 삼덕(三德)을 갖춘 대길수이다. 의지가 강하고 인정이 있으며 감정이 풍부하고 대인관계가 원만하다. 한때의 파란을 거치더라도 결국은 큰일을 성취하여 천하에 이름을 떨치며, 빼어난 통솔력으로 만인을 영도하는 지도자의 지위에 올라 부귀공명을 누린다. 여성에게는 강한 수여서 남편과 생사이별을 하는 경우가 많다. 그러나 여성이 직업을 갖고 독신으로 살 경우에는 크게 발전할 가능성이 있다.

04 81수리의 길흉

81수리 이론의 1획부터 81획까지의 수리 특성 즉 81수리의 길흉은 이책 저책 사이에 큰 차이가 없이 그 내용이 엇비슷하다.

1 태초격(太初格)·두령운(頭領運)

모든 수의 으뜸이며 시작과 출발을 나타내는 기본수이다. 최고의 권위와 최대의 행복을 암시한다. 또한 시작과 출발 즉 창조의 수리이므로 연구·창안·발명을 가리킨다. 그러나 1은 하나이므로 타협을 모르는 자기과신으로 흐를 수 있다. 이 수는 선천 운명이 고귀한 사람이나 기관에 쓰는 것이 좋고, 보통 이하의 사람이나 여성에게는 피하는 것이 좋다.

② 분리격(分離格)·재액운(災厄運)

2는 둘로 쪼개지는 수이므로 분열과 대립을 나타내는 수이다. 부모와의 인연도 박하고, 부부간이나 자식 및 친구간의 관계도 순조롭지 못하다. 고독과 번뇌 그리고 역경 등을 뜻한다. 이 수를 지닌 사람은 지나친 신중을 피하고 결단력을 길러 나가야 한다. 이 수는 색난을 암시하므로 이성관계에 유의해야 한다.

③ 명예격(名譽格)·복덕운(福德運)

3은 양수 1과 음수 2가 합하여 음양이 처음으로 형성을 이루는 수이다. 따라서 지혜와 용기 그리고 원만한 인격을 두루 갖추었으므로 부귀를 누리며 이름을 떨친다. 행복한 가정을 이루고 사회의 어느 방면에서나 크게 성공한다. 선천운명과 조화를 이루면 크게 기대해볼 만한 수이다.

④ 부정격(否定格)·파괴운(破壞運)

4는 분리를 뜻하는 2가 겹친 수이다. 따라서 사방으로 흩어짐을 뜻한다. 여러 방면에 걸쳐 용두사미이고 재산을 날리며 가족과 생리사별(生離死別)한다고 볼 수 있다. 그러므로 자신을 더욱 다음어 나가야 한다. 특히 원만한 성품을 길러야 하며, 의지박약과 우유부단을 떨쳐버려야 한다. 이 수는 색난을 암시하므로 이성관계에 유의해야 한다.

⑤ 통어격(統御格)·성공운(成功運)

5는 생수인 1, 2, 3, 4, 5가 성수인 6, 7, 8, 9, 10이 되도록 만들어주는 중간수이다. 따라서 지나치거나 부족함이 없는 매우 길한 수이다. 어떤 곳에서나 중심적인 위치에서 탁월한 지도자가 될 수 있다. 행복한 가정을 이루고 부귀를 누리며 온 누리에 지혜와 덕을 펼치니 만인이 우러러본다.

기초 지식

6 계승격(繼承格)·덕후운(德厚運)

6은 5를 발판으로 1수를 계승한 수이다. 그러므로 조상의 유업, 재산 등을 이어받아 발전시키는 의미가 있다. 그러나 처음부터 자신이 이루어놓은 것이 아니고 너무 쉽게 물려받은 것이기 때문에 아까운 생각이 없어 주색에 빠질 가능성이 있다.

7 독립격(獨立格)·발달운(發達運)

7은 그 자체가 양수인데 그 구성 또한 양수들끼리의 집합인 3·3·1이어서 독립과 투지와 번영을 뜻한다. 따라서 개척정신으로 난관을 돌파하여 영달을 누릴 수 있다. 그러나 독단으로 흐를 가능성이 크므로 인화(人和)에 힘써야 한다.

8 발달격(發達格)·전진운(前進運)

8은 양수들끼리의 집합인 3·5이면서 또한 음수들끼리의 집합인 4·4이어서 남성적인 면과 여성적인 면을 아울러 지니고 있다. 그러나 근본적으로는 2·2·2·2의 구성이기 때문에 극에 달한 음기가 양기로 변화하는 태동과 변혁의 형상이다. 따라서 아무리 어려운 난관이라도 극복하여 뜻을 이룰 수 있다고 본다. 그러나 여성한테는 다소 강한 수일 것이다. 남녀 모두 배우자와의 불화를 조심해야 한다.

9 궁박격(窮迫格)·불행운(不幸運)

9는 양수들끼리의 집합인 3·3·3이면서 기본수 중 홀수의 마지막 수이다. 따라서 고독하고 외로운 수이다. 9는 10을 향하고 있으니 이는 마치 서산 위의 태양과 같다. 한때의 부귀영화가 다하고 내리막길로 향한다. 여성의 경우에는 남편을 극하거나 화류계로 흐르기 쉽다. 남녀 모두 늦게 결혼하는 경우가 많다.

⑩ 공허격(空虛格) · 단명운(短命運)

10은 기본수의 마지막 수로 꽉 찬 것을 의미하는 동시에 다시 처음의 상태로 되돌아간다는 것을 의미한다. 따라서 10은 '공허'를 암시한다. 여러 면에서 성취가 어렵고 실속이 없어 수포로 돌아가는 경우가 많다. 인덕이 없다. 가족과의 이별, 질병, 형액 등으로 불운의 세월을 보내기도 한다. 나태함과 우유부단함을 극복해야 한다.

⑪ 신성격(新成格) · 흥가운(興家運)

11은 공수(空數)인 10에서부터 다시 1로 시작하는 수로 새봄이 다시 오는 것을 뜻하니 신성격이라고 한다. 성품이 온건하고 성실하며 두뇌가 명석한 데다가 창조력과 추진력이 있어 끊임없이 순차적으로 발전한다. 빈손으로 큰일을 성취한다. 점점 부귀하고 번영하는 길한 수이다.

⑫ 박약격(薄弱格) · 고수운(孤愁運)

의지가 박약하고 무기력하며 소극적이어서 매사 막힘이 많다. 육친(부모·형제·배우자·자식)과의 인연이 깊지 못하고 병약과 고독 등으로 번민한다. 사업 실패 등으로 뜻을 펴지 못하고 허송세월한다. 특히 여성의 경우에는 부부의 인연이 좋지 않다.

⑬ 지모격(智謀格) · 지달운(智達運)

두뇌가 명석하고 재주가 뛰어나 큰일을 성취할 수 있다. 탁월한 통솔력과 선견지명으로 만인의 신망을 얻어 뭇사람을 영도하는 위치에 설 수 있다. 입신양명이 따르는 매우 좋은 수이다. 다만 자만심에 빠지기 쉬우므로 항상 겸손과 미덕을 갖추도록 노력할 필요가 있다.

기초 지식

14 이산격(離散格) · 파괴운(破壞運)

모든 것이 사방으로 흩어지고 파괴되는 수이다. 노력에 비해 대가가 적고, 수고는 있으나 공이 없다. 소극적인 성격 때문에 조직사회에 잘 적응하지 못한다. 가정운이 좋지 않아 가족끼리 헤어져 사는 경우가 많다. 여성의 경우에는 남편운이 매우 좋지 못하다.

15 통솔격(統率格) · 복수운(福壽運)

지혜와 덕망 그리고 원만하고 쾌활한 성품으로 상하의 신뢰와 존경을 누리며 자립대성하는 순조로운 운세를 지닌 수이다. 가정운과 사회운이 모두 좋다. 부귀영화로 천하에 명성을 떨친다. 특히 통솔력과 지배력이 뛰어나다. 처음의 좋은 운에 너무 빨리 만족하지 말고 보다 큰 뜻을 펼치는 것이 바람직하다.

16 덕망격(德望格) · 재부운(財富運)

인덕이 매우 많아서 주변으로부터 도움을 받아 대업을 성취하여 부귀공명을 누린다. 이 수는 조업(祖業)을 계승하여 가운을 크게 일으키는 암시도 지니고 있다. 성격은 다정다감하고 원만하며 강하고 부드러움을 아울러 갖추고 있지만, 자만하기 쉽고 색정에 탐닉하는 경우가 있다. 여성의 경우에는 혼기가 다소 늦기도 하지만 현모양처가 많다.

17 용진격(勇進格) · 건창운(健暢運)

강직한 의지로 난관을 돌파하는 불굴의 투사이다. 초지일관으로 나아가 자립대성하여 만인의 존경을 누린다. 그러나 자신을 과신하는 경향이 있고 고집불통이라는 평을 들을 수 있다. 남녀 모두 색정에 빠질 가능성이 많다. 여성의 경우에는 너무 강해서 남성의 기질로 화하기 때문에 남편을 극할 수 있다.

18 **발전격(發展格)·융창운(隆昌運)**
뛰어난 지모와 강한 의지 그리고 진취력을 바탕으로 어느 분야에서나 성공하여 부귀영화를 누리며 주위 사람들로부터 존경을 받는 지위에 오를 수 있다. 특히 사업가로서 크게 수완을 발휘할 수 있다. 성격이 너무 강해 자칫 자만에 빠지거나 남을 업신여길 수 있으니 행동에 각별히 주의해야 한다.

19 **고난격(苦難格)·병액운(病厄運)**
두뇌가 명석하고 활동력이 뛰어나지만 의외로 장애가 발생하여 뜻한 바가 수포로 돌아간다. 성공을 했는가 싶으면 곧 기울어진다. 육친(부모·형제·배우자·자식)과의 인연이 박하다. 병고에 시달리고 심하면 불구가 된다. 조난, 형액 등의 재해가 속출한다. 여성의 경우에는 남편을 극한다.

20 **허망격(虛妄格)·단명운(短命運)**
육친의 덕이 없고 하는 일마다 실패의 연속이며 가난, 고독, 횡액, 단명 등 아주 흉한 재난을 면하기 어렵다. 이 수는 가장 흉한 수로서 이름학상 써서는 안 될 수이다. 온갖 재난을 면하기 어려운 대흉수이다. 이 수가 남성에게 있으면 불량배로 나아가기 쉽고 여성에게 있으면 화류계로 흐르기 쉽다. 특히 여성의 경우에는 결혼을 한다 해도 과부가 되거나 아니면 첩이 될 신세이다.

21 **수령격(首領格)·견실운(堅實運)**
지인용(智仁勇)의 삼덕(三德)을 갖춘 대길수이다. 의지가 강하고 인정이 있으며 감정이 풍부하고 대인관계과 원만하다. 한때의 파란을 거치더라도 결국은 큰일을 성취하여 천하에 이름을 떨치며, 빼어난 통솔력으로 만인을 영도하는 지도자의 지위에 올라 부귀공명을 누린다. 여성에게는 강한 수여서 남편과 생사이별을 하는 경우가 많다. 그러나 여성이 직업을 갖고 독신으로 살 경우에는 크게 발전할 가능성이 있다.

93

기초 지식

② 중절격(中折格)·박약운(薄弱運)

외모가 준수하고 재능과 지혜도 우수하지만 반드시 중도좌절하여 비운을 한탄한다. 운세가 박약하여 모든 것이 뜻과 같지 않다. 가족과의 인연 부족, 역경, 조난, 색난, 병약, 형액, 단명, 패가망신 등을 암시하는 크게 불길한 수이다. 여성의 경우에는 정상적인 부부생활이 어렵고, 그렇다고 직업을 갖는다 해도 성공하기 어렵다. 22수도 20수와 마찬가지로 써서는 안 될 수리 중의 하나이다.

㉓ 공명격(功名格)·융창운(隆昌運)

지인용(智仁勇)의 삼덕(三德)을 갖춘 대길수이다. 권위와 세력이 왕성하므로 비록 미천한 데서 출발하였다 할지라도 나중에는 큰 뜻을 이루어 만인의 존경을 누린다. 그러나 남녀 모두 색난에 유의해야 한다. 여성의 경우에는 남편과 생사이별을 하는 경우가 많지만 직업을 갖고 독신으로 살면 크게 발전할 가능성이 있다.

㉔ 입신격(立身格)·축재운(蓄財運)

뛰어난 두뇌와 온유한 성품으로 주위의 신망을 얻어 점진적인 발달을 이룩한다. 빈손으로 시작해도 크게 뜻을 이루고 특히 재복이 있어 아름다운 영화를 누릴 수 있다. 자손의 경사가 따른다. 여성의 경우에는 애교가 많아 원만한 가정을 꾸려 나갈 수 있다.

㉕ 건창격(健暢格)·복수운(福壽運)

영민하고 성실하며 강직하다. 큰 어려움 없이 안전한 발전을 이루어 재물과 명예를 아울러 누릴 수 있다. 자기과신에 흐르지 않도록 유의할 필요가 있다. 바른 말을 잘하기 때문에 주위 사람과 마찰이 있을 수 있으니 인화(人和)에 힘쓰는 것이 좋다.

26 영웅격(英雄格)·만달운(晩達運)

영리하고 의협심이 강하며 앞장서기를 좋아하고 큰일을 이루어내는 능력이 있다. 영웅적인 기질이므로 때로는 크게 영화를 누릴 수 있으나 가족과의 생사이별 등 끊임없는 파란을 겪을 수 있다. 위인, 열사, 괴걸(怪傑) 등에서 많이 볼 수 있는 수이다.

27 대인격(大人格)·중절운(中折運)

명석한 두뇌와 강한 자신감으로 큰일을 해낼 수 있다. 그러나 욕심이 많고 자기위주이기 때문에 주변의 도움을 받지 못하여 흉한 결과로 이어지는 경우가 많다. 경우에 따라서는 자살이라는 극단의 길을 택하기도 한다. 오만과 고집을 버리고 중용지도(中庸之道)로 성실하게 노력하는 자세가 필요하다.

28 조난격(遭難格)·파란운(波瀾運)

일찍부터 파란곡절을 겪으면서 거센 세파에 시달린다. 가족과의 인연이 박하다. 호걸다운 기질이 있어 성공할 수 있지만 영화는 잠시일 뿐 모든 것이 수포로 돌아간다. 고독, 조난, 형액 등으로 고생하며 단명으로 이어질 수 있다. 사회에 대한 불신감을 씻어버리고 원만한 대인관계를 이루어 자신의 운명을 밝게 다스려 나가야 한다.

29 성공격(成功格)·풍재운(豊才運)

탁월한 지모(智謀)와 왕성한 활동력으로 원대한 포부를 달성하여 부귀영화는 물론 장수까지 누릴 수 있다. 또한 예능 방면에 뛰어난 재능이 있으니 그림이나 글씨 등으로 나아가면 그 방면에서 명가(名家)가 될 수 있다. 그러나 지나친 욕심을 자제하고 자기과신을 버려야 한다. 여성의 경우에는 여장부의 기질이 두드러져 사회활동에서 크게 두각을 나타낼 수 있다.

기초 지식

30 불측격(不測格)·부침운(浮沈運)
　　파도를 타는 것처럼 부침이 심하다. 성공과 실패의 연속이다. 그러므로 성공의 경우에는 더 이상의 욕심을 자제하고 마음을 비우는 여유를 가져야 하며, 실패의 경우에는 단번에 성공을 거두겠다는 꿈을 버리고 점진적으로 일어서겠다는 자세를 지녀야 한다.

31 융창격(隆昌格)·흥가운(興家運)
　　지인용(智仁勇)의 삼덕(三德)을 갖춘 대길수이다. 원만하고 온후한 성품 그리고 강건한 의지와 백절불굴의 신념으로 날로 발전하여 수(壽)와 복(福)을 아울러 누린다. 세상을 보는 눈이 밝고 통솔력이 뛰어나며 사심이 없기 때문에 지도자로 군림하며, 좋은 배우자를 만나 아름다운 인생을 노래한다. 학문과 예술 분야에서 탁월한 능력을 자랑할 수 있다. 여성의 경우에는 재덕(才德)을 겸비한 현모양처이다.

32 순풍격(順風格)·왕성운(旺盛運)
　　비록 어려운 환경에서 태어났다 하더라도 귀인이나 뜻밖의 행운을 만나 순풍에 돛 단 듯이 나아가는 요행수이다. 마치 물속의 용이 때를 만나 하늘로 솟아오르는 것과 같다. 파죽지세로 나아가 부귀영화를 누릴 수 있다. 마음이 넓고 성품이 인자하며 감정이 풍부하다. 여성의 경우에는 매력이 넘치고 색정이 강해서 이성관계에 유의해야 한다.

33 승천격(昇天格)·왕성운(旺盛運)
　　지모(智謀)가 뛰어나고 자세가 적극적이어서 어떠한 난관이라도 극복하여 중천의 태양처럼 빛날 수 있다. 따라서 커다란 부귀영화를 자랑할 수 있다. 그러나 극왕수이므로 어느 날 갑자기 몰락할 수 있는 암시를 지니고 있다. 그러므로 이 수는 선천운과 조화를 이루어야 한다. 보통 이하인 사람에게는 피해야 할 수이다. 남녀 모두 강한 자존심과 권위적인 행동 때문에 구설수에 오를 수 있으며 색정이 강해서 문제를 일으킬 수 있다. 여성의 경우에는 남편을 극할 수 있다.

34 변란격(變亂格)·파멸운(破滅運)

처음에는 운이 좋다가도 예기치 않은 재난이 닥쳐와 불행해지는 수이다. 사람을 잘 사귀는 수완이 있어 일시적으로는 성공을 해도 곧 실패한다. 흉한 일이 계속 일어나 패가망신하는 흉수 중의 흉수이다. 늦게 결혼하거나 또는 늦게 자식을 두며 가족과의 인연이 박해서 생사이별의 아픔을 겪는다.

35 태평격(泰平格)·안강운(安康運)

근면하고 성실하여 행복을 누리고 장수할 수 있는 길한 수이다. 그리고 이상적이고 이지적이어서 학술, 문예, 기술 방면으로 나아가면 크게 성공할 수 있다. 소극적이고 박력이 부족해서 대부대귀(大富大貴)는 기대하기 어렵지만 온화하고 원만하여 평온하고 우아한 인생을 누릴 수 있다. 여성의 경우에는 매력이 있고 현모양처이다.

36 의협격(義俠格)·파란운(波瀾運)

의협심과 호걸스런 기질로 다른 사람을 위하여 행동하기 때문에 세상 사람들의 추앙을 누릴 수는 있으나 자신은 파란곡절을 많이 겪는다. 한마디로 영웅운을 타고난 수이다. 생각과 행동을 바꾸어 작은 것을 소홀히 다루지 않도록 해야 한다. 여성의 경우에는 독신으로 살 가능성이 있다. 이 수에서 기인(奇人), 풍운아가 나올 수 있다.

기초 지식

37 인덕격(人德格) · 출세운(出世運)
의지가 굳고 성실하며 추진력이 있어 어떠한 어려움이라도 극복하고 부귀영화를 누리며 명성을 떨칠 수 있다. 운세가 순조로워 뜻을 이룰 수 있는 대길수이다. 그러나 모든 일을 혼자서 다루어 나가는 경향이 있어 주위로부터 고립되기 쉽다. 용모가 아름다워 호색으로 발전할 수 있다. 여성의 경우에는 바람직한 여인상을 갖추고 있어 좋은 운이 따른다.

38 문예격(文藝格) · 평범운(平凡運)
두뇌가 명석하고 이지적이어서 창작성을 띤 문학, 예술이나 발명 등의 방면으로 나아가면 부귀공명을 누릴 수 있다. 그러나 이상적이고 환상적인 면이 다분해서 실천력이나 남을 통솔하고 지도하는 자질은 부족하다. 그리고 현실적인 물욕과도 다소 거리가 있다. 따라서 실제적인 생활기반의 구축에 유의해야 한다. 여성의 경우에는 남성의 경우보다 더욱 밝고 아름다운 수라고 볼 수 있다.

39 장성격(將星格) · 부영운(富榮運)
지모(智謀)와 권위 그리고 박력으로 만인을 통솔하는 지도자이다. 부귀를 누리며 천하에 이름을 떨친다. 극히 귀(貴)한 수이므로 아주 흉한 운을 불러올 수도 있다. 따라서 선천운과 조화를 이루어야 한다. 여성의 경우에는 강한 수여서 남편을 극할 수 있다.

40 무상격(無常格) · 파란운(波瀾運)
지모(智謀)가 뛰어나고 담력이 비범하지만 오만과 괴벽 때문에 실덕(失德)하고 비방을 받는다. 또한 모험심과 투기심이 강하여 일시적인 성공을 하더라도 결국 재앙을 초래한다. 따라서 배우자와 생사이별하고 고독과 병약 나아가 패가망신으로 이어질 수 있다. 따라서 착실하게 노력하여 성공을 이룩하려는 자세가 필요하다.

41 대공격(大功格)·고명운(高名運)

준수한 용모에다 원만한 인격과 덕망 그리고 강한 의지까지 갖추어 무한한 발전을 이룰 수 있는 대길수이다. 큰 부귀영화와 장수를 기대할 수 있다. 먼 앞날을 내다보는 안목과 그에 따른 처신은 중생제도(衆生濟度)로 이어져 아름다운 이름을 길이 남긴다. 남녀 모두 이성에게 인기가 있으며 여성의 경우에는 현모양처가 될 수 있다.

42 고행격(苦行格)·수난운(受難運)

총명하고 지혜가 있어 다방면으로 능하며 예술적인 재능까지 갖추고 있다. 그러나 여러 가지 일에 관심이 많고 한 가지 일에 몰두하는 노력이 부족하며 추진력과 의지력이 약하여 어느 것 하나 제대로 이루지 못한다. 성공을 했다 하더라도 오래가지 못하고 스스로 재액을 초래하기 쉽다. 색난, 병액, 불구, 조난 등의 암시가 있다. 일찍부터 한 우물을 파는 노력과 적극적인 자세가 필요하다.

43 성쇠격(盛衰格)·산재운(散財運)

재능이 많고 지혜가 뛰어나지만 정신이 산만하고 의지가 박약해서 성공을 바라기 어렵다. 겉으로는 행복해 보여도 안으로는 재액이 많아서 외화내빈이다. 정서가 불안하고 허황된 유혹에 빠져들기 쉽다. 그래서 일찍부터 색난을 겪는 수가 있다. 수입보다 지출이 많아 경제적으로 어려움의 연속이다. 여성의 경우에는 허영심이 많고 변덕이 심한 편이다.

44 마장격(魔障格)·파멸운(破滅運)

하는 일마다 되는 것이 없고 평생 미로를 방황하다가 생을 마감하는 대흉수이다. 한때 성공하는 경우도 있으나 그것도 잠시일 뿐이다. 가족과의 생사이별, 병약, 불구, 변사 등으로 이어져 만사불통이며 패가망신이다. 그러나 이러한 역경을 헤치고 위인, 열사, 대발명가 등으로 등장하는 경우가 있다.

기초 지식

45 대지격(大智格)·현달운(顯達運)
지혜가 뛰어나고 의지가 확고해서 크게 성공하여 부귀영화를 누릴 수 있다. 순한 바람에 돛을 올린 형상으로 매사가 순조로워 높은 지위에 올라 천하를 다스리며 이름을 떨칠 수 있다. 또한 선견지명이 뛰어나서 만인이 우러러본다. 이 수는 대귀의 수이므로 선천운과 조화를 이루어야지 그렇지 않으면 오히려 풍랑에 표류하는 형상으로 돌변할 수 있는 암시를 지니고 있다.

46 미운격(未運格)·비애운(悲哀運)
재능이 있어도 박약하고 무기력해서 꿈을 이루지 못하고 초야에 묻혀 지낸다. 사회에 진출해도 뜻을 이루기 어렵다. 평생 흉운이 가실 날이 없다. 만사가 뜬구름 잡듯이 허망하고 모두가 수포로 돌아간다. 그러나 연구나 발명 또는 정신수행 등으로 나아가면 성공할 수 있다. 여성의 경우에는 기예 방면으로 나아가 성공하는 경우도 있다.

47 출세격(出世格)·전개운(展開運)
강한 의지와 지속적인 노력으로 대업을 성취하여 부귀와 장수를 누리며 명예와 권세를 자랑하는 수이다. 특히 재운이 왕성하여 자손에게까지 풍요로움을 안겨주니 가문이 화목하고 번창한다. 봄동산에 꽃이 만발한 형상이고 물고기가 물을 만난 형상이다. 많은 사람의 신망을 얻을 수 있으니 혼자서 행동하는 것보다는 합동으로 더욱 큰 뜻을 펼치는 것이 좋겠다.

48 유덕격(有德格)·영달운(榮達運)
지모(智謀)와 재능과 덕망을 겸비하여 만인의 추앙을 받고 지도자의 위치에 올라선다. 먼 앞날을 내다보는 식견이 탁월하다. 하늘이 내려준 복록과 긴 수명은 선망의 대상이다. 흰 구름 속을 노니는 학과 같이 여유로움과 태평함을 즐길 수 있다.

49 은퇴격(隱退格) · 변화운(變化運)

재능이 뛰어나고 지략이 있어 자수성가할 수 있다. 그러나 길흉이 상반된다. 한 번 길한 운이 오면 이어서 길한 운이 오다가, 한 번 흉한 운이 오면 이어서 흉한 운이 따른다. 정치가나 투기꾼의 경우에 흔히 볼 수 있는 현상이다. 길한 때에 미리 흉한 때를 대비하는 슬기로움이 필요하다.

50 부몽격(浮夢格) · 불행운(不幸運)

5는 길운을 불러오는 수이므로 대업을 성취할 수 있으나 0은 흉운을 불러오는 수이므로 파멸할 수 있다. 한 번 성공하면 한 번 실패한다. 말년이 흉해서 패가망신 할 수 있다. 부부이별, 병액, 형벌, 살상 등 재난이 따르는 흉수이다. 성공하여 부귀영화를 누릴 때 여러 사람에게 은덕을 베풀어둘 필요가 있다.

51 길흉운(吉凶運) · 성패운(盛敗運)

일생 동안 흥망성쇠를 걷잡을 수 없다. 처음에는 왕성한 운으로 재물과 명예를 얻어도 나중에는 흉운이 닥쳐와 애써 얻은 것이 곧 물거품처럼 사라져버린다. 파란이 심해 안정된 생활을 누리기 힘든 수이다. 평소 수양을 닦아 마음가짐을 바로 하고 직업으로는 종교인 등이 좋다.

52 약진격(躍進格) · 시승운(時乘運)

지략이 뛰어나고 의지력이 강건하며 추진력이 왕성하다. 또한 무에서 유를 창조할 수 있는 능력이 있으며 선견지명이 탁월하다. 따라서 기회를 잡으면 용이 승천하듯이 큰 꿈을 이룬다. 부귀영화를 자손한테까지 물려줄 수 있다. 대학자나 대정치가로도 크게 이름을 떨칠 수 있다. 남녀 모두 호색하는 경향이 있으므로 색난에 유의해야 한다.

기초 지식

53 내허격(內虛格) · 장해운(障害運)

겉으로는 화려하게 보여도 속으로는 어려움이 많다. 의지가 박약해서 자신의 힘으로 어려움을 헤쳐 나가기가 어렵다. 일생 길흉이 반반이어서, 전반기가 길하면 후반기가 흉하고, 전반기가 흉하면 후반기가 길하다. 한번 재난을 만나면 패가망신하는 비운을 겪을 수 있다.

54 무공격(無功格) · 절망운(絕望運)

도모하는 일마다 막히고 장애가 생긴다. 비참함이 끊이지 않다가 결국 패가망신으로 이어지니 삶 그 자체가 절망적이다. 일시적인 행복을 누릴 수 있으나 그것도 기대하기 어렵다. 속세를 떠나 종교에 귀의함이 좋을 것이다. 성명에 사용할 수리가 아니다.

55 미달격(未達格) · 불안운(不安運)

'5'의 길수가 겹쳐서 대길할 듯하지만 무엇이든지 지나치면 변하므로 모든 것이 뜻과 같지 않고 모래 위에 집을 지어놓은 것처럼 불안하다. 따라서 외화내빈이다. 나아가 여러 가지 재난을 겪을 흉한 암시가 있다. 의지가 굳으면 여러 가지 난관을 극복하여 늦게 성공을 이룰 수 있다.

56 한탄격(恨歎格) · 패망운(敗亡運)

의지가 박약하고 진취성이 부족하며 인덕이 박해서 주위의 도움을 기대하기가 어렵다. 따라서 하는 일마다 실패의 연속이다. 노력을 다하여도 성과는 보잘 것 없어 심신이 고달프다. 결국 패가망신하여 처량한 신세가 된다. 성명에 써서는 안 될 수리다.

57 봉시격(逢時格) · 시래운(時來運)

강한 의지와 신념으로 일시적인 큰 어려움을 극복하고 드디어 자신의 꿈을 이룬다. 모진 겨울을 이겨내고 꽃을 피우는 형상이다. 일생 동안 최소한 한 번은 커다란 재난을 겪지만 불굴의 투지와 끊임없는 노력으로 이를 극복한다. 이런 후 비로소 만사형통을 이루어 부귀영화를 노래한다. 흉을 벗어나 길로 나아가는 대길수이다.

58 후영격(後榮格) · 후복운(後福運)

성패와 부침이 많아 길흉의 교차가 잦다. 따라서 고난이 닥치더라도 좌절하지 말고 최선을 다하면 전화위복으로 영광을 누린다. 처음은 비록 곤궁하더라도 나중에는 영화를 누리는 대기만성형이니 중도에서 초조해하지 말고 성실한 노력을 다해야 한다.

59 재화격(災禍格) · 실의운(失意運)

의지가 약하고 인내력이 부족해 모든 것이 용두사미다. 더구나 재능까지 없고 조그만 어려움에도 쉽게 좌절하는 기질인지라 한 번의 재난으로 재기불능이 된다. 수양이 필요하다. 성명에 써서는 좋지 않은 수이다.

60 동요격(動搖格) · 재난운(災難運)

바람이 부는 대로 파도가 치는 대로 이리저리 떠 다니는 일엽편주와 같은 형상이다. 자기 중심이 없고 무계획적이어서 방황으로 일생을 마친다. 평생 한 번이라도 성공하기가 어렵다. 주위에서 도와주려는 사람도 없다. 항상 재난이 도사리고 있는 불길한 수이다. 그러나 자포자기하지 않고 최선을 다하면 작은 성공은 가능하다.

기초 지식

61 영화격(榮華格) · 재리운(財利運)

지혜가 뛰어나고 재능이 출중하여 명예와 재물을 겸비한 행복을 누릴 수 있다. 그러나 자존심이 강하고 겸손하지 못하여 주위의 비난을 받을 수 있다. 나아가 가정풍파까지 일으킬 수 있다. 따라서 겉으로는 행복한 듯하지만 안으로는 불안한 삶이 될 수 있다. 다투는 일로 형사문제까지 일으킬 수 있으니 수양과 인화에 각별히 힘써야 한다.

62 고독격(孤獨格) · 쇠퇴운(衰退運)

사회적으로 신망을 잃고 내외가 불화하여 뜻을 이루지 못하고 점점 쇠퇴의 길을 걷는다. 해가 서산으로 기울어가는 형상이다. 무기력하고 권위가 없어 돌발적인 재난으로 인한 비운을 겪는다. 어려움의 연속이다. 여성의 경우에는 말을 많이 하며 잘난척하다가 망신을 당하기 쉽다.

63 순성격(順成格) · 성공운(成功運)

초목이 단비를 만나 무럭무럭 자라나는 형상이다. 또한 순풍에 돛을 단 것과 같다. 자신이 뜻하는 바를 모두 순조롭게 이룰 수 있다. 재난이 닥쳐도 스스로 피해 가므로 걱정할 필요가 없다. 부귀영화를 자손한테까지 물려줄 수 있다. 남녀 모두에게 길수 중의 길수이다.

64 침체격(沈滯格) · 쇠멸운(衰滅運)

침체와 쇠멸의 수이다. 욕심과 무모함 때문에 뜻을 이루지 못한다. 한번 운이 기울기 시작하면 엄청난 재앙을 벗어나기가 어렵다. 이별, 고독, 병액 등이 계속 일어난다. 욕심을 버리고 철저한 계획을 세우는 자세를 지녀야 한다.

65 휘양격(輝陽格) · 흥가운(興家運)

한낮의 태양처럼 밝게 빛나는 형상이다. 집안에 보석이 가득하고 사회적으로 중심인물이다. 만사를 뜻대로 이루어 부귀영화를 누리며 남은 경사가 자손한테까지 이른다. 온화하고 후덕하며 인정 있고 성실한 자세는 만인의 규범이다. 늦도록 행복을 누리며 존경과 예우를 받을 수 있다. 대길수이다.

66 우매격(愚昧格) · 쇠망운(衰亡運)

어리석고 사리에 어두워 쇠망으로 나아가는 형상이다. 둔하고 계획성이 없어 빈곤과 고통에서 헤어나기 어렵다. 하는 일마다 진퇴양난의 어려움이 따르고 인덕이 없어 믿을 수 있는 사람들에게조차 배신을 당한다. 나아가 내외간의 불화로 손해와 재앙이 겹쳐 이르니 패가망신이 염려스럽다.

67 천복격(天福格) · 자래운(自來運)

예민하고 활동적이며 인내심이 강하고 세상을 보는 안목이 뛰어나다. 주위로부터 도움을 받아 순조롭게 발전한다. 가세가 번창하고 부귀영화를 누리는 대길수이다. 지나친 욕심을 삼가야 한다.

68 명지격(名智格) · 흥가운(興家運)

총명하고 아이디어가 뛰어나다. 또한 사리분별이 분명하고 용의주도한 실천력이 있어 자신의 뜻을 이룬다. 예술적이고 창조적인 재능이 탁월하므로 그 방면으로 나아가 성공할 수 있다. 본인이 능력 있고 주위의 신임도 두터우므로 모든 일에 자신을 가질 만하다. 너무 치밀하여 우유부단으로 흐름을 삼가야 한다.

기초 지식

69 종말격(終末格)·불안운(不安運)
풍전등화의 형상이다. 성격이 우유부단하고 의지가 약하며 항상 불안과 근심에 쌓여 있다. 정신적인 발달이 부족하여 제대로 일을 처리할 수 없다. 병약, 불구, 단명 등 흉한 암시가 있다. 정상적인 가정을 이루기가 어렵다. 개명이 필요하다.

70 공허격(空虛格)·멸망운(滅亡運)
근심과 고통이 끊일 사이가 없다. 때문에 평생을 공허 속에서 보내며 멸망으로 나아간다. 가족과 이별하고 폐질과 횡액 등 고통을 겪는다. 최악의 경우에는 벙어리, 귀머거리, 장님 등이 되기도 한다. 이름에 써서는 안될 수이다. 하루 빨리 개명을 하는 것이 좋다.

71 만달격(晩達格)·발전운(發展運)
경사가 날 조짐이 잠재해 있으나 본인의 노력이 필요한 수이다. 따라서 대성공을 하려면 남다른 노력을 기울여야 한다. 초반에 어려움이 있더라도 좌절하지 말고 용기를 내어 이를 극복하려는 자세가 필요하다. 본인의 노력 여하에 따라 많은 변화가 있는 수이다.

72 상반격(相半格)·후곤운(後困運)
길흉이 반복되는 수이다. 성취를 하면 고난이 따르고 외관이 길한 것 같으면 내실은 흉화가 따른다. 일생 희(喜)·비(悲)·애(哀)·락(樂)이 교차한다. 보름달이 먹구름과 어우러져 변화를 이루어 나가는 것과 같은 형상이다.

73 평길격(平吉格)·평복운(平福運)
뜻은 원대하지만 지략과 실천력이 부족하여 자그마한 성공 정도로 그친다. 뜻에 비해 결과가 미흡하더라도 작은 행복에 만족할 줄 아는 슬기로운 자세를 지녀야 한다. 성실한 노력이 이어지면 성공의 폭이 커진다. 초반에는 기력이 약하여 고생을 하더라도 후반에는 복록이 점점 불어나 안락한 여생을 보낼 수 있다.

74 우매격(愚昧格) · 미로운(迷路運)

우둔하고 무능하다. 산 넘어 또 산이다. 평생 아무 일도 이루지 못한다. 뜻밖의 재액으로 괴로움의 연속이다. 무위도식하니 주위 사람들이 기피한다. 속세를 떠나 출가하는 것이 좋다.

75 정수격(靜守格) · 평화운(平和運)

매사가 명쾌하지 못하고 우여곡절이 따른다. 때문에 충분한 사전 검토와 치밀한 계획을 수립하여 추진하면 어느 정도 명리를 얻어 안정된 생활을 누릴 수 있다. 심사숙고한 후 행동으로 옮겨야 하는 수이다.

76 선곤격(先困格) · 후성운(後盛運)

감당하기 어려울 정도의 고난이 몰아닥친다. 그러나 강인한 의지력으로 이를 극복하면 보통 정도의 행복은 누릴 수 있다. 그렇지 않으면 평생 비참한 생활을 면하기 어렵다. 한번 나쁜 운이 오면 계속 이어서 오는 수라는 것을 명심하고 대처해야 한다.

77 전후격(前後格) · 길흉운(吉凶運)

시작이 있어도 끝맺음이 흐지부지하다. 꽃은 피지만 열매는 없는 형상이다. 처음에는 윗사람 덕택으로 행복을 누릴 수 있으나 나중에는 점점 운이 기울어 불행을 면하기 어렵다. 그러므로 행복을 누릴 때 불행에 대처해야 한다. 처음에 고전하다가 나중에 좋아지는 경우도 있다. 길한 가운데 흉이 있고 흉한 가운데 길이 있는 수이므로 처음과 나중에도 각각 길흉이 교차할 수 있다.

기초 지식

78 선길격(先吉格)·평복운(平福運)
초반에는 우수한 재능과 노력으로 성공하여 재물과 명예를 얻으나, 후반으로 갈수록 운이 점점 쇠퇴하여 어려움을 겪는다. 따라서 후반을 위해서는 초반까지 이룩한 결실을 잘 관리하며 더 욕심내지 말고 여생을 조용히 보낼 필요가 있다. 그렇지 않으면 그동안 쌓아올린 것이 그만 사라져 버린다.

79 종극격(終極格)·부정운(不正運)
신체는 건강하지만 정신력은 박약하고, 용감은 하지만 지혜는 없다. 또한 도덕심과 신용이 없어 사회적으로 소외된다. 노력을 해도 결과가 신통치 않아 무위도식으로 허송세월한다. 결국 신세타령으로 이어지니 절벽 끝에 서 있는 것과 같고 서산의 해는 기우는데 갈 길은 천리인 형상이다. 절대로 써서는 안 될 대흉수이다.

80 종결격(終結格)·은둔운(隱遁運)
일생 동안 나쁜 것은 다 닥치니 너무나 고통스럽고 하늘이 원망스럽다. 중병으로 단명할 수도 있음을 유의해야 한다. 대흉수이다. 다만 살아가는 동안 최소한의 생계는 꾸려 나갈 수 있으니 불행 중 다행이다. 속세를 떠나 출가하는 것이 좋다.

81 환원격(還元格)·성대운(盛大運)
9×9를 한 최종수이다. 아울러 다시 1로 환원하는 수이다.

 정리

　한마디로 이 81수리 이론이 믿을 수 없는 것이다.
　어느 학문에서나 이론이란 현실에 적용시켜 그 타당성이 입증되어야 비로소 존재가치를 인정받을 수 있다. 81수리 이론도 마찬가지다.
　81수리 이론이란 성명 각 글자의 획수를 세어 원형이정의 4격을 구성한 후, 이것을 81수리로 따져 이름이 갖는 운세를 설명한 것이다. 좀 더 쉽게 이야기하면, 81수리 이론이란 원격, 형격, 이격, 정격의 수(1~81)가 지니고 있는 영동력이 본인의 의식과는 관계없이 부단하게 작용해서 이것이 본인의 운명에 영향을 미친다는 것이다.
　81수리 이론을 내세우는 학자들은 그 타당성을 입증하기 위하여 '통계숫자'를 거론하는데, 아직까지 그 '통계 숫자'란 것을 본 적이 없다. 그러니 구체적인 검증이 필요하다.

　간단한 예로 이명박(李 : 7획, 明 : 8획, 博 : 12획) 전 대통령과 이병철(李 : 7획, 秉 : 8획, 喆 : 12획) 삼성그룹 창업주 그리고 이태영(李 : 7획, 兌 : 7획, 榮 : 14획) 전 이화여대 법정대학장의 경우를 들어보자.
　이명박 전 대통령과 이병철 삼성그룹 창업주는 원격이 20획, 이격이 19획, 정격이 27획으로서 3격이 흉격이다.
　- 원격은 초년운을 나타내는데 20획이 이루어지면 불량배로 나아가기 쉽다.
　- 이격은 말년운을 나타내는데 19획이 이루어지면 뜻한 바가 수포로 돌아간다.
　- 정격은 전체운을 나타내는데 27획이 이루어지면 흉한 결과로 이어지는 경우가 많고 경우에 따라서는 자살이라는 극단의 길을 택하기도 한다.
　전혀 맞지 않는다.

 기초 지식

이태영 전 이화여대 법정대학장은 형격이 14획, 정격이 28획으로서 2격이 흉격이다.
- 형격은 청장년운을 나타내는데 14획이 이루어지면 소극적인 성격 때문에 조직사회에 잘 적응하지 못한다.
- 정격은 전체운을 나타내는데 28획이 이루어지면 고독, 조난, 형액 등으로 고생하며 단명으로 이어질 수 있다.

전혀 맞지 않는다. 그리고 여성에게는 강한 수여서 남편과 생사이별을 하는 경우가 많다는 21획이 두 번(원격·이격)이나 이루어지지만 부부해로하면서 행복한 일생을 보냈다.

좀 더 예를 들어 보자.

- **고건(高 : 10획, 建 : 9획) 전 국무총리**
  원격이 9획, 형격이 19획, 이격이 10획, 정격이 19획으로 4격이 모두 흉격이다. 그러나 고건 전 국무총리는 경기고와 서울대 문리대 정치학과를 졸업한 후 고시행정과에 합격한 다음 줄곧 평탄한 관료의 길을 걸어 국무총리까지 역임하였다.

- **박순자(朴 : 6획, 順 : 12획, 子 : 3획) 전 국회의원**
  이격이 9획으로서 흉격이지만 말년운이 아름답게 흐르고 있으며, 정격이 21획이지만 부부해로하면서 행복을 누리고 있다.

- **장하진(張 : 11획, 夏 : 10획, 眞 : 10획) 전 여성가족부 장관**
  원격이 20획으로서 흉격이지만 초년운이 좋았으며, 부부운이 염려스럽다는 21획이 형격과 이격에 걸쳐 두 번이나 이루어져 있지만 부부해로하면서 행복을 누리고 있다.

- 이건희(李 : 7획, 健 : 11획, 熙 : 13획) 전 삼성그룹 회장

  이격이 20획으로서 흉격이다.

- 홍라희(洪 : 10획, 羅 : 20획, 喜 : 12획) 이건희 전 삼성그룹 회장의 아내

  형격이 30획, 이격이 22획, 정격이 42획으로서 3격이 흉격이다.

81수리 이론은 동양 전래의 심오한 정통 이론에서 비롯된 것이 아니라 일본인 학자 구마자키 겐오의 주관적인 작품이다. 그리고 시간이 흐르면서 이 구마자키 겐오의 작품에다 여러 사람들이 나름대로 이러저러한 것들을 덧붙였으리라고 추리할 수 있다.

지금까지 많은 세월을 이 81수리 이론과 애환을 함께 해왔다니 참으로 부끄러운 생각이 든다. 특히 여성의 경우에는 이 81수리 이론 때문에 얼마나 많은 사람들이 가슴앓이를 했겠는가.

오늘날 수리를 가지고 인간의 운명을 논하려면 획수 계산에 대해 견해가 일치하지 않는 성명 글자를 문제삼을 것이 아니라 확실한 숫자를 바탕으로 한 주민등록번호나 전화번호 또는 자동차번호 등을 다루는 게 더 용이하지 않겠는가.

이 책의 부록에는 '성씨에 따른 길한 수리의 배합표'가 실려 있다. 이 표를 이용하여 성명의 4격이 모두 길한 수리를 이루는 글자들을 고를 수 있다. 취하고 버리는 것은 자유이다.

Part 09 이름학의 원칙

　이제 우리는 좋은 이름을 짓기 위한 이름학의 원칙을 세울 수 있을 것 같다. 지금까지 살펴본 것처럼 오늘날의 이름학은 확립된 이론이 아니라 가설(假說)에 불과하다. 그러나 가설이란 것도 뚜렷한 철학적인 바탕이 필요하고 현실적으로 설득력이 있어야 한다.

　그러나 실상은 어떤가. 대부분의 주장들이 별것도 아닌 자질구레한 것들을 들고 나와 폭넓은 작명을 어렵게 만들고 있다. 예를 들어 작명은 글자의 발음오행이 상생하도록 지어야 한다는 주장을 보자. 이것이 김(金), 강(姜), 고(高), 구(具)씨 등 우리나라 성씨 가운데 대다수를 차지하는 사람들을 얼마나 궁지로 몰아넣고 있는지 아는 사람은 다 알고 있을 것이다.

　그래서 필자는 지금까지 여러 주장들에 대하여 비판을 가하면서 자유로운 작명의 길을 넓혀왔다. 그리고 이러한 노력을 이 책 전반에 걸쳐 전개하려고 한다. 따라서 필자는 작명에서 지켜야 할 기준을 다음과 같은 것들로 최소화시키고자 한다.

> ▶ 이름을 지을 때는 음양오행 사상에 따른다.
> ▶ 성명 글자의 획수가 모두 음이거나 모두 양이 되지 않도록 노력한다.
> ▶ 성명 글자의 오행은 사주를 따라서 자원오행을 위주로 하고, 때에 따라서는 발음오행을 함께 쓸 수 있다.
> ▶ 오행의 상생과 상극 문제에 대해서는 신경 쓰지 않는다.

　단, 위의 기준과는 별도로 이름을 지을 때 기본적으로 다음의 내용들을 유의한다.

① 발음

- 부르기 좋아야 한다.
- 듣기 좋아야 한다.
- 자연스러워야 한다.
- 품위가 있어야 한다.
- 참신해야 한다.
- 세련미가 있어야 한다.
- 생기를 돋우어줄 수 있어야 한다.
- 누구나 한 번 들으면 기억하기 쉬워야 한다.
- 놀림을 당할 수 있는 것은 피한다.
- 독특한 개성을 나타낼 수 있는 것이면 좋다.

② 글자

- 대법원이 정한 인명용 한자가 아닌 것은 피한다.
- 획수가 너무 많거나 복잡한 것은 피한다.
- 모양이 이상한 것은 피한다.
- 비슷한 글자가 많아서 잘못 읽기 쉬운 것은 피한다.

③ 뜻

- 깊은 정성과 소망이 나타나면 좋다.
- 밝고 희망찬 이미지를 담고 있으면 좋다.
- 현대적인 감각을 느낄 수 있으면 좋다.
- 담긴 의미가 친근감을 주면 좋다.
- 부드러운 느낌을 주면 좋다.
- 이상하거나 불길한 느낌 또는 천한 느낌을 주면 좋지 않다.
- 너무 귀엽고 앙증맞으면 어른이 되어서는 부르기가 곤란하다.

03

이름자

1. 항렬자
2. 자녀간의 서열을 나타낼 수 있는 글자
3. 동자이음어
4. 인명용 한자
5. 불용 문자
    1) 의미
    2) 진정한 불용 문자
    3) 불길 문자
    4) 길한 문자

이름자

Part 01 항렬자

　항렬자(行列字)란 한 집안에서 같은 대에 태어난 자손들이 이름자에 공통으로 쓰는 동일한 글자이다. 예를 들어 안동 권(權)씨 31대 자손들이 이름자에 공통으로 쓰는 '병(丙)'이 항렬자이다.

　항렬자를 정하는 기준으로는 여러 가지가 있을 수 있으며 실제로도 그러하다.

　그 중 목(木)→화(火)→토(土)→금(金)→수(水)→목(木)의 오행상생 순으로 진행하는 기준이 가장 널리 쓰인다. 이 기준을 따르면 목(木)인 '식(植)'→화(火)인 '환(煥)'→토(土)인 '규(圭)'→금(金)인 '석(錫)'→수(水)인 '영(泳)'→목(木)인 '주(柱)'와 같이 진행한다.

　위 기준 외에 갑(甲)·을(乙)·병(丙)·정(丁)·무(戊)·기(己)·경(庚)·신(辛)·임(壬)·계(癸)의 10간 기준, 자(子)·축(丑)·인(寅)·묘(卯)·진(辰)·사(巳)·오(午)·미(未)·신(申)·유(酉)·술(戌)·해(亥)의 12지 기준, 일(一)·이(二)·삼(三)·사(四) 등의 숫자 기준 기타 다양한 기준들이 있다.

　오행상생 순으로 진행하는 기준을 따르더라도 항렬자가 반드시 동일한 글자일 필요는 없고 같은 오행의 글자로 대체할 수 있다. 예를 들어 '환(煥)'은 같은 화(火) 오행인 '현(炫)'으로 대체할 수 있다.

　항렬자의 배치는 아버지 대에는 성씨 바로 다음 글자로 하고 아들 대에는 이름의 끝 글자로 하는 것처럼 번갈아가는 것이 보통이다. 하지만 반드시 그런 것은 아니고 정하는 바에 따라 달라질 수 있다. 예를 들어 11대에서 20대 자손들까지는 성씨 바로 다음으로 하고, 21대에서 30대 자손들까지는 이름의 끝 글자로 하는 것이다.

　항렬자가 무엇인지 그리고 항렬자의 배치를 어떻게 할 것인지에 대해서는 종중에 문의하면 된다. 그런데 요즈음은 이름을 지을 때 항렬자 자체를 따르지 않고 발음만 같은 글자로 하거나 아예 쓰지 않는 경향이다. 인구가 많아져서 똑같은 이름을 피하기 어렵고, 이름학상 좋은 이름이나 개성있는 이름 등을 원하기 때문이다.

　항렬자를 꼭 따를 필요는 없다. 예를 들어 본인이 사주에서 시원한 물〔水〕을 필요로 한다면 화(火) 오행인 항렬자를 따를 필요가 있겠는가. 그러나 항렬자를 꼭 고집한다면 그 바탕 위에서 최선을 다하는 수밖에 없다. 종손·장남·장손 등의 사유로 부득이 항렬자를 따를 경우에 항렬자를 쓴 이름은 족보(한 가문의 계통과 혈통관계를 기록한 책)에 등재하는 것으로 끝내고, 호적에는 다른 이름으로 신고하여 이것을 법률상의 이름으로 하면 된다.

　항렬자는 흔히 '돌림자'라고도 한다. 그런데 항렬자 내지 돌림자와는 관계없이 어느 한 글자(예를 들어 하늘 민 '旻')를 가지고 자녀 모두의 공통 이름자로 했을 때는 이 글자를 돌림자라고 부를 수 있을 것이다. 요즘에는 선조가 정해놓은 항렬자를 사용하는 경우가 드물고 위에서 예를 든 '민(旻)'과 같은 글자를 돌림자로 사용하는 경우가 있다. 대가족제도를 벗어난 핵가족화의 한 면이라고 할 수 있다.

 이름자

> 아사달과 아사녀

- 아사달(阿斯怛) : 언덕 아(阿), 이 사(斯), 슬퍼할 달(怛)
- 아사녀(阿斯女) : 언덕 아(阿), 이 사(斯), 계집 녀(女)

아사달은 백제의 뛰어난 석공이며 아사녀는 그의 아내이다.

아사달은 결혼한 지 얼마 안 되어 신라의 초청으로 불국사 석탑을 세우기 위해 서라벌로 떠났다. 몇 년이 흘렀다. 아사녀는 남편이 그리워 불국사로 찾아갔다. 그러나 스님으로부터 "탑이 완성될 때까지는 아무도 만날 수 없소. 탑이 완성되면 저기 영지라는 연못에 탑의 그림자가 비칠거요"라는 말만 들었다. 아사녀는 영지라는 연못가를 서성거리며 탑의 그림자가 비치기를 기다리다가 지친 나머지 끝내 그 연못에 몸을 던져 죽고 말았다. 아사달이 석탑을 완성한 후 아사녀가 서라벌에 왔다는 이야기를 듣고 찾아 나섰지만 이미 아사녀는 이 세상 사람이 아니었다. 아사달은 아사녀가 몸을 던진 자리에서 떠날 줄 몰랐다. 그때 아내의 모습이 홀연히 앞산 바위에 겹쳐지는 것이 아닌가. 아사달은 그 바위에 아사녀의 모습을 새기기 시작했다. 괴로움과 혼란 속에서 새긴 아사녀의 모습은 점차 자비로운 미소를 담고 있는 불상으로 변해갔다. 아사녀와 부처의 모습이 한데 어우러진 불상이 완성되자 아사달도 그만 영지에 몸을 던지고 말았다. 다른 이야기로는 아사녀를 그리며 그녀와 함께 살던 고향으로 떠나갔다고 한다. 그 후 아사달이 세운 석가탑은 그림자가 비치지 않았다 하여 무영탑(無影塔)이라고 불렸다.

그러면 이 슬픈 이야기의 주인공인 아사달과 아사녀가 공통으로 지니고 있는 '아사'가 무엇일까? 아사달(阿斯達)은 단군 조선 개국 때의 국도이다. '아사'는 아침, 애초, 겨레 등의 뜻이고, '달'은 산을 가리킨다고 한다. 백제의 문화를 이은

일본에서는 '아침 조(朝)'를 '아사(asa)'로 발음한다.

 현재 우리나라에 아(阿)씨 성이 있다. 백제 때의 사람으로 신라에 가서 황룡사 9층탑을 세운 아비지(阿非知)와 일본에 한학을 전한 아직기(阿直岐) 등이 시조로 전해지고 있다. 고려가 창건되기 전 아자개(阿慈介)가 있으나 이는 견훤의 아버지로 본래의 성(성씨)은 이(李)이다. 아사달은 황룡사 9층탑을 세운 아비지의 후손이라고 한다. 그렇다면 아사달과 아사녀의 '아사'에서 아(阿)는 성(성씨)이고 '사(斯)'는 이름자로서 돌림자라고 볼 수 있다. 돌림자가 같은 걸로 미루어 '두 사람은 원래 한집안이 아니었을까?'라는 추리를 해 볼 수 있다.

 사람의 인연이란 참으로 묘한 것이어서 이것이 다음 생(生)의 기쁨과 노염과 슬픔과 즐거움을 만들어낸다.

119

이름자

자녀간의 서열을 나타낼 수 있는 글자

이름자에는 자녀간의 서열을 나타내는 글자가 있다고 볼 수 있다. 예를 들어 '佰(맏 백)'은 'the eldest'로서 맏아들한테 쓰는 글자라고 볼 수 있다. '佰'은 'ㅣ(사람)'과 '白(어른 남자를 가리키며 원 뜻은 우두머리임)'을 합친 글자이기 때문이다.

그러나 구체적으로 어떤 글자가 자녀간의 서열을 나타낸다고 단정할 수는 없고, 다만 주관적인 판단에 따라 가려서 쓰는 수밖에 없다.

일반적으로 다음의 글자는 맏이에게만 쓸 수 있는 것으로 받아들여지고 있다.

> 큰 대(大),   맏 맹(孟),   맏 백(佰),   먼저 선(先),
> 머리 수(首), 비로소 시(始), 으뜸 원(元), 한 일(一),
> 길(우두머리) 장(長), 처음 초(初)

그 밖에 다음의 글자를 맏이에게만 쓸 수 있는 것으로 추가하기도 한다.

- 갑(甲) : 10간(十干)의 첫 글자
- 자(子) : 12지(十二支)의 첫 글자
- 동(東) : 동서남북 사방의 첫 글자
- 인(仁) : 인의예지신(仁義禮智信)의 첫 글자
- 인(寅) : 정월을 가리키는 글자

물론 다른 글자도 그 의미에 따라 맏이에게만 쓸 수 있는 글자로 볼 수 있다. 예를 들어 하늘 천(天) 등이다.

그러나 버금 중(仲)은 '버금'의 뜻이 '서열이나 차례에서 으뜸의 다음'이니 맏이 다음에게 쓸 수 있는 글자이고, 가운데 중(中)은 맏이와 막내 사이에게 쓸 수 있는 글자이며, 끝 계(季)는 막내에게 쓸 수 있는 글자이다.

위에서 여러 글자를 살펴보았다. 하지만 ○글자는 ○째에게만 쓸 수 있다는 사고를 떨쳐버려야 한다.

'자(子)'는 여성의 이름자로, '동(東)'은 항렬자 내지 돌림자로 두 글자 모두 자녀간의 서열과는 관계없이 사용하는 게 현실이다.

'인(仁)'은 그 뜻이 '어질다'이니 누구에게나 써주어도 좋은 글자일 텐데 '인·의·예·지·신'이라는 문구에 얽매여 이를 맏이에게만 쓸 수 있는 글자라고 고집할 수 있을까? 나아가 '인(寅)'은 뜻이 '공경하다'이며, 사주학에서 '홍수가 범람하면 호랑이〔寅〕를 잡아타라'고 할 만큼 사주에 물〔水〕이 많은 사람한테 소중한 글자이므로 이를 맏이에게만 쓸 수 있다고 할 수는 없다.

'원(元)'이라는 글자도 맏이에게만 쓸 수 있는 글자라고 할 수는 없다. 왜냐하면, 예를 들어 네 명의 자녀 이름을 A元, B元, C元, D元으로 하여 각기 A, B, C, D의 으뜸이 되라고 할 수 있기 때문이다.

'중(中)' 역시 맏이와 막내 사이에게만 쓸 수 있는 글자가 아니다. '가운데'가 '으뜸'일 수 있지 않겠는가.

글자란 많은 융통성을 지니고 있다는 것을 알아야 한다. 따라서 글자에 대한 구체적인 판단은 이름 짓는 사람의 철학에 따라 달라질 수 있다.

이름자

※ 노르만(Norman)족의 상속 제도가 유럽의 역사를 바꾸다!

바이킹(Viking)이 8~11세기에 유럽의 각지로 나아가 약탈과 침략을 자행한 가장 큰 원인은 노르만(Norman)족의 상속 제도이었다고 한다.

793년 6월의 어느 날이었다. 영국 노섬벌랜드 근해에 있는 홀리 섬이라고도 하는 조그만 섬 린디스판에 사는 수도승들은 평온한 가운데 분주히 자신들의 일을 하고 있었다. 그들은 날렵하고 선체가 낮은 배들이 파도를 헤치며 빠르게 다가오는 것을 눈치채지 못하고 있었다. 배들은 해변으로 빠르게 올라왔고 수염을 기른 험상궂게 생긴 사람들이 칼과 도끼를 휘두르며 배에서 뛰어내려 수도원을 향해 달려갔다. 이들은 겁에 질린 수도승들을 덮쳐서 대대적인 살육을 자행하였다. 침입자들은 수도원에 있는 금은보화를 탈취하였다. 그런 다음 이들은 다시 북해로 나아가 사라져 버렸다.

이 약탈자들은 다름 아닌 바이킹으로서, 갑자기 들이닥쳐서 잔인하게 약탈한 다음 순식간에 사라지는 방법을 사용한 까닭에 유럽 사람들의 주목을 받게 되었으며, 그리하여 바이킹 시대의 막이 오르게 되었다. 오래지 않아 바이킹으로 인해 사람들이 공포에 떨게 되면서 영국에서는 "주여, 북쪽 사람들의 광포함에서 우리를 구해 주옵소서"라는 기도가 방방곡곡에 울려 퍼지게 되었다.

'바이킹(Viking)'은 8세기 말~11세기 초 해상으로부터 유럽·러시아 등에 침입한 노르만족(북게르만족)이다. 원래는 고국땅인 스칸디나비아에서 덴마크에 걸쳐 많이 있는 vik(峽江)에서 유래한 말로 '협강에서 온 자'란 뜻이다.

바이킹은 자기들의 조상처럼 농사나 고기잡이 등에 종사하는 선량한 사람들이

었는데 왜 각지로 나아가 약탈과 침략을 자행하였을까?

　인구증가에 의한 토지의 협소화를 거론할 수 있다. 그러나 많은 역사가들은 이 원인은 경작할 만한 땅이 조금밖에 없었던 노르웨이 서부에 살던 사람들에게만 적용되었을 것이라고 생각한다.

　바이킹 남자는 아내를 둘 이상 두는 일이 흔하였다. 그 결과 남자들은 자녀를 많이 두게 되었다. 하지만 대부분의 경우, 맏아들만 가문의 재산을 상속받았기 때문에 동생들은 자수성가해야 하였다. 『유럽의 탄생』(The Birth of Europe)이라는 책에 따르면 재산을 물려받지 못한 아들들은 "국내에서 다른 지역을 정복하든 아니면 국외로 나가 해적 행위를 하든, 수단과 방법을 가리지 않고 반드시 성공해야만 하는 무시무시한 대규모 최정예 전사 집단을 이루게 되었다"고 한다. 가장 큰 원인은 바로 노르만(Norman)족의 상속 제도였다는 이야기이다.

　바이킹에게는 갑자기 습격한 다음 재빨리 사라지기에 꼭 알맞은 운송 수단 즉 긴 배가 있었다. 흘수(吃水) 즉 선체가 물에 잠기는 깊이가 얼마 되지 않고 돛이나 노로 추진력을 얻는 이 날렵한 배 덕분에 바이킹은 그들의 세력이 미치는 곳이라면 어디에서나 바다와 호수와 강을 지배하게 되었다.

　바이킹은 자기들의 시대가 끝날 때까지 스칸디나비아인 왕조가 다스리는 여러 개의 새로운 국가를 세웠다.

　3세기에 걸친 바이킹의 역사는 활동으로 가득 차 있다. 하지만 단순히 칼과 도끼를 휘두르며 약탈을 일삼는 야만인이 바이킹의 모습의 전부는 아니다. 그들은 융통성을 발휘하여 멀리 떨어진 지역에 식민지를 개척하고 심지어 그러한 지역의 문화에 동화되기까지 하였다. 그들은 여러 지역에 정착하여 평생 그곳을 떠나지 않은 농부들이었는가 하면 다른 나라의 왕위를 차지한 통치자들이기도 하였다.

 이름자

바이킹은 배와 칼을 다루는 면에서만 아니라 농사를 짓고 정치를 하는 면에서도 참으로 대가들이었다.

근년에 유적·유물의 발굴과 조사 및 여러 과학의 총합적 연구에 의해 파괴적인 바이킹관(觀)은 상당히 수정되어, 중세 유럽사(史)의 전 영역에 커다란 영향을 준 장대한 운동으로서 보게 되었다.

'바이킹(Viking)'하면 흔히 연상되는, 뿔이 달린 투구는 바이킹 시대가 도래하기 1000여 년 전부터 이미 사용된 것인데, 바이킹은 의식을 거행할 때만 그 투구를 썼던 것 같다. 바이킹 전사들은 투구를 쓸 때는 언제나 금속이나 가죽으로 된 단순한 원뿔 모양의 투구만을 썼다.

※ 칭기즈칸과 자녀간의 서열

사자, 늑대, 돼지 등이 한 배에 여러 새끼를 낳아 기를 때 새끼간의 서열은 서로 싸워서 정해진다고 한다. 예를 들어 돼지 새끼는 태어나자마자 가장 힘센 놈이 어미의 제일 잘 나오는 젖꼭지를 무는데 이렇게 한 번 결정되면 어미도 이를 무시하지 못한다고 한다.

사람은 한 명씩 태어나 인위적인 위계질서를 형성하고 살아간다. 옛날 우리나라는 장남우선의 원칙이었다.

그러나 몽골족은 '말자 상속제'가 전통적인 관습이었다. 막내가 집을 맡고 형들은 모두 나가 새로운 천지를 개척하였다. 이를 따르면 칭기즈칸이 자신의 제위를 네 아들 중 막내아들에게 물려주는 것이 자연스럽다. 하지만 칭기즈칸은 유언으로 자신의 제위를 셋째아들인 오고타이에게 물려주고 부족장회의인 쿠릴타이는 이를 그대로 받아들였다. 오고타이는 성격이 관대하고 왕자로서의 인품을 갖추고 있었다고 한다. 필자는 부족장회의인 쿠릴타이가 무조건 '말자 상속제'를 따르지 않고 대제국의 앞날을 위하여 인물 위주로 후계자를 추대하였음은 지극히 당연한 처사라고 본다.

 이름자

Part 03 동자이음어

동자이음어(同字異音語)란 하나의 한자가 다른 음으로 발음되는 것을 말한다. 예를 들어 '車'는 '거' 또는 '차'로 발음되는 동자 이음어이다. 대법원이 이름자로 쓸 수 있도록 인정한 한자 즉 인명용 한자 가운데 동자이음어는 다음과 같으며, 대법원에서 인정한 발음으로만 신고할 수 있다.

이름자의 발음이 분명하지 않으면 혼란을 야기할 수 있으므로 동자이음어의 사용을 삼가는 것이 좋다. 그러나 그렇다고 해서 동자이음어를 이름자로 쓰면 운명이 나쁘다고 할 수는 없다. 이승만 전 대통령은 자신의 성씨인 '이(李)'를 '리'로 발음해서 동자이음화 시켰다.

★ 동자이음어

인명용 한자	발음 인정범위	비고
車	거·차	ㄴ·ㄷ·ㄹ·ㅌ
見	견·현	ㅇ·ㅎ
更	경·갱	ㅅ·ㅈ·ㅊ
龜	귀·구	'균'음으로는 사용할 수 없음
奈	내·나	
柰	내·나	
度	도·탁	
復	복·부	
說	설·열	'세'음으로는 사용할 수 없음
率	솔·률	
拾	십·습	
什	십·집	
樂	악·요·락	
瑩	영·형	
易	이·역	
參	참·삼	

※ 예를 들어 車는 '거' 또는 '차' 음 중에서 선택하여 신고할 수 있다.

범어(梵語)

범어 즉 '산스크리트(Sanskrit)어'는 옛 인도·아리안 말이다. 불교 용어를 예로 들어 그 발음과 뜻을 간단히 살펴보자.

 이름자

◆ 나무(南無)

'남(南)'이 아니라 '나(南)'로 발음한다. '나무'의 뜻은 '돌아가 의지함'이다. 부처나 경문 이름의 앞에 붙이어 절대적인 믿음을 표시하는 말이다.

◆ 도량(道場)

'장(場)'이 아니라 '량(場)'으로 발음한다. '도량'의 뜻은 '불도를 닦는 곳'이다.

◆ 보리수(菩提樹)

'제(提)'가 아니라 '리(提)'로 발음한다. '보리수'는 '보리수 나무'이다.

◆ 진제(眞諦)

'체(諦)'가 아니라 '제(諦)'로 발음한다. '진제'의 뜻은 '진실하여 잘못이 없음'이다.

◆ 사바세계(娑婆世界)

'파(婆)'가 아니라 '바(婆)'로 발음한다. '사바세계'의 뜻은 '중생이 갖가지 고통을 참고 견뎌야 하는 이 세상'이다.

◆ 보시(布施)

'포(布)'가 아니라 '보(布)'로 발음한다. '보시'의 뜻은 '깨끗한 마음으로 불법이나 재물을 아낌없이 사람에게 베풂'이다.

Part 04 인명용 한자

인명용 한자란 대법원이 이름자로 쓸 수 있도록 인정한 한자이다. 한자는 그 수가 너무 많기 때문에 이를 모두 이름자로 쓸 수 있도록 하면 실무적인 어려움이 따를 것이다. 따라서 이름자인 한자는 대법원 규칙으로 인정한 것에 한하여 사용할 수 있다. 인명용 한자와 관련된 중요 내용을 정리하면 다음과 같다.

◆ 성씨와 본은 대법원 규칙으로 정한 인명용 한자의 제한을 받지 않는다.
◆ 인명용 한자의 제한은 1991년 4월 1일부터 출생신고를 하는 사람의 이름자에 국한된다.
◆ 1991년 4월 1일 이후에 개명하고자 하는 경우에는 1991년 3월 31일 이전에 출생신고를 한 사람이라 할지라도 인명용 한자 이외의 한자로는 개명할 수 없다.
◆ 인명용 한자 이외의 한자로는 출생신고가 수리되지 않는데, 이런 경우에는 한글로만 기재해야 수리된다.
◆ 인명용 한자에는 '망할 망(亡)', '죽을 사(死)' 등 이름자로는 사용하기 곤란한 글자도 적지 않게 포함되어 있다.
◆ 동음이의어의 신고에 관하여는 '동자이음어'에서 다루었다.
◆ 초성 즉 첫소리가 'ㄴ' 또는 'ㄹ'인 한자(女·年·寧·羅·洛·亮·浪·來·良·麗·蓮·連·列·烈·伶·禮·里·林·立 등)는 각각 소리나는 바에 따라 'ㅇ' 또는 'ㄴ'으로 사용할 수 있다. 예를 들어 「李東烈」이란 이름을 보자. 1991년 4월 1일 이후 출생신고를 하는 경우는 대법원 규칙에 따라 '이동렬' 또는 '이동열'로 신고할 수 있다. 그러나 그 이전의 경우에는 '이동렬'로 표기한다.

이름자

- '示'변과 '礻'변, '++'변과 '艹'변은 서로 바꾸어 쓸 수 있다. 예를 들어 복(福)은 福으로, 난(蘭)은 蘭으로 서로 바꾸어 쓸 수 있다.
- 인명용 한자 중 동자(同字)·속자(俗字)·약자(略字)의 경우에는 대법원 규칙으로 인정한 것에 한하여 사용할 수 있다(인명용 한자 중 동자·속자·약자에 관하여는 나중에 설명함)

강감찬이 아니라 강한찬?

강감찬(姜邯贊)은 우리 국사교과서에 나오는 인물로 구주대첩에서 10만의 거란군을 수장시킨 고려의 명장이다. 원래 이름은 강은천(姜殷川)이다. 그런데 우리 역사에 길이 빛나는 이름인 강감찬은 이를 '강한찬'으로 발음해야 한다는 견해가 있다.

문제가 되는 것은 '邯'이라는 글자이다. 이 글자는 그 발음이 '감'이 아니라 '한'이다.

먼저 중국의 자전을 살펴볼 필요가 있다. 이 글자는 중국의 설문해자(說文解字), 사원(辭源), 중문대사전(中文大辭典)을 비롯하여 최근 중국에서 발간된 한어대사전(漢語大詞典)에 이르기까지 'han' 혹은 'harn'으로 발음 표기가 되어 있다.

그리고 '한단지몽(邯鄲之夢 : 당나라의 노생이 한단 땅에서 여옹의 베게를 빌려서 잠을 잤는데, 꿈속에서 80년 동안 부귀영화를 다 누렸으나, 깨어 보니 메조로 밥을 짓는 동안이었다는 고사에서, 인생과 영화의 덧없음을 비유한 말)' 같은 고사성어 등을 보면 '한'이 분명하다.

나아가 우리나라에서 가장 권위 있는 자전인 '동아한한대사전' 또한 '한'임을

분명하게 밝혀놓고 있다.

그러면 왜 '감'으로 발음하고 있을까? 일제강점기를 지나면서 그랬을 가능성이 크다. 왜냐하면 '邯'의 일본어 발음이 '감'이기 때문이다. 이 점을 좀 더 분명히 하기 위하여 일본어 사전을 살펴보도록 하자. 한자어에 대한 일본어 발음을 보면 우리말에서 '한'으로 발음되는 것은 모두 '강, 간, 감'을 합친 발음인 'かん'으로 표기되어 있는 것을 확인할 수 있다. 사실 일제강점기를 지나면서 한자를 잘못 읽어서 굳어진 경우는 이것뿐만이 아니다. 우리가 '고구려', '고려'라고 발음하고 있는 '高句麗'와 '高麗'는 '고구리', '고리'로 읽어야 맞지만 고구려 혹은 고려로 완전히 굳어져 버린 것이다.

그러나 위와는 다른 견해가 있다.

한자 독음의 기준은, 위에서 나열한 설문해자(說文解字) 등에 있는 것이 아니다. 설문해자(說文解字)에는 발음의 규정이 없으며, 나머지는 후대의 자전이다. 너무도 당연하지만, 최고(最古)의 운서이며, 이후 발음표준의 전범이 된《절운》부터 확인하는 게 순서이다.

《절운》을 거의 그대로 계승하였다고 일컬어지는《광운》에 따르면, 邯의 우리나라 한자음은 일단, 위의 논지대로 "한" 하나 밖에 없다.

그렇다면, 어째서 '한'이란 독음밖에 존재하지 않는 '邯'에, '감'이란 독음이 생겼을까? 위에 의하면, 일제시대에 邯의 일본 한자음인 'kan'에서 유추된 결과라고 하는 듯하다. 물론, 실제로 일제시대에 일본 한자음의 영향을 받아 만들어진 한자음이 없는 건 아니다. 가령 喫의 '끽', 孃의 '양'과 같은 것들은 모두 일본 한자음인 kitsu, zyou의 영향을 받아서 유추된 한자음이라는 것이 인정되고 있다. 그러나 이들 한자어에는 공통점이 하나 있는데, 모두 일본어에서 사용되는

 이름자

빈도가 비교적 높은 글자들이라는 점이다. 반면 邯의 경우는, 위의 喫이나 孃에 비하면 일본어에서의 출현 빈도도 높지 않으며, 한국어에서조차 보통은 사용되지 않는 벽자라는 데 문제가 있다. 이런 벽자의 독음이, 아무런 이유도 없이 일본 한자음을 차용, 유추하여 '감'으로 변한다? 논리의 비약도 이런 비약이 없다. 邯의 독음이 '감'으로 변한 진정한 원인은, 이것이 일상 언어 생활에서는 그다지 사용되지 않는 벽자이며, 또한 형성자로서의 발음부분이 甘(우리나라 한자음 '감')이므로, '감'이란 음이 쉽게 유추될 수 있다는 데에 있을 것이다. 형성자의 발음 부분을 통한 유추는 한자음에서 매우 흔한 일이며, 邯에만 새로운 것이 아니다.

더불어, 高句麗의 麗를 '려'로 읽는 것도 일제시대의 영향이라면, 정작 일본어에서는 高句麗를 koukuri로 읽어, 麗의 독음이 '리'에 해당하고 있는 것을 어떻게 설명할 수 있을까?

결국 邯의 '한'이란 음은 중국어의 장기간에 걸친 음운변화의 산물이며, "감"은 실수에 의한 것이긴 하지만, 오히려 고대음의 부활이라고 볼 수도 있겠다.

"오히려 고대음의 부활이라고 볼 수도 있겠다"고 한 까닭은 邯鄲이라는 두 글자는 모두 형성자로, 발음 부분이 되는 甘과 單으로 미루어 상고 중국어의 형태를 재구해 보면 그 초기 형태는 *gamtan으로 추정되기 때문이다.

위의 두 견해는 구체적인 내용에 있어서는 차이가 있지만 '邯'의 현대음 즉 오늘날의 발음이 '감'이 아니라 '한'이라는 것에는 일치한다. 고대음이 '감'인지 아닌지는 분명하지 않다. 설혹 고대음이 '감'이라고 해도 우리는 고대인이 아니고 현대인이니 '한'으로 발음해야 한다. 더구나 우리는 일제강점기를 지나면서 내선일체(內鮮一體) 즉 "조선과 일본은 한 몸이다"라는 슬로건(slogan) 아래 창씨개명(創氏改名)까지 당하였으니 글자의 발음인들 온전하였겠는가.

강감찬(姜邯贊)은 이를 '강한찬'으로 발음해야 한다는 견해는 강한 설득력을 지니고 있다.

Part 05 불용 문자

01 의미

언제부터인가 사람들 사이에 이른바 '불용 문자(不用文字)'라는 것이 전해 내려왔다. 예를 들어 '동녘 동(東)'을 넣어서 이름을 지으려고 하는데 누군가 옆에서 "그 글자는 이름에 쓰지 않는데요"라고 하면 대부분의 사람들은 무조건 그대로 그 글자를 불용 문자로 받아들이고 꺼리는 것이다.

이렇게 해서 전해 내려오는 불용 문자의 수가 엄청나게 많아서, 이러한 글자들을 모두 빼고 이름을 지으려면 정상적인 작명이 거의 불가능하다고 해도 과언이 아니다. 그런데 이른바 '불용 문자'라는 것 가운데는 좋은 글자들이 너무나 많이 포함되어 있다. 위에서 본 '동녘 동(東)'만 하더라도 태양이 떠오르는 밝은 이미지를 갖고 있지 않은가.

불용 문자는 두 가지 형태로, 하나는 오늘날의 사회 통념상 이름 글자로 받아들이기 곤란한 문자 즉 진정한 불용 문자이고 다른 하나는 이름 글자로 사용하면 흉한 작용을 한다는 설 때문에 꺼리는 문자 즉 속칭 '불길 문자(不吉文字)'이다.

02 진정한 불용 문자

다음과 같은 글자들은 대법원이 정한 인명용 한자이지만, 오늘날의 사회 통념상 이름 글자로 받아들이기 곤란한 문자이다.

 이름자

★ 진정한 불용 문자

간사할 간(姦)	개 견(犬)	괴로울 고(苦)
울 곡(哭)	과부 과(寡)	귀신 귀(鬼)
속일 기(欺)	성낼 노(怒)	물 루(淚)
도적 도(盜)	독할 독(毒)	소견 맹(盲)
범할 범(犯)	병 병(病)	가난할 빈(貧)
복입을 상(喪)	상할 상(傷)	쇠할 쇠(衰)
근심 수(愁)	주릴 아(餓)	악할 악(惡)
재앙 앙(殃)	슬플 애(哀)	재앙 액(厄)
약할 약(弱)	염병 역(疫)	욕될 욕(辱)
음탕할 음(淫)	울 읍(泣)	찌를 자(刺)
막힐 장(障)	다툴 쟁(爭)	빚질 채(債)
물흐릴 탁(濁)	아플 통(痛)	패할 패(敗)
해할 해(害)	험할 험(險)	피 혈(血)
재화 화(禍)	근심 환(患)	흉할 흉(凶)

이상의 글자들은 예에 불과하다. 그러나 사회 통념이란 항상 바뀌게 마련이다. 예를 들어 '근심 수(愁)'의 경우 일찍 고국을 떠나온 사람이 이국(異國)에서 출생한 자녀의 이름을 '여수(旅愁)'로 했다 해서 조금도 이상할 것이 없을 듯하다.

03 불길 문자

이름학자들은 나름대로 여러 가지 불길 문자를 소개하면서, 그로 인한 나쁜 영향을 설명한다. 다음은 그 예이다.

東은 불길 문자?

- 갑(甲) : 관재구설이 따르고 질병으로 고생한다.
- 국(國) : 연속적으로 실패하고 배신을 당하게 된다.
- 길(吉) : 불화와 조난을 초래한다.
- 남(男) : 배우자 덕이 없으며 가정불화가 잦다.
- 동(東) : 단정하나 근심, 걱정, 수심이 있다.
- 명(明) : 머리는 명석하지만 파란곡절이 많다.
- 미(美) : 부모 덕이 없으며 사업의 실패와 형액을 당한다.
- 복(福) : 빈천하다.
- 사(四) : 단명하고 조난을 당한다.
- 수(壽) : 뜻이 의미하는 것과 반대로 단명할 암시가 있다.
- 애(愛) : 뜻과는 반대로 비애에 빠지는 신세가 되기 쉽고 남편과의 사랑도 지속되기 어렵다.
- 영(榮) : 수심이 떠날 사이가 없고 매사가 순탄하지 않다.
- 용(龍) : 하천곤궁하다.
- 운(雲) : 재물이 분산되어 일생 동안 고생을 면하기 어렵다.
- 인(仁) : 고질을 지닐 암시가 있고 평생 불행이 끊이지 않는다.
- 일(日) : 고독과 형망(兄亡)을 불러온다.
- 진(眞) : 모든 일이 허무로 돌아가는 암시가 있다.
- 춘(春) : 갑자기 크게 성공할 수 있지만 봄바람처럼 허영심이 많아 곧 실패한다.
- 하(夏) : 파란이 많아 노력은 해도 이루는 것이 없다.
- 해(海) : 인생 항로에 파란곡절이 많다.
- 호(虎) : 단명하고 가난하다.
- 희(喜) : 비애와 고독의 암시가 있다.

 이름자

이름학자들은 위와 같이 소개, 설명하고는 애매모호하게 '반드시 그런 것은 아니다'라는 식으로 결론을 흐리는 경우가 많다.

위의 글자들은 주위 사람들의 이름에서 쉽게 발견할 수 있는 글자들이다. 따라서 위의 글자들이 불길 문자이면 이름 짓기에 많은 제약이 따른다. 그러면 위의 글자들이 정말 불길 문자일까? 전혀 그렇지 않다.

연합뉴스가 매해 발간하는 『한국인물사전』은 우리나라의 정·재계, 경제, 교육, 언론, 문화, 예술, 체육, 종교계와 전문직 등 각계각층 저명인사뿐만 아니라 북한 인물, 한국 현대 역사인물, 세계 인물까지 수록한 대형 인물사전이다. 필자는 이 『한국인물사전』등 실증적인 자료를 가지고 위의 글자들이 전혀 불길 문자가 아니라고 밝혔다(www.iirum.com 성명학 폴더 중 불용 문자 참고).

터무니없는 헛소문을 따르면 안 된다. '불길 문자'란 없다. 어느 글자이든 '길한 문자'로 작용할 수 있다. 예를 들어보자. '명(明)'은 이명박 전 대통령의 이름자이고, '하(夏)'는 최규하 전 대통령의 이름자이며, '희(喜)'는 황희 정승의 이름자이다. 그러니 '불길 문자'란 그 수의 많고 적음을 떠나 헛된 견해에서 비롯되었다고 본다.

04 길한 문자

길(吉)한 문자란 불길 문자와는 반대로 이름자로 쓰면 좋다고 전해 내려오는 글자이다. 불길 문자로 분류되는 글자는 매우 많지만, 이와 반대로 길한 문자로 분류되는 글자는 많지 않다. 흥미로운 사실은 길한 문자로 알려진 글자 중에 두(斗), 우(愚), 태(泰), 환(煥) 등 역대 대통령의 이름자가 많이 들어있다는 것이다.

'불길 문자'란 것을 인정할 수 없듯이 '길한 문자'란 것 또한 인정할 수 없다. 왜냐하면 전두환(全斗煥) 전 대통령이나 노태우(盧泰愚) 전 대통령은 이름자에 속칭 '길한 문자'를 지니고서도 말년에 감옥살이 등 세찬 풍파를 겪고 있기 때문이다. 그러니 '불길 문자'나 '길한 문자'란 것이 모두 믿을 바가 못 된다고 판단해야 한다.

현(顯)은 귀신을 불러오는 글자인가?

무심코 던진 말 한마디가 사람의 일생을 좌우할 수 있다. 하물며 그럴듯한 이유를 수반한 경우에는 그것에 비할 수 있겠는가.

돌아간 아버지와 어머니 등의 신주(神主) 첫머리에 쓰는 글자가 '나타날 현(顯)'이다. 따라서 이 글자가 귀신을 불러온다면서 개명을 권하더란 이야기를 들었다. 자신의 이름자에 이 글자를 지닌 사람은 그야말로 기절초풍하면서 사지(四肢)를 뻗지 않겠는가.

귀신은 지각이 있고 목석(木石)도 자유자재로 통과하면서 사람을 현혹하는 일에 흥미가 많다고 한다. 필자는 귀신이 특히 술 취한 사람을 꼭두각시 다루듯 한다고 생각한다.

현(顯)은 '파사현정(破邪顯正 : 그릇된 것을 깨고 바른 것을 드러냄)'에서 보듯이 귀신을 불러오는 글자가 아니라 정(正) 즉 신명(神明 : 하늘과 땅의 신령)을 모셔오는 글자이다. 신명은 그야말로 '명(明)' 즉 '밝음'이어서 '어둠'의 신인 귀신(鬼神)을 굴복시킨다.

옛날 과거에 합격한 사람 가운데 이름자로 '현(顯)'을 쓴 사람이 참 많다. 그리고 최근의 「한국인물사전」을 보아도 뚜렷이 출세한 사람 가운데 이름자로 '현(顯)'을 쓴 인물이 무척 많다.

04
이름 짓기

1. 총설
2. 작명 요령 1
3. 작명 요령 2
4. 작명 요령 3
5. 한글 이름
6. 이러저러한 이론들

이름 짓기

Part 01 총설

01 작명 요령

일반적으로 이름을 지을 때는 대부분 ① 「지후」처럼 먼저 한글로 이름을 지어놓고 거기에다 한자를 갖다 붙이는 방식, ② '어질고 재주있는 인물이 되라'고 '어질 인(仁)'과 '재주 재(才)'를 선택하는 것처럼 이름자가 지닌 의미를 생각해서 한자를 조합하는 방식, ③ '성씨에 따른 길한 수리의 배합표'를 이용하여 성명의 4격이 모두 길한 수리를 이루는 한자를 고르고, 거기서 또 필요한 오행을 지닌 한자를 골라 맞추는 방식이 있다.

* 이 책에서는 ①을 '작명 요령 1'에서, ②를 '작명 요령 2'에서, ③을 '작명 요령 3'에서 다룬다.

02 작명에서 지켜야 할 기준

'이름학의 원칙'에서 "이름을 지을 때는 음양오행 사상에 따른다. 성명 글자의 획수가 모두 음이거나 모두 양이 되지 않도록 노력한다. 성명 글자의 오행은 사주를 따라서 자원오행을 위주로 하고, 때에 따라서는 발음오행을 함께 쓸 수 있다. 오행의 상생과 상극문제에 대해서는 신경 쓰지 않는다"고 하였다.

작명에서 지켜야 할 기준이란 결국 '음양오행'이다.

> ○ **음양**〔− +〕: 성명 글자의 획수가 모두 짝수이거나 모두 홀수가 되지 않도록 노력한다.
> ○ **오행**〔木火土金水〕: 성명 글자의 오행은 사주를 따라서 자원오행을 위주로 하고, 때에 따라서는 발음오행을 함께 쓸 수 있다.

성명 글자의 획수 계산 방법에 관하여는 다수설인 원획법을 따른다.

성명 글자의 오행은 '사주를 따라서' 자원오행을 위주로 한다.

'사주를 따라서'란 '사주가 필요로 하는'이란 뜻이다.

사주학에서는 사주를 꽃피울 수 있는 핵이 되는 오행〔木火土金水〕을 '용신(用神)'이라고 한다. 그리고 용신은 아니지만 용신한테 길(吉) 작용을 하는 것을 '희신(喜神)'이라고 한다. 예를 들어 사주가 추우면 따뜻한 화(火)가 용신이고 목생화(木生火)의 원리에 따라 이 화(火)한테 길(吉) 작용을 하는 목(木)이 희신이다.

용신을 찾는 것은 결코 쉽지 않다. 따라서 용신과 희신을 명확하게 구별할 수 없는 경우가 많다. 그런 경우에는 '희용신'이란 용어를 사용할 수 있다. 예를 들어 어느 사주가 금(金)·수(水)를 모두 필요로 하는 경우 어느 것이 용신이고 어느 것이 희신이라고 명확하게 구별할 수 없으면 '금(金)·수(水)가 희용신이다'라고 표현할 수 있다.

발음오행에 관하여는 다수설을 따른다. 그래서 'ㅇ·ㅎ'을 토(土)로 보고 'ㅁ·ㅂ·ㅍ'을 수(水)로 본다.

사주 구성법, 희용신 등에 관하여는 별도로 다루기로 한다(「사주가 필요로 하는 오행」 참고).

이름 짓기

갓 태어난 동물 이름에 너도나도 '독도'

"안녕하세요. 제 이름은 '독도'입니다. 어흥~."
"어, 내 이름도 독도인데, 왜 따라 해? 컹컹."
 최근 일본의 영유권 주장으로 독도에 대한 국민적인 관심이 높아가자, 동물원에 '독도'라는 이름을 가진 아기동물들이 잇달아 등장하고 있다.

 서울대공원 동물원은 지난 6월 태어난 한국호랑이 3남매의 이름을 수컷은 '독도', 암컷은 '영토'와 '지킴'으로 각각 정했다고 12일 밝혔다. 대공원은 "지난 3일 아기호랑이들의 생일잔치를 치르면서 이름을 공모했는데, 262개의 응모작 중 우리 섬 독도에 대한 사랑과 관심의 메시지를 던질 수 있는 이름으로 선택했다"고 말했다.

 하지만 독도라는 이름을 가진 아기동물은 이미 이달 초에 나왔다. 용인 에버랜드 동물원이 지난 6월 27일 태어난 새끼 바다사자의 이름을 '독도'로 정했다고 5일 발표한 것. 에버랜드는 이 바다사자 '독도'를 오는 광복절 일반에 공개한다. 에버랜드는 "실제 바다사자는 1940년대까지 독도 주변에서 서식했던 것으로 알려진 멸종위기 포유동물인 만큼 독도에 예전처럼 바다사자들이 찾아오길 기원하는 의미가 있다"고 말했다.

 '아기 동물 별난 이름 지어주기'는 동물원이 신경 쓰는 마케팅 전략이다. 국민 관심이 쏠린 이슈에 걸맞은 이름을 지어 쉽게 시선을 끌 수 있고, 일반 공개 등의 이벤트를 통해 관객들을 끌어들일 수 있기 때문이다. 특히 올림픽이나 월드컵처럼 국민 스포츠 이벤트가 진행될 때 서울대공원과 에버랜드는 경쟁적으로 이름짓기에 나선다. 관람객들의 인기가 절대적으로 높은 호랑이와 사자가 주요 대상이다.

 1986년 11월 서울대공원 동물원에 한국호랑이의 혈통을 이어받은 후손들이 처음 들어오면서 국민적 관심을 끌었을 때, 대장 격인 수컷에 붙여진 이름은 '호돌이'였다. 2년 앞으로 다가온 서울 올림픽 마스코트 이름을 붙이는 것은 어찌 보면 당연한 일이었다. 그 호돌이가 짝을 이뤄 낳은 후손들 중 한·일 월드컵이 한창이던 2002년 6월에 태어난 새끼들에는 국가대표 축구팀의 선전을 기원하며 '코리아'에서 따온 '코아'와 '리아'라는 이름이 주어졌다. 4년이 지난 뒤 어른이 된 '코아'의 후손으로 태어난 새끼 3마리에게는 다시 월드컵 승전보를 기원하며 각각 '승리' '대한' '민국'이라는 이름이 붙었다. 이번에 태어난 '독도' '영토' '지킴' 역시 '코아'의 자녀들이다.

 에버랜드도 2002년 태어난 한국호랑이에게 당시 온 국민의 숙원이었던 월드컵 조별라운드 진출을 기원하며 '16강'이라는 이름을 붙였다. 이승엽 선수가 삼성라이온즈 소속이던 1999년 태어난 아기 사자에게는 이 선수가 직접 자신의 이름 끝 자를 따서 '엽비'라는 이름을 지어주기도 했다.

― 조선일보 2008년 8월 13일자, 정지섭 기자

Part 02 작명 요령 1

    먼저 한글로 이름을 지어놓고 거기에다 한자를 갖다 붙이는 방식이다. 이 작명 요령을 따르면 81수리 이론의 까다로운 제약을 받지 않으므로 폭넓은 작명이 가능하다.

    81수리 이론이란 성명 각 글자의 획수를 세어 원형이정의 4격을 구성한 후, 이것을 81수리로 따져 이름이 갖는 운세를 설명한 것이다. 그러나 81수리 이론은 일본인 이름학자 구마자키 겐오의 주관적인 작품으로서 합리적인 근거가 없다. 따라서 81수리 이론을 따르지 않는 사람은 이 작명 요령을 따라 이름을 지을 수 있다.

이름 짓기

예1) 정(丁 : 2획)씨가 「현우」로 이름을 짓는 경우

★ 인명용 한자

한글	한자	뜻	획수	자원오행
현	炫	빛날	9	화(火)
	玹	옥돌	10	금(金)
	絢	무늬	12	목(木)
	賢	어질	15	금(金)
	顯	나타날	23	화(火)

한글	한자	뜻	획수	자원오행
우	宇	집	6	목(木)
	佑	도울	7	화(火)
	雨	비	8	수(水)
	禹	하우씨	9	토(土)
	祐	도울	10	금(金)

⇨ 인명용 한자는 이 책의 부록에 실어놓았다. 거기서 '현'과 '우'에 해당하는 한자를 살펴보기 바란다. 참고로 위의 한자는 필자가 임의로 뽑아낸 것이다.

⇨ '현'인 한자가 5개이고 '우'인 한자가 5개이므로 5×5=25로서 모두 25개의 「현우」란 이름이 이루어질 수 있다. 그러나 丁玹宇(2·10·6), 丁玹雨(2·10·8), 丁玹祐

(2·10·10), 丁絢宇(2·12·6), 丁絢雨(2·12·8), 丁絢祐(2·12·10)는 성명 글자의 획수가 모두 짝수이고 따라서 모두 음이므로 음양의 조화를 이루지 못한다. 때문에 이 6개를 제외시킨다.

⇨ 다음으로 사주를 따라서 자원오행 위주로 한자를 선택한다.
만약 금(金)·수(水)가 희용신이면 賢雨〔금(金)·수(水)〕와 賢祐〔금(金)·금(金)〕로 압축된다. 이 중에서 한자의 뜻 등을 고려하여 마음에 드는 것 하나를 이름으로 결정하면 된다.

⇨ 2개의 오행에 다른 오행을 추가해서 3개의 오행을 희용신이라고 할 수도 있다. 예를 들어 수(水)가 많기 때문에 목(木)·화(火)가 희용신인 사주에서는 토(土)가 수(水)를 극해주어 좋은 작용을 할 수 있으니 토(土)를 추가해서 희용신이라고 할 수도 있다. 만약 목(木)·화(火)·토(土)가 희용신이면 炫宇〔화(火)·목(木)〕, 炫佑〔화(火)·화(火)〕, 炫禹〔화(火)·토(土)〕, 絢佑〔목(木)·화(火)〕, 絢禹〔목(木)·토(土)〕, 顯宇〔화(火)·목(木)〕, 顯佑〔화(火)·화(火)〕, 顯禹〔화(火)·토(土)〕〕로 정리된다. 이 중에서 한자의 뜻 등을 고려하여 마음에 드는 것 하나를 이름으로 결정하면 된다.

　이때 '禹'가 마음에 들지 않는다고 해서 '炫禹'의 '禹'를 '雨'로 대체할 수 있을까? 왜 이러한 발상이 가능하냐면 '雨'가 발음오행으로는 다수설에 따르면 토(土)이기 때문이다. 그러나 비 우(雨)는 그야말로 수(水)이므로 발음오행에 불구하고 수(水)이다. 따라서 목(木)·화(火)·토(土)가 희용신인 경우에 이 한자를 쓰는 것은 작명에 정성을 다하지 않는 것이다.

이름 짓기

예2) 주(周 : 8획)씨가 「영」으로 이름을 짓는 경우

★ 인명용 한자

한글	한자	뜻	획수	자원오행
영	永	길	5	수(水)
	映	비칠	9	화(火)
	英	꽃부리	11	목(木)
	榮	영화	14	목(木)
	瑛	옥광채	14	금(金)

⇨ 周榮(8·14), 周瑛(8·14)은 성명 글자의 획수가 모두 짝수이고 따라서 모두 음이므로 음양의 조화를 이루지 못한다. 따라서 이 2개를 제외시킨다.

⇨ 다음으로 사주를 따라서 자원오행 위주로 한자를 선택한다.
만약 금(金)·수(水)가 희용신이면 永〔수(水)〕으로 결정하면 된다.

⇨ 만약 목(木)·화(火)가 희용신이면 映〔화(火)〕, 英〔목(木)〕 중에서 한자의 뜻 등을 고려하여 마음에 드는 것 하나를 이름으로 결정하면 된다.

예3) **사공(司 -5획 空-8획 : 13획)씨가 「민서」로 이름을 짓는 경우**

★ 인명용 한자

한글	한자	뜻	획수	자원오행
민	民	백성	5	화(火)
	旼	온화할	8	화(火)
	岷	산이름	8	토(土)
	旻	하늘	8	화(火)
	珉	옥돌	10	금(金)

한글	한자	뜻	획수	자원오행
서	舒	펼	12	화(火)
	瑞	상서	14	금(金)
	序	차례	7	목(木)
	書	글	10	목(木)
	抒	펼	8	목(木)

➡ 2자 성 즉 두 글자 성씨는 두 글자가 하나의 성씨를 이룬 것이기 때문에 두 글자의 획수를 합친 것을 그 성씨의 획수로 한다. 따라서 두 글자 성씨는 글자만 두 글자일 뿐, 그 내용은 한 글자 성씨와 같다. 이런 기준으로 판단하면 사(司)는 5획이고 공(空)은 8획이므로 사공(司空)씨는 13획이다.

이름 짓기

⇨ '민'인 한자가 5개이고 '서'인 한자가 5개이므로 5×5=25로서 모두 25개의 「민서」란 이름이 이루어질 수 있다. 그러나 司空民序(13·5·7)는 성명 글자의 획수가 모두 홀수이고 따라서 모두 양이므로 음양의 조화를 이루지 못한다. 때문에 이것을 제외시킨다.

⇨ 다음으로 사주를 따라서 자원오행 위주로 한자를 선택한다. 만약 토(土)·금(金)이 희용신이면 岷瑞[토(土)·금(金)]와 珉瑞[금(金)·금(金)] 중에서 한자의 뜻 등을 고려하여 마음에 드는 것 하나를 이름으로 결정하면 된다.

⇨ 만약 수(水)·목(木)이 희용신이면 '민'인 한자 중 오행이 수(水)·목(木)인 것이 없으므로 「민서」란 이름을 지을 수 없다.

그러나 꼭 「민서」란 이름을 짓고 싶을 때는 어떤 방법이 있을까?
이름을 지을 때 자원오행만으로 만족스런 이름을 구성할 수 없다면 그때는 발음오행을 함께 사용할 수 있다고 본다. 하지만 이런 경우에도 한계가 있다. 즉 태양[日]이 들어가 화(火)에 해당함이 분명한 旼·旻, 산(山)이 들어가 토(土)에 해당함이 분명한 岷, 옥(玉)이 들어가 금(金)에 해당함이 분명한 珉은 발음오행을 기준으로 다르게 다룰 수 없다는 것이다. 이 한자들을 제외시키면 '民'이란 한자 하나만 남는다.

그런데 이 '民'이란 한자의 발음오행은 다수설에 따르면 수(水)이다. 이 바탕 위에서 民書[수(水)·목(木)] 또는 民抒[수(水)·목(木)]란 이름을 지을 수 있다. 民序[수(水)·목(木)]는 성씨인 司空과 어울려 모두 양이므로 음양의 조화를 이루지 못하여 앞에서 이것을 제외시킨 바 있다. 그러므로 만약 수(水)·목(木)이 희용신인 경우 꼭 「민서」란 이름을 짓고 싶을 때 발음오행을 다수설에 따르면 民書나 民抒 중에서 한자의 뜻 등을 고려하여 마음에 드는 것 하나를 이름으로 결정할 수 있다.

예4) 선우(鮮 −17획 于−3획 : 20획)씨가 「경」으로 이름을 짓는 경우

★ 인명용 한자

한글	한자	뜻	획수	자원오행
경	京	서울	8	토(土)
	炅	빛날	8	화(火)
	敬	공경할	13	금(金)
	卿	벼슬	12	목(木)
	景	볕	12	화(火)

⇨ 2자 성 즉 두 글자 성씨는 두 글자가 하나의 성씨를 이룬 것이기 때문에 두 글자의 획수를 합친 것을 그 성씨의 획수로 한다. 따라서 두 글자 성씨는 글자만 두 글자일 뿐, 내용은 한 글자 성씨와 다를 것이 없다. 이런 기준으로 판단하면 선(鮮)은 17획이고 우(于)는 3획이기 때문에 선우(鮮于)씨는 20획이다.

⇨ 성씨의 획수가 짝수이므로 성명 글자의 획수가 모두 짝수가 되는 것을 피하려면 이름자로는 획수가 홀수인 '敬'을 선택하는 수밖에 없다. 단 '敬'은 자원오행이 금(金)이고 발음오행이 목(木)이므로 이 점을 헤아려서 이름자로 선택해야 한다.

149

이름 짓기

> 예5) 백(白 : 5획)씨가 「천리마」로 이름을 짓는 경우

⇨ 성씨의 획수가 홀수이므로 이름자인 '천', '리', '마'에 해당하는 한자의 획수가 모두 홀수이면 성명 글자의 획수가 모두 양이어서 음양의 조화를 이루지 못한다. 그러나 성명 글자가 모두 네 글자나 되므로 각 글자의 획수가 모두 양이 되는 경우는 드물 것 같다. 사실 「천리마(하루에 천리를 달릴 만한 썩 좋은 말)」로 이름을 짓겠다고 마음먹었다면 각 글자의 획수를 떠나 이미 「천리마(千 : 3획, 里 : 7획, 馬 : 10획)」로 결정한 상태일 것이다. 마침 '마(馬)'가 10획으로서 짝수이므로 이미 「백천리마(白千里馬)」가 5·3·7·10으로서 음양의 조화를 이룬다.

⇨ 성씨인 백(白)을 제외한 이름자 '천(千)', '리(里)', '마(馬)' 각각의 자원오행은 수(水), 토(土), 화(火)이다. 그러나 「천리마(千里馬)」란 '말' 즉 '마(馬)'이므로 이름자 세 글자의 오행은 그냥 간단하게 화(火)이다.

⇨ 「천리마」란 세 글자의 발음오행을 논할 때는 위와는 달리 첫 글자인 '천'을 가지고 다루는 게 타당하다고 본다. 왜냐하면 자원오행을 논할 때에는 '마(馬)'가 '뜻'의 핵심이지만, 발음오행을 논할 때에는 '천(千)'이 '소리'의 핵심이기 때문이다. 사실 세 글자 이상의 여러 글자가 쭉 나열되어 있는 경우는 그 전체를 이끌어 나가는 첫 글자의 소리를 따라서 발음오행을 논할 수밖에 없다. 따라서 「천리마(千里馬)」의 발음오행은 '마(馬)'가 아닌 '천(千)'을 기준으로 해서 금(金)이라고 하겠다.

⇨ 결론적으로 「천리마(千里馬)」는 자원오행은 화(火)이고 발음오행은 금(金)이므로 희용신이 화(火) 또는 금(金)이면 「천리마(千里馬)」란 이름이 합당하다고 할 수 있다.

꿩의 다리 노루 귀… 잎사귀에 숨었네!

조류 인플루엔자(AI) 때문에 한 집안 동족들(닭류)이 시련의 나날을 보내고 있는 꿩, 훤칠한 롱다리의 맵시있는 십장생 두루미, 방방곡곡에서 볼 수 있었지만 예전만큼 보기 힘들어진 노루와 봄의 전령사 개구리, 이 네 동물의 공통점은 무엇일까? 우리의 산과 강에서 오랫동안 살아온 친숙한 친구들이라는 것 빼고 하나 더 있다. 자기 이름을 딴 풀과 꽃이름이 퍽이나 많다는 '영광'을 누리고 있다는 사실이다.

서울대공원은 내년 한국 동물원 개원 100주년 사업의 하나로 재미있는 조사를 진행중이다. 우리 땅에 살고 있는 토종 들풀과 꽃들의 이름 중에서 '동물'의 이름을 딴 것들이 얼마나 되느냐는 것이다.

◆ 동물에서 이름 빌려온 식물 91종

대공원은 좀 촌스러운 느낌이 들 정도로 말맛이 정겨운 '동물이름 딴 식물이름들'을 여럿 추려냈다. 현재까지 찾아낸 91개의 이름 중에는 아무래도 덩치가 있어 눈에 잘 띄는 젖먹이동물(45개)과 새(26개)가 압도적으로 많았다. 〈표 참조〉

돋보이는 것은 꿩이다. 줄기에 드문드문 마디가 있고 자줏빛이 돌아 꿩의 다리와 닮았다고 해서 그대로 이름이 된 '꿩의다리', 여기서 파생된 '금꿩의다리', '산꿩의 다리', '꿩의다리아재비'까지 있다. 동물원은 "꿩은 우리 들과 산에서 자유롭게 살아가는 야생 텃새의 이미지 때문에 풀과 꽃 이름으로 즐겨 사용된 것 같다"고 분석했다.

날렵한 맵시로 오랫동안 사랑받아온 겨울철새 두루미도 유명세를 탔다. 잎의 모양이 두루미가 날개를 펼친 것 같다 해서 '두루미꽃', 잎과 꽃의 끝이 길게 발달한 끌이 두루미를 연상시킨다고 해서 '두루미천남성' 등의 이름이 붙었다.

젖먹이동물 중에서는 단연 노루가 돋보인다. 국민애송시 중의 하나인 박목월의 '청노루', 그리고 뜸하다 싶으면 TV전파를 타는 한라산의 노루떼에서 보듯 순수하고 목가적인 이미지가 강한 짐승이다. 노루가 자주 다니는 길목에 있다고 해서 '노루발풀', 잎모양이 귀와 닮았다 해 '노루귀'가 있다.

풀뿌리에서 나는 냄새가 오줌과 비슷하다고 해서 '노루오줌'이란 이름이 붙는 등 몸의 다양한 부분에서도 유래됐다. 오줌이 이름에 포함된 경우는 '쥐오줌풀' '말오줌때나무'도 있는데, 이 역시 '별로 좋지 않은 냄새' 때문에 이런 이름을 얻었다고 한다.

◆ 꿩·노루·개·뱀·개구리·용 붙은 이름도

'개'는 양적으로는 많지만 논란거리다. '개'라는 이름이 포함된 풀과 꽃은 12개나 되지만, 이

151

이름 짓기

중에 명백히 '멍멍이'와 연관돼 보이는 것은 '개불알풀' '개불알꽃' 정도다. 서울대공원은 "개오동나무, 개산초나무, 개시호 등에 붙은 '개'는 '비슷하지만 그보다 못하다'는 의미 등이 깃든 접두사"라며 "사전상 의미로 제한하지 말고 발음상으로 해당하는 것을 모두 포함시키다 보니 개 이름이 붙은 식물중에는 '가짜'들이 제법 많게 됐다"고 설명했다.

수적으로 많이 뒤떨어지는 파충류와 양서류 중에서는 '영원한 천적' 관계인 뱀(뱀딸기·뱀무·뱀톱)과 개구리(개구리발톱·개구리자리·개구리미나리·개구리갓)가 가장 많았다. 상상의 동물 '용'도 빼놓을 수 없다. 뿌리의 쓴맛이 곰의 쓸개(웅담)보다 더 효험이 있다며 이름붙여진 '용담'과, 자줏빛 꽃의 화려한 자태가 머리와 닮았다는 '용머리' 등이 있다.

서울대공원은 지난 13일부터 다음달 8일까지 동물원 내에 새로 마련한 들꽃동산에서 이들 식물을 볼 수 있는 '동물이름을 가진 재미있는 이야기 식물전'을 마련했다. 이원효 서울대공원 사업소장은 "나뭇잎과 풀을 뜯는 초식동물들을 맹수들이 잡아먹고, 동물들이 죽어 썩은 토양은 다시 식물들을 자라게 하는 터전이 된다"며 "생태계의 중요한 축을 담당했지만 관객들의 시선을 끌지 못했던 동식물들을 다양하게 재조명하겠다"고 말했다.

동물 이름이 들어있는 들풀과 꽃

분류	이름
젖먹이 동물	노루발풀, 개불알꽃, 괭이눈, 곰취, 기린초, 노루귀, 노루오줌, 범부채, 귀오줌풀새끼노루귀, 호범의꼬리, 호랑가시나무, 족제비싸리, 토끼풀, 털쥐손이풀, 쥐손이풀, 개오동나무, 개나리, 개옻나무, 개느삼, 개산초나무, 말오줌때나무, 개시호, 개불알풀, 개머루, 여우팥, 괭이밥, 개족도리, 개감수, 개쉬땅나무, 가는기린초, 노루삼, 돼지감자, 쇠뜨기풀, 쇠무릎, 박쥐나무, 박쥐나물, 범의꼬리, 호자나무, 쥐방울덩굴, 쥐똥나무, 말채나무, 매화말발도리, 말발도리, 쇠뿔석위
새	두루미꽃, 제비꽃, 까치수염, 꿩의다리, 매발톱꽃, 까치밥나무, 큰두루미꽃, 흑두루미천남성, 두루미천남성, 뻐꾹나리, 뻐꾹채, 제비동자, 남산제비꽃, 제비고깔, 금꿩의다리, 큰까치수염, 까마귀머루, 까마귀밥여름나무, 꿩의다리아재비, 꿩의비름, 산꿩의다리, 매발톱나무, 병아리꽃나무, 병아리난초, 오리나무, 큰꿩의비름
파충류	뱀딸기, 거북꼬리, 뱀톱, 뱀무
양서류	개구리발톱, 개구리자리, 개구리미나리, 개구리갓
무척추동물 (벌레·연체류·갑각류 등)	나비나물, 지네발란, 개미취, 낙지다리, 파리풀, 새우란, 조개나물, 벼룩이울타리, 파리지옥, 매미꽃
상상의 동물	용담, 용머리

— 조선일보 2008년 5월 15일자, 정지섭 기자

Part 03 작명 요령 2

이름자가 지닌 의미를 생각해서 한자를 조합하는 방식이다. 이름자가 지닌 '의미'란 인명용 한자가 지니고 있는 글자마다의 '뜻'이다. 그러므로 이 방식은 먼저 한글로 이름을 지어놓고 거기에다 한자를 갖다 붙이는 것이 아니라, 인명용 한자 각각의 '뜻'을 생각해서 한자를 조합한다.

예1) '바르고 빛나는 인물이 되라'

'바를 정(正)'과 '빛날 희(熙)'를 사용한 「정희(正熙)」란 이름을 지을 수 있다.

★ 인명용 한자

한글	한자	뜻	획수	자원오행
정	正	바를	5	토(土)

한글	한자	뜻	획수	자원오행
희	熙	빛날	13	화(火)

⇨ 이름자인 '정(正 : 5획)'과 '희(熙 : 13획)'의 획수는 모두 홀수이다. 따라서 성씨의 획수가 홀수이면 성명 글자의 획수가 모두 양이므로 이 이름은 합당하지 않다고 본다.

⇨ '정(正)'은 자원오행은 토(土)이고 발음오행은 금(金)이다. 그리고 '희(熙)'는 자

이름 짓기

원오행은 화(火)이고 발음오행은 다수설에 따르면 토(土)이다. 하지만 '희(熙)'는 인명용 한자의 '부수'에서 보듯이 오행이 어디까지나 화(火)이기 때문에 발음오행을 기준으로 이 글자를 화(火)가 아닌 토(土)로 다룰 수는 없다고 본다.

⇨ 이상의 '정(正)'과 '희(熙)'를 아울러 '정희(正熙)'의 오행을 판단하면 토(土)·금(金)·화(火)이다. 따라서 희용신이 수(水)·목(木)이면 「정희(正熙)」란 이름이 합당하지 않다고 본다.

예2) '풍요로운 인생을 누리는 인물이 되라'

'윤택할 윤(潤)'을 사용해서 「윤(潤)」이란 이름을 지을 수 있다.

★ 인명용 한자

한글	한자	뜻	획수	자원오행
윤	潤	윤택할	16	수(水)

⇨ 이름자인 '윤(潤)'의 획수가 짝수이다. 따라서 성씨의 획수가 짝수이면 성명 글자의 획수가 모두 음이므로 이 이름은 합당하지 않다고 본다.

⇨ '윤(潤)'의 자원오행은 수(水)이고 발음오행은 다수설에 따르면 토(土)이다. 하지만 '윤(潤)'은 인명용 한자의 '부수'에서 보듯이 오행이 어디까지나 수(水)이기 때문에 발음오행을 기준으로 이 글자를 수(水)가 아닌 토(土)로 다룰 수는 없다고 본다.

⇨ 결국 성씨의 획수가 홀수이면서 수(水)가 희용신이면 이 이름이 합당하지만, 성씨의 획수가 짝수이거나 수(水)가 아닌 다른 오행이 희용신인 경우에는 이 이름이 합당하지 않다고 본다.

Part 04 작명 요령 3

　이 책의 부록에는 '성씨에 따른 길한 수리의 배합표'가 실려 있다. 이 표에 의하면, 예를 들어 성씨가 2획 성인 경우 이 획수인 2에 이름 첫 글자의 획수인 1과 이름 끝 글자의 획수인 5를 2·1·5의 차례대로 배합하면 81수리 이론에 따라 원형 이정의 4격이 모두 길한 수리를 이룬다고 한다. 작명 요령 3은 이 표를 이용하여 성명의 4격이 모두 길한 수리를 이루는 한자를 고르고, 거기서 또 필요한 오행을 지닌 한자를 골라 맞추는 방식이다.

　81수리 이론은 글자의 획수로 인간의 운명을 논한다.
　그러면 글자의 획수란 정확한 것일까?
　한자문화권 한, 중, 일, 대만, 싱가포르 모두 한자를 쓰기는 하지만 글자의 획수가 동일하지는 않다.

- 우리나라 일본에서는 정자(正字), 약자(略字), 속자(俗字)를 함께 사용한다.
- 중국이나 싱가포르에서는 간체자(簡體字)를 사용한다.
- 대만에서는 정자(正字)를 사용한다.

 이름 짓기

한자의 자체(字體)

- **정자(正字)** : 한자의 약자(略字)나 속자(俗字)가 아닌 본디의 글자
- **동자(同字)** : 같은 글자(예 : '峰'과 '峯')
- **속자(俗字)** : 원래 글자보다 획을 간단하게 하거나 아주 새로 만들어 세간에서 널리 쓰는 글자(예 : '竝'에 대한 '並' 따위)
- **약자(略字)** : 복잡한 글자의 점이나 획 따위의 일부를 생략하여 간략하게 한 글자(예 : '寶'를 '宝'로 쓰는 따위)
- **간체자(簡體字)** : 중국에서, 문자개혁에 따라 1956년 이래 자체를 간략화하여 제정한 한자(예 : '廣'을 '广'으로 쓰는 따위)
- **번체자(繁體字)** : 옛날부터 써 오던 본디의 한자. 원래는 없던 용어인데 중국이 한자를 간략화하는 과정에서 간체자라는 용어를 쓰면서 상대적으로 예전에 쓰던 한자가 번거로운 글자였다는 것을 강조하기 위해 번거로울 번(繁)자를 써서 번체자라 하였다. 번체자는 정자라 할 수 있다.

　글자의 획수란 정확한 것이 아니다. 시대와 장소에 따라 달라질 수 있다. 이름학에서는 성명 글자의 획수가 짝수냐 홀수냐를 판단하는 정도로 그쳐야 한다. 81수리 이론이 쌓아올린 원형이정의 4격은 공중누각이다. 「주역」의 8×8=64의 방법을 모방한 9×9=81의 방법은 「주역」도 아니고 오늘날의 10승법(10진법)도 아니어서 이것도 저것도 아니다. 공중누각이면서 이것도 저것도 아닌 것이 남녀평등 사상에 어긋난다. 말로는 '통계숫자'를 내세우지만 그 '통계숫자'란 것을 본 적이 없다. 실제로 적용해보면 81수리 이론을 따를 수 없다는 생각이 든다. 이상과 같은 이유로 이 '작명 요령 3'을 아예 빼버릴까 생각해보았지만, 필자의 견해에 동조하면서도 막연한 불안감을 떨쳐버리지 못하는 사람이 있는 현실을 너무 외면하는 것 같아서 부득이 다루었다.

01 남성의 경우

'성씨에 따른 길한 수리의 배합표'를 보면 성(성씨)·이름자(1)·이름자(2)의 수리를 차례로 배합해놓았다. 박(朴 : 6획)씨의 경우 6·1·10, 6·1·17 등으로 나타나 있다. 여기서 6·7·10을 택하였다고 하면, 예를 들어 다음과 같은 한자를 이름자로 뽑아낼 수 있다.

★ 인명용 한자

한글	한자	뜻	획수	자원오행
정	廷	조정	7	목(木)
성	成	이룰	7	화(火)
연	延	끌	7	토(土)
정	玎	옥소리	7	금(金)
지	池	못	7	수(水)

한글	한자	뜻	획수	자원오행
서	書	글	10	목(木)
수	修	닦을	10	화(火)
성	城	성	10	토(土)
우	祐	도울	10	금(金)
원	洹	강이름	10	수(水)

이름 짓기

위의 한자는 설명의 편의를 위해 획수가 7·10인 것 중에서 자원오행이 목(木)·화(火)·토(土)·금(金)·수(水)인 글자 하나씩을 임의로 뽑아낸 것이다. 그러면 위의 한자들을 가지고 이름을 지어보자.

만약 금(金)·수(水)가 희용신이면 자원오행을 따라 정우(玎祐), 정원(玎洹), 지우(池祐), 지원(池洹)이란 이름을 지을 수 있다. 만약 목(木)·화(火)가 희용신이면 자원오행을 따라 정서(廷書), 정수(廷修), 성서(成書), 성수(成修)란 이름을 지을 수 있다. 그러나 '성서'는 '바이블(Bible)'로 통할 수 있음을 유의해야 한다. 필자에게는 '성서'란 이름을 가진 대학교 친구가 있는데 사람이 참 좋다.

위에서 자원오행만으로 만족스런 이름을 구성할 수 없을 때는 발음오행을 함께 사용할 수 있다고 보는데, 그 구체적인 내용에 대해서는 이미 설명한 바 있다. 그러나 여기 작명 요령 3에서는 '성씨에 따른 길한 수리의 배합표'에 있는 여러 가지 배합을 활용할 수 있으므로 특별한 경우가 아닌 한 자원오행만으로 가능할 듯하다.

★ 작명 요령 3을 따른 예

성(성씨)		희용신	이름자(1)			이름자(2)			비고
한자	획수		한자	획수	자원오행	한자	획수	자원오행	
丁(정)	2	금·수	玟(민)	9	금	準(준)	14	수	2·9·14
尹(윤)	4	수·목	材(재)	7	목	源(원)	14	수	4·7·14
金(김)	8	목·화	東(동)	8	목	昰(하)	9	화	8·8·9
姜(강)	9	화·토	至(지)	6	토	炫(현)	9	화	9·6·9
徐(서)	10	토·금	正(정)	5	토	玗(우)	8	금	10·5·8

02 여성의 경우

여성의 경우에는 작명 요령 3에 따라서 이름 짓기가 까다롭다. 왜냐하면 81수리 이론에서는 남녀를 평등하게 다루지 않고 여성의 경우에는 4격 수리가 ㅇ획(주로 21획·23획·33획을 거론한다)이면 개운하지 않다고 금기시하기 때문이다.

예를 들어 박(朴 : 6획)씨의 경우 6·5·10이 남성에게는 길한 수리의 배합이지만, 여성에게는 정격(6+5+10)이 21획이어서 문제가 된다. 여성의 경우에는 당연히 이 배합을 피하려고 할 것이다. 그래서 부득이 다른 배합을 찾아나서는데, 문제는 4격 수리가 21획·23획·33획 등이 아닌 것이 그리 많지 않다는 것이다. 여성의 경우에는 작명 요령 3을 따르더라도 여성의 원격이 21획·23획·33획 등인 것은 아무런 문제가 되지 않는다고 볼 수 있다. 왜냐하면 원격은 주로 남녀가 평등하게 경쟁하는 학창시절을 지배하는 운을 나타낸다고 보기 때문이다.

★ 작명 요령 3을 따른 예

성(성씨)		희용신	이름자(1)			이름자(2)			비고
한자	획수		한자	획수	자원오행	한자	획수	자원오행	
千(천)	3	금·수	譽(예)	21	금	沅(원)	8	수	3·21·8
白(백)	5	수·목	羅(나)	20	목	渼(미)	13	수	5·20·13
李(이)	7	목·화	恩(은)	10	화	采(채)	8	목	7·10·8
崔(최)	11	화·토	至(지)	6	토	佑(우)	7	화	11·6·7
閔(민)	12	토·금	正(정)	5	토	賀(하)	12	금	12·5·12

이름 짓기

> ※ 작명 사례 : MC(남) 조○○의 아들

- 성별 → 남
- 성(성씨) → 조(趙)
- 사주가 필요로 하는 오행 → 희용신 → 금(金)·수(水)
- 이름 짓기 → 작명 요령 3을 따라 아래의 5개 이름을 짓다.

★ 조은준 성명 趙 殷 浚
     획수 14 10 11
     음양 짝수(음) 짝수(음) 홀수(양)
    자원오행 화(火) 금(金) 수(水)

★ 조지훈 성명 趙 池 訓
     획수 14 7 10
     음양 짝수(음) 홀수(양) 짝수(음)
    자원오행 화(火) 수(水) 금(金)

★ 조민준 성명 趙 珉 浚
     획수 14 10 11
     음양 짝수(음) 짝수(음) 홀수(양)
    자원오행 화(火) 금(金) 수(水)

★ 조은호　　　성명　　趙 殷 浩
　　　　　　　획수　　14 10 11
　　　　　　　음양　　짝수(음) 짝수(음) 홀수(양)
　　　　　　　자원오행　화(火) 금(金) 수(水)

★ 조연우　　　성명　　趙 演 祐
　　　　　　　획수　　14 15 10
　　　　　　　음양　　짝수(음) 홀수(양) 짝수(음)
　　　　　　　자원오행　화(火) 수(水) 금(金)

 ※ 작명 사례 : 탤런트(여) 정○○의 딸

· 성별 → 여

· 성(성씨) → 안(安)

· 사주가 필요로 하는 오행 → 희용신 → 목(木)·수(水)

· 이름 짓기 → 작명 요령 3을 따라 아래의 5개 이름을 짓다.

★ 안여원　　　성명　　安 汝 苑
　　　　　　　획수　　6 7 11
　　　　　　　음양　　짝수(음) 홀수(양) 홀수(양)
　　　　　　　자원오행　목(木) 수(水) 목(木)

이름 짓기

★ 안다연　　성명　　安 茶 涓
　　　　　　획수　　6 12 11
　　　　　　음양　　짝수(음) 짝수(음) 홀수(양)
　　　　　　자원오행　목(木) 목(木) 수(水)

★ 안하정　　성명　　安 河 柾
　　　　　　획수　　6 9 9
　　　　　　음양　　짝수(음) 홀수(양) 홀수(양)
　　　　　　자원오행　목(木) 수(水) 목(木)

★ 안수연　　성명　　安 秀 涓
　　　　　　획수　　6 7 11
　　　　　　음양　　짝수(음) 홀수(양) 홀수(양)
　　　　　　자원오행　목(木) 목(木) 수(水)

★ 안유하　　성명　　安 柔 河
　　　　　　획수　　6 9 9
　　　　　　음양　　짝수(음) 홀수(양) 홀수(양)
　　　　　　자원오행　목(木) 목(木) 수(水)

03 외자 이름의 경우

외자 이름의 경우에는 성씨가 한 글자 성이든 두 글자 성이든 이름자의 획수와는 관계없이 성의 획수로만 이격의 수리가 결정된다.

예를 들어 한 글자 성인 김(金 : 8획)씨의 경우 이름자가 정(正 : 5획)이면 원격은 5(5+0)획이고, 형격은 13(8+5)획이며, 이격은 8(8+0)획이고, 정격은 13(8+5+0)획이다. 두 글자 성인 황보(皇-9획 甫-7획 : 16획)씨의 경우 이름자가 경(炅 : 8획)이면 원격은 8(8+0)획이고, 형격은 24(16+8)획이며, 이격은 16(16+0)획이고, 정격은 24(16+8+0)획이다.

위에서 본 것처럼 외자 이름의 경우에는 성의 획수로만 이격의 수리가 결정되기 때문에 작명 요령 3을 따르면 성의 획수가 2획·4획·9획·10획·12획·14획·19획·20획·22획 등인 사람은 자신의 성씨 때문에 길한 수리의 배합을 이룰 수 없어 외자 이름을 지을 수 없다. 그렇다면 81수리 이론 때문에 성의 획수를 달리해야 하므로 부득이 성씨를 바꾸거나 새로 성씨를 만들어야 한다. 그야말로 '어불성설(語不成說)'이다. 필자는 근본적으로 81수리 이론이 그야말로 허깨비 같은 것이고 또한 종이호랑이에 불과한 것이라는 입장이다.

이름 짓기

04 성별이 다른 쌍둥이의 이름을 짓는 경우

1분 차이로 태어나서 사주가 같고 성별은 다른 쌍둥이의 이름을 지어보자. 성은 안(安)씨이고, 사주의 희용신은 목(木)·화(火)이며, 여자아이가 먼저 태어나고 남자아이가 동생으로 태어났다. 81수리 이론을 적용하고, 돌림자는 사용하지 않는다.

'성씨에 따른 길한 수리의 배합표'를 보면 안(安 : 6획)씨에 맞는 수리의 배합이 나타나 있으므로 거기에 따라 다음과 같이 희용신인 글자를 골라서 이름자로 정할 수 있다.

 ※ 성별이 다른 쌍둥이의 이름 예

★ 누나

성(성씨)		희용신	이름자(1)			이름자(2)			비고
한자	획수		한자	획수	자원오행	한자	획수	자원오행	
安 (안)	6	목·화	茶(다)	12	목	彬(빈)	11	화	6·12·11
			舒(서)	12	화	英(영)	11	목	6·12·11

★ 동생

성(성씨)		희용신	이름자(1)			이름자(2)			비고
한자	획수		한자	획수	자원오행	한자	획수	자원오행	
安 (안)	6	목·화	柾(정)	9	목	侯(후)	9	화	6·9·9
			俊(준)	9	화	奕(혁)	9	목	6·9·9

05 성별이 같은 쌍둥이의 이름을 짓는 경우

　1분 차이로 태어나서 사주가 같은 남자 쌍둥이와 여자 쌍둥이의 이름을 지어보자. 이름짓기에 많은 전제조건을 설정하여 다소 머리가 어지러울 것이다. 그러나 부담없이 술술 읽어내려가서 나중에 등장한 이름들을 보면 금방 이해가 될 것이다.

- 성은 이(李)씨이다.
- 사주의 희용신은 금(金)·수(水)이다.
- 81수리 이론을 적용한다.
- 이름의 첫 글자나 끝 글자를 돌림자로 사용한다.
  남자 쌍둥이의 경우에는 이름의 첫 글자의 돌림자는 서(瑞)이고,
  이름의 끝 글자의 돌림자는 준(準)이다. 여자 쌍둥이의 경우에는
  이름의 첫 글자의 돌림자는 수(受)이고, 이름의 끝 글자의 돌림자는 주(周)이다.
- 형이나 언니의 이름은 글자의 한글 발음이 동생의 것보다 가나다순으로
  앞서도록 한다.

　'성씨에 따른 길한 수리의 배합표'를 보면 이(李 : 7획)씨에 맞는 수리의 배합이 나타나 있으므로 거기에 따라 다음과 같이 희용신인 글자를 골라서 이름자로 정할 수 있다.

이름 짓기

 ※ 성별이 같은 쌍둥이의 이름 예

★ 남자 쌍둥이(형)

성(성씨)		희용신	이름자(1)			이름자(2)			비고
한자	획수		한자	획수	자원오행	한자	획수	자원오행	
李(이)	7	금·수	瑞(서)	14	금	浚(준)	11	수	7·14·11
			珉(민)	10	금	準(준)	14	수	7·10·14

★ 남자 쌍둥이(동생)

성(성씨)		희용신	이름자(1)			이름자(2)			비고
한자	획수		한자	획수	자원오행	한자	획수	자원오행	
李(이)	7	금·수	瑞(서)	14	금	浩(호)	11	수	7·14·11
			殷(은)	10	금	準(준)	14	수	7·10·14

★ 여자 쌍둥이(언니)

성(성씨)		희용신	이름자(1)			이름자(2)			비고
한자	획수		한자	획수	자원오행	한자	획수	자원오행	
李(이)	7	금·수	受(수)	8	수	璘(린)	17	금	7·8·17
			珉(민)	10	금	周(주)	8	수	7·10·8

★ 여자 쌍둥이(동생)

성(성씨)		희용신	이름자(1)			이름자(2)			비고
한자	획수		한자	획수	자원오행	한자	획수	자원오행	
李(이)	7	금·수	受(수)	8	수	珉(민)	10	금	7·8·10
			玧(윤)	9	금	周(주)	8	수	7·9·8

06 부모의 성명 글자를 넣어서 이름을 짓는 경우

요즘에는 아빠 엄마의 성명 글자를 각각 한 글자씩 합하여 자녀의 이름을 짓는 경우가 드물지 않다. 이런 경우 어떻게 이름을 지을 수 있는지 알아보자.

아기의 성은 임(林)씨이고, 여자아이이며, 사주의 희용신은 수(水)·금(金)·목(木)이다. 엄마의 성인 지(池)를 이름의 첫 글자로 하여 중성적인 이름을 원한다. 따라서 「林池○」로 이름을 지을 수 있다.

성씨 임(林)은 8획이고 지(池)는 7획이므로 '성씨에 따른 길한 수리의 배합표'에서 수리 배합이 8·7·○인 경우를 찾는다. 그 가운데 자원오행이 희용신인 수(水)·금(金)·목(木)에 해당하는 글자를 골라서 「林池○」라는 이름의 ○를 완성시킬 수 있다. 다음은 호(祜 : 10·금), 민(玟 : 9·금), 율(栗 : 10·목), 환(奐 : 9·목)을 가지고 완성시킨 예이다.

※ 부모의 성씨를 넣은 이름 예

성(성씨)		희용신	이름자(1)			이름자(2)			비고
한자	획수		한자	획수	자원오행	한자	획수	자원오행	
林(임)	8	수·금·목	池(지)	7	수	祜(호)	10	금	8·7·10
			池(지)	7	수	玟(민)	9	금	8·7·9
			池(지)	7	수	栗(율)	10	목	8·7·10
			池(지)	7	수	奐(환)	9	목	8·7·9

Part 05 한글 이름

01 의의

　한글 이름은 크게 두 가지로 나눌 수 있다. 좁은 의미로는 「한별」처럼 토박이 말을 사용한 이름이다. 「한별」은 '큰 별'이다. '한'은 '크다', '큰'이란 뜻이다. 넓은 의미로는 한글로 표기한 한자식 이름까지 포괄하는 이름이다. 그러므로 '무궁화나무 근(槿)', '은혜 혜(惠)'를 쓴 「근혜(槿惠)」란 이름은 한자 이름이지만, 이것을 한글로 표기한 「근혜」란 이름은 한글 이름이다. 따라서 '뜻 지(志)'의 지와 '소나무'의 솔을 합쳐 지은 이름인 「지솔」은 당연히 한글 이름이다.

02 특징

　토박이말을 사용한 이름은 순수한 우리 민족의 정서를 담고 있어서 친근함이 느껴진다. 특히 다음에서 보는 것처럼 성씨와 잘 어울리는 이름은 무척 가깝게 느껴진다.

성씨와 잘 어울리는 이름

강버들	강여울	고운님	구슬아	금기둥	금방울	김반지	남보라	단하나
민들레	박꽃별	박달샘	방그레	배꽃송이	봉우리	서보리	신나리	양나래
양달샘	어진이	연보라	오귀염	온누리	윤나라	이슬	장한님	전나무
정다와	조약돌	진달래	차돌샘	한결	한송이	함초롬	홍두루미	황새나래

　한글학회에서는「우리 토박이말 사전」을, 김정섭 씨는「아름다운 우리말 찾아 쓰기 사전」을, 이근술 씨는「토박이말 쓰임 사전(상·하)」을, 장승욱 씨는「한겨레 말모이 : 장승욱의 우리말 살림 사전」을, 전병주 씨는「없어져 가는 우리말 모음 사전」을, 최기호 씨는「사전에 없는 토박이말 2400」을 펴냈는데, 한글 이름을 지을 때 참고할 수 있다.

03 문제점

　한자는 표의문자(表意文字) 즉 그림에 의해서 또는 사물의 형상을 그대로 베껴서 시각에 의해 사상이나 뜻을 전달하는 문자이다. 반면에 한글은 표음문자(表音文字) 즉 말의 소리를 기호로 나타낸 글자이다. 따라서 한글 이름은 한자 이름에 비해 가벼워 보인다거나, 아이들한테는 적합하지만 어른에게는 어울리지 않는다는 평을 받기 쉽다.

　또한 한글 이름은 같은 이름이 너무 많은 게 단점이라고 한다. 한자 이름의 경우에도 1950~1970년대에는 일본식 이름인「영자」·「순자」·「미자」등의 '같은 이름'이 매우 많았다. 생각하건대 이름이란 한 시대의 문화가 깃든 것이고 유행을 따른 것이므로 한글 이름이든 한자 이름이든 같은 이름이 많은 게 당연하다고 볼 수 있다. 그러나 이름이란 어느 것을 다른 것과 구별하는 명칭이므로 같은 이름이 너무 많으면 사람들은 헷갈려 분간을 하지 못한다. 더구나 한글은 표의문자가 아니라 표음문자이다. 따라서 발음만 같으면 모두가 같은 이름이니 한자 이름의 경우보다 같은 이름이 많아진다. 한자 이름의 경우에는 예를 들어「서준」이란 발음으로 여러 한자를 동원해 다양한 이름을 만들어낼 수 있다. 그러므

이름 짓기

로 한글 이름의 경우에는 우리의 오랜 관습인 두 글자 이름을 벗어나 이름의 글자 수를 세 글자나 네 글자로 늘리는 등 여러 가지 방법을 모색해야 한다. 참고로 대법원에서는 업무 불편을 이유로 '이름의 기재 글자와 관련된 호적사무처리 지침(1993·2·25)'에서 이름이 다섯 글자를 넘지 않도록 하였다(성씨는 포함하지 않음). 너무 긴 이름은 부르기 힘들 뿐만 아니라 전산화나 출석부 작성 등에 많은 불편을 가져온다.

지금 중국이 초강대국으로 급부상하고 있다. 우리나라는 인접국가이다. 우리가 한글 이름만을 고집하다가는 여러 면에서 큰 불편이 따를 터이다. 그래서 요즈음은 한글 이름을 한자 이름으로 개명하는 경우가 적지 않다고 한다.

04 음양오행 기타

◆ **음양** : 한글 이름에는 성명 글자의 획수를 따져서 음양이 조화를 이루느냐를 문제 삼을 필요가 없다. 왜냐하면 한글은 자음과 모음으로 이미 음양의 조화를 이룬 글자이기 때문이다.

◆ **오행** : 한글은 소리글자이기 때문에 한글 이름에는 발음오행을 가지고 희용신으로 연결시켜야 한다. 이때 이름 첫 글자의 발음오행을 가지고 다루면 된다. 왜냐하면 긴 한글 이름이라고 해도 이름 첫 글자의 소리가 핵을 이루기 때문이다. 성씨를 제쳐두고 이름 첫 글자만 가지고 발음오행이 목(木)·화(火)·토(土)·금(金)·수(水) 중 어디에 해당하는가를 판단해보자. 예를 들어 이름 첫 글자의 초성이 'ㄱ'이면 목(木)이고, 'ㄴ'이면 화(火)이며, 'ㅇ'이면 토(土:다수설)이고, 'ㅅ'이면 금

(金)이며, 'ㅁ'이면 수(水:다수설)이다.

그러면 한글 이름에는 발음 오행만 가지고 다루면 될까? 그렇지 않다. 성씨를 제쳐두고 이름자만을 가지고 그 뜻이 목(木)·화(火)·토(土)·금(金)·수(水) 중 어디에 해당하는지 판단할 수 있다. 예를 들어 이름자가 「버들」이면 목(木)이고, 「빛나라」이면 화(火)이며, 「서울」이면 토(土)이고, 「찬돌」이면 금(金)이며, 「가람」이면 수(水)이다. 위의 예에서 본 것처럼 성씨를 제쳐두고 이름자만을 가지고 그 뜻이 어느 오행에 해당하는지 판단할 수 있는 때는 발음오행을 제쳐둔다.

◆상생과 상극 : 한글 이름의 경우에도 한자 이름의 경우와 마찬가지로 성명 글자의 오행을 따져 그 상생과 상극을 문제 삼을 필요가 없다.

◆81수리 이론 : 일반적으로 한글은 한자보다 획수가 적다. 예를 들어 한자로 '훈(薰)'은 20획이나 되지만 한글로 '훈'은 불과 몇 획밖에 되지 않는다. 따라서 한글 이름에는 '81'이라는 수리까지 동원할 필요가 없다. 한글 이름을 지을 때 '81'이라는 수리까지 동원하는 것은 마치 어린 아이한테 어른 옷을 입히는 것과 같다. 한글 이름에는 81수리 이론을 적용하는 것이 어울리지 않는다.

또한 한글 이름의 경우에는 81수리 이론이 다루는 원형이정의 4격을 어떻게 구성할지가 문제로 부각될 수 있다. 예를 들어 한글 이름의 글자수가 '박(朴)차고나온새미나'처럼 늘어나면 우리의 오랜 관습인 두 글자 이름을 전제로 한 81수리 이론은 원형이정의 4격을 설득력 있게 구성할 수 없기 때문이다.

이름 짓기

05 짓는 요령

★ 다음은 한글 이름을 짓는 요령을 정리한 것이다.

- 좋은 뜻이 담겨 있고 밝은 소리가 나는 토박이말을 적극 활용한다.
- 이름자가 우리의 오랜 관습인 두 글자를 벗어나게 하여 같은 이름을 피한다.
- 성씨와 이름자가 어울려 예를 들어 「방그레」처럼 하나가 되면 좋다.
- 성명 글자의 획수를 따져서 음양이 조화를 이루느냐를 문제 삼을 필요가 없다.
- 이름 첫 글자의 소리로 발음오행을 살피고 그 오행으로 희용신 여부를 판단한다. 그러나 그 뜻이 목(木)·화(火)·토(土)·금(金)·수(水) 중 어디에 해당하는지 밝힐 수 있으면 그 오행으로 희용신 여부를 판단한다.
- 오행의 상생과 상극문제, 81수리 이론에 대해서 신경 쓸 필요가 없다.

06 한글 이름 예

원래 우리 민족은 한글 이름을 사용하였다. 즉 왕이나 일부 귀족들이 중국에서 들어온 성씨와 결합하여 이름을 한자로 지었고, 한자를 익히지 못한 서민들은 조선 시대까지도 성씨 없이 한글 이름만 사용하였으며, 글자수도 주로 세 글자나 네 글자였다.

- ◆ 태어난 장소에 따라 지은
    - 부엌에서 태어난 경우 : 부엌손
    - 마당에서 태어난 경우 : 마당쇠
- ◆ 간지(干支)나 달[月] 이름에 따라 지은 이름
    - 갑자(甲子)일에 태어난 경우 : 갑돌이
    - 정월에 태어난 경우 : 정월이
- ◆ 성격이나 행동에 따라 지은 이름
    - 끈질기고 억센 성격인 경우 : 억척이
    - 몸을 바닥에 잘 엎드리는 경우 : 납작이
- ◆ 바라는 바를 따라 지은 이름
    - 다음에는 아들 낳기를 바라는 경우 : 딸고만이
    - 이번에는 죽지 않기를 바라는 경우 : 붙드리
- ◆ 태어난 순서에 따라 지은 이름
    - 세 번째 태어난 경우 : 삼돌이
    - 제일 나중에 태어난 경우 : 막내
- ◆ 천하게 부르지만 마음속으로는 복을 빌면서 지은 이름
    - 개똥이, 돼지
- ◆ 단순하게 동식물이나 어류의 이름을 따라 지은 이름
    - 강아지, 도미

그러던 것이 일제강점기에 일본이 '민적부'라는 것을 만들어 모든 이름을 한자로 바꿔버리면서 모든 국민이 중국식 성을 갖게 되었고 한자 이름이 보편화되었다. 이후 해방이 되면서 우리 민족의 역사와 문화를 다시 찾기 위한 시도의 하나로 한글 이름 짓기 운동이 펼쳐졌다.

이름 짓기

여기에서는 여러 한글 이름 짓기 대회에서 수상한 이름들을 소개한다.

서울대 「고운 이름 자랑하기」대회

제1회(1967년)
- 금상 : 금 난새-내리-누리-노상
- 은상 : 이 따사롬-슬기롬
- 장려상 : 김 나래-나리, 한 이랑-사랑

제2회(1968년)
- 금상 : 권 시내-한솔
- 은상 : 김 어질이-꽃답이-구슬이, 송 이정이-어지니-열리미-언더기-움지기-송송이
- 장려상 : 유 한별, 이 사랑, 이 구슬, 이 서울

제3회(1969년)
- 금상 : 금 초슬-아슬-귀슬-보슬-한슬
- 은상 : 채 별바래-파라내, 강 버들
- 장려상 : 김 가람-푸른아-달해, 이 한별-슬기

제4회(1970년)
- 금상 : 이 잔디-한메
- 은상 : 정 시내-시원-항송, 김 다슬
- 장려상 : 이 하얀, 양 버들

제5회(1972년)

① 개인 이름

·으뜸상 : 전 다비

·소리상 : 진 달래, 고 그리나, 유 아름

·뜻상 : 김 붓셈, 김 한얼, 박 하나름

② 가족 이름

·김 일곱-이오-나리-싱글, 유 버들-한들, 김 한돌-차돌, 김 봄내-들내, 오한샘-한나

제6회(1973년)

·으뜸상 : 김 새로미

·소리상 : 윤 새라, 우 스미, 장 한

·뜻상 : 채 새미, 옥 찬돌, 남 열매

·한글 이름상 : 맹 나래-나섬-나리, 이 하나-두나-세나, 전 바롬-아롬

제7회(1974년)

·으뜸상 : 최 예니

·소리상 : 유 아리, 김 메아리

·뜻상 : 김 새힘, 정 한빛나라, 심 채림, 허 단비-봄비-꽃비

·한글 집안상 : 박 미리-해마루-가을-유리

제8회(1975년)

① 개인 이름

·으뜸상 : 없음

·소리상 : 김 지으나, 진 보라

이름 짓기

· 뜻상 : 채 운들, 민 서울

② 가족 이름

· 으뜸상 : 박 꽃바위-메바위-샘바위

· 소리상 : 박 설나-은나-금나

· 뜻상 : 권 한길-한실-한밀

제9회(1976년)

① 개인 이름

· 으뜸상 : 한 바다

· 금상 : 한 마음, 정 우람, 정 빛나

· 은상 : 이 은솔, 양 달샘, 이 하루

· 동상 : 지 한봄, 박 세리, 박 슬예

② 가족 이름

· 으뜸상 : 정 귀염-소담-알찬-힘찬

· 금상 : 정 슬람-파람, 강 여울-보람-자람-한물

· 은상 : 한 솔아-울아-별아. 김 참-아름-다운, 방그레-시레

· 동상 : 박 보리나라-유리나라-새미나라, 최 훤나래-훤누리, 최 갈매-어진

제10회(1977년)

① 개인 이름

· 으뜸상 : 이 한미루

· 소리상 : 남 미리나, 정 비오리, 함 초롬

· 뜻상 : 김 미덥, 박 바로가, 윤 솔내음

② 가족 이름

· 박 새암-가람, 홍 알벗-달샘-봄매, 이 꽃개울-한얼-새움

제11회(1978년)

① 개인 이름

·고운 이름상 : 김 봄소리

·맑은 이름상 : 김 새한별, 지 애띠

·밝은 이름상 : 임 뿌리, 강 열매, 김 한비

② 가족 이름

·고운 이름상 : 박 달샘-달나무-달내

·맑은 이름상 : 최 아름-새롬

·밝은 이름상 : 김 새잎-하얀-세라-봄해, 한 미나-봄-벌-솔, 홍 희라-나라-세라-보라

제12회(1979년)

① 개인 이름

·고운 이름상 : 이 아름누리

·맑은 이름상 : 이 보리, 최 눈솔

·밝은 이름상 : 유 다하리, 배 하늬, 한 떨기

② 가족 이름

·고운 이름상 : 김 아롱-다롱

·맑은 이름상 : 정 비오리-잠자리

·밝은 이름상 : 김 새봄-새뉘-새누리-한별

·장려상 : 박 유이나-글이나-셋이나-속-차고나온노미새미나

제13회(1982년)

① 개인 이름

·으뜸상 : 정 이른

이름 짓기

· 버금상 : 배 아롱새미, 정 예슬

· 딸림상 : 온 누리, 우 예소라, 정 아리따

· 추킴상 : 황 새미보담, 김 바로니, 이 예다나, 이 하나로

② 가족 이름

· 으뜸상 : 차 유리나-보미나-바우나

· 버금상 : 김 휜츨-영글, 유 다하리-다보미

· 딸림상 : 송 하예진-하슬린, 김 빛나라-슬기론-보라미-슬바센나, 금 기둥-나리-노을-노아

· 추킴상 : 송 봄이누리-한빛누리, 김 아름가라뫼-어진가라뫼, 이 보람-아람-우람-나람

제14회(1983년)

① 개인 이름

· 으뜸상 : 허 산여울

· 버금상 : 김 슬옹, 성 은나래

· 딸림상 : 임 예솔, 박 꽃보라, 이 고우나

· 추킴상 : 서 늘해, 최 재마로, 박 새미누리, 김 별마루

· 소리상 : 심 봄내

② 가족 이름

· 으뜸상 : 이 새록-새난-새미-새배

· 버금상 : 강 한고요-한고든, 심 그린이-보라미

· 딸림상 : 이 겨라-어라-겨레, 박 예슬-난슬, 김 한밝-봄들-샘곬-송미

· 추킴상 : 한 마음-아름-바다, 최 이슬-한솔-한별, 이 아미-들하, 장 새줄기-새누리

제15회(1984년)

① 개인 이름

- 으뜸상 : 김 해든
- 버금상 : 정 새난슬, 김 도담
- 딸림상 : 박 하얀꽃하나, 금 초롱, 안 솔마로
- 추킴상 : 정 미롱

② 가족 이름

- 으뜸상 : 서 새라-동마로-동미내
- 버금상 : 서 고운-고을-고니-우람, 박 조은-알뜨리-꽃새미
- 딸림상 : 방 온솔-느티나무-아람드리, 문 여울-매지, 송 큰돌-차돌
- 추킴상 : 김 아름-다운

제16회(1985년)

① 개인 이름

- 으뜸상 : 안 뜰에봄
- 버금상 : 김 새미랑
- 딸림상 : 정 해빛나, 서 그러운달님, 라 세움, 옥 찬샘

② 가족 이름

- 한글 집안상 : 강 나루-두루-고루, 강 아름보라-푸른나래, 김 맑음이-밝음이

제17회(1986회)

① 개인 이름

- 으뜸상 : 이 다영글
- 버금상 : 박 차오름, 이 보다미

이름 짓기

- 딸림상 : 최 해든나라, 박 으뜸나리, 신 새라
- 추킴상 : 강 산에꽃님아씨

② 가족 이름

- 으뜸상 : 유 새아름-새아라
- 버금상 : 김 아름솔-으뜸솔, 안 예슬-예로미
- 딸림상 : 정 메아리-우람히너른바회
- 추킴상 : 이 소라-새봄-시내, 이 흙-가을, 이 하나별-큰뿌리

한글학회 「한글 이름 한마당」 대회

제1회(1992년)

① 사람 이름

김 아름가라뫼-어진가라뫼-배 한빛나래-한빛나라, 송 봄이누리-한빛누리, 박 새빛나-예빛나, 전 아르미-새로미-보라미, 김 보미나, 박 솔빛나라, 김바위솔, 박 온나래, 백 다휜, 금 빛솔여울에든가오름(가장 긴 이름, 특별상)

② 가게 이름 : 한밝

제2회(1994년)

- 세종임금기림 : 박 하얀꽃하나, 박 하얀꽃두리, 박 하얀세찌
- 한힌샘기림 : 송 빛다운, 송 빛도란, 송 빛고을, 밝 나라, 정 샘터
- 외솔 기림 : 손 모아, 김 별다미, 김 해마루, 김 꽃솔, 김 한솔, 김 빛나라, 김 슬기로, 김 보라미, 김 세로미, 김 바센나

제3회(1995년)

· 으뜸기림 : 내 다우리, 내 도우리, 내 세우리
· 버금기림 : 탁 트인
· 추킴기림 : 원 먼동마루, 원 해찬물결
· 뽑힘기림 : 오 다함, 오 다해, 이 아리따, 이 예소라, 조 든든, 김 바위솔, 최 소담, 최 소슬, 강 뜰에새봄결, 김 빛솔여울에든가오름, 김 온누리빛모−아사름한가하

제4회(1996년)

· 으뜸기림 : 정 수리치, 채 하나울, 채 버드메, 채 해든실
· 버금기림 : 임 알찬솔, 임 다복솔, 이 사랑누리
· 추킴기림 : 이 해미루, 탁 떠오름, 탁 피어남
· 뽑힘기림 : 조 한마루, 성 새힘, 성 다힘, 성 한힘, 김 봄메, 김 별메, 김 새한솔, 김 예다은, 채 찬솔, 채 예슬, 김 아람새, 김 예슬이, 김 다스리, 김 다하리, 정 되난들, 정 샘이찬, 홍 현불, 홍 해내리, 김 아람드리, 김 한나모, 문 해오름

제5회(1997년)

· 으뜸기림 : 정 가득, 이 달처럼, 이 별처럼
· 버금기림 : 반 가운, 이 새롬, 이 푸름, 이 맑음
· 추킴기림 : 도 우리, 김 나라, 김 고운, 김 하늘
· 뽑힘기림 : 김 다온, 최 샘이나, 박 솔차니, 장 한별, 장 한빛, 장 한님, 장 한솔, 황 새별, 황 새결

 이름 짓기

제6회(1998년)
- 으뜸기림 : 이 마로별, 최 가온, 최 나온, 최 슬온, 최 시온
- 버금기림 : 김 깃비, 최 고운하늘한아름, 최 맑은하늘한마음
- 추킴기림 : 임 예봄, 신 해빛나, 신 해솔
- 뽑힘기림 : 최 햇빛, 오 한밀, 이 피어나, 강 미덥, 한 겨레, 한 줄기, 홍 도담, 홍 새록, 장 한별, 장 한샘, 장 한솔

제7회(1999년)
- 으뜸기림 : 정 도담, 배 꽃하얀-잎푸른-한여름
- 버금기림 : 곽 빛보라, 김 우람솔-우람찬
- 추킴기림 : 김 든솔, 한 무리-미쁨-세움
- 뽑힘기림 : 김 다래, 김 푸른바다-푸른하늘, 이 보름이-한울 이

연세대 「한글 물결 한글 이름 온누리에」대회

제1회(1990년)
- 으뜸상 : 해울
- 버금상 : 슬아
- 딸림상 : 하랑

제2회(1991년)
- 으뜸상 : 해랑
- 버금상 : 대솔

· 딸림상 : 다예
· 그 밖 : 나름, 초롱, 누리큰빛, 솔이

제3회(1992년)
· 으뜸상 : 꿈자을
· 버금상 : 소슬, 다울
· 딸림상 : 한음, 민라내피오, 고은놀, 바우나−보미나−유리나, 나래울, 스란, 달이, 하늘담, 도담

제4회(1993년)
· 으뜸상 : 함지슬, 예지슬
· 버금상 : 예나지나
· 딸림상 : 보듬, 정다운−정겨운−정스런, 찬들−한들, 하제, 찬울, 별다래, 드레

제5회(1994년)
· 으뜸상 : 한별스민−별보미−별보라
· 버금상 : 너나울
· 딸림상 : 함작고은, 올고은, 한올−두올−세올, 한누비에, 바다울, 샘스레, 벼스레, 하솔맘, 하늘다래, 해듬, 애솔

제6회(1995년)
· 으뜸상 : 미르에타
· 버금상 : 늘휘
· 딸림상 : 새움, 새름, 노은, 솔마루, 하늘솔, 샘소슬, 한이얼, 하늘 파랑−늘고운−늘마냥, 도람, 솔빛나래, 보늬−하늬−무늬

183

이름 짓기

제7회(1996년)
- 으뜸상 : 가리사니
- 버금상 : 미리마지
- 딸림상 : 느루, 늘다옴, 기슬, 설픠, 여의, 오롯, 다붓

한글 누리(주) 온라인 한글 이름 짓기 대회

제1회(1997년)

① 천리안
- 으뜸상 : 솔휘
- 버금상 : 이슬에, 강가에, 다미

② 나우누리
- 으뜸상 : 슬혜음
- 버금상 : 든든나름, 파르탄솔

③ 하이텔
- 으뜸상 : 나르새
- 버금상 : 하솜, 하소미, 너른스좀

④ 유니텔
- 으뜸상 : 나리진, 싱그람
- 버금상 : 해든실, 아사빛, 해담, 필잎

제2회(1998년)

① 천리안
- 으뜸상 : 함지찬

·버금상 : 새하, 해날

·딸림상 : 새솔, 모루, 미루, 두루, 고루, 남푸릇

② 나우누리

·으뜸상 : 두람

·버금상 : 빛망울, 감미루, 해바램

·딸림상 : 새봄결, 금슬빈, 예니, 한초아, 뉘연, 세울

③ 하이텔

·으뜸상 : 해담솔

·버금상 : 제다, 담은

·딸림상 : 다슬찬, 한밝, 혜음, 해맑음

④ 유니텔

·으뜸상 : 서린

·버금상 : 해름, 하솔, 두해

·딸림상 : 다복솔, 다해, 미쁨, 마르세, 해닮은이, 별따름이, 달부름이, 한너울

제3회(1999년)

① 천리안

·으뜸상 : 해우린

·버금상 : 하제누리, 새나름

·딸림상 : 다사나, 새맘, 송아리

② 나우누리

·으뜸상 : 아솜다솜

·버금상 : 하소, 나빈, 서별, 한날빛

·딸림상 : 꾸미루미, 들비, 온이, 해밀, 라온, 나온, 아마, 다사리아

 이름 짓기

③ 하이텔
- 으뜸상 : 베조아니
- 버금상 : 하름, 함나온, 아름조아
- 딸림상 : 수련, 해다미, 시암, 다소한, 찬틀

④ 유니텔
- 으뜸상 : 마누바세
- 버금상 : 하나우리
- 딸림상 : 늘빛, 이찬, 자드락, 바르나애

> ※ 새로 지은 긴~~이름 덕에 金메달!

쁘라빠와디 야른라따나따라꾼.

2008년 8월 10일 베이징올림픽 역도 여자 53kg급에서 합계 221kg을 기록, 우리나라의 윤진희(213kg·은메달)를 물리치고 금메달을 딴 24세의 선수다. 대회조직위원회에 등록된 영문 이름은 Prapawadee Jaroenrattanatarakoon으로 알파벳으로 31글자나 된다.

포상금으로 태국 정부와 역도연맹으로부터 2500만 바트(약 7억 7000만 원)를 받게 되는 그녀는 "이름을 바꾼 덕분에 금메달을 땄다"고 했다.

28자나 되는 긴 이름은 작년 초 역술인이 지어준 것이다.

원래 이름은 찬핌 카우타티안이었다.

2002년, 문화관광부는 한글날을 즈음해 가장 긴 한글이름으로 '하늘빛실타래수노아'를 선정했지만 조사 결과 충남 태안에 사는 김텃골돌샘터 씨의 딸 '김온누리빛모아사름한가하'라는 이름이 가장 긴 것으로 알려졌다.

187

이름 짓기

Part 06 이러저러한 이론들

 화사첨족(畵蛇添足)이란 뱀을 그리는데 있지도 않은 발까지 그려넣었다는 뜻에서, 쓸데없는 군일을 하다가 도리어 실패함을 이르는 말이다. 오늘날의 이름학에는 갖가지 화사첨족의 이론이 난무한다. 다음은 그 대표적인 예이다.

01 삼원오행

 '삼원오행'이란 이름학계의 보편적인 용어가 아니다. 따라서 이를 어떻게 설명할 것인지가 문제이다. 그러나 삼원(三元) 또는 삼재(三才)란 도가(道家)에서 이르는 하늘·땅·물이며, 또한 세상의 시작과 중간과 끝이므로 삼원오행이란 성명 글자를 ○○○의 수리오행 순으로 배열한 것이라고 할 수 있다. 수리오행은 글자의 획수가 1·2이면 목(木), 3·4이면 화(火), 5·6이면 토(土), 7·8이면 금(金), 9·10이면 수(水)로 분류한 것이다(10이 넘을 경우에는 10을 버린다). 다음의 예에서 성명 글자를 이격(a+c), 형격(a+b), 원격(b+c)의 수리오행 순으로 배열하면 삼원오행이 목(木)·화(火)·수(水)이다.

a	b	c
林 임 8획	有 유 6획	燦 찬 13획

　삼원오행이란 위에서 본 것처럼 이격의 수리오행을 맨 앞에 쓰고, 다음으로 형격의 수리오행, 마지막으로 원격의 수리오행을 배열하여 오행끼리의 상호관계를 살피는 것이다. 이 이론에서는 오행끼리의 상호관계가 예를 들어 수(水)·토(土)·수(水)이면 그 길흉을 다음과 같이 풀이한다.

> 허영심이 많고 남의 간섭을 받기를 싫어한다.
> 운세가 불안정하여 급변전락의 재화로 곤란과 실의에서 벗어나기가 어렵다.
> 가정이 평온하지 않으며 급병급사의 우려가 있다.

　그러나 실제로 적용해보면 맞지가 않는다. 이명박(李 : 7획, 明 : 8획, 博 : 12획) 전 대통령이나 이병철(李 : 7획, 秉 : 8획, 喆 : 12획) 삼성그룹 창업주가 수(水)·토(土)·수(水)인데 위와 같이 풀이하면 맞다고 할 수 있겠는가.

수(水)·토(土)·수(水)

좀 더 예를 들어 보자.

수(水)·수(水)·수(水)

[풀이]　자기 자신에 대한 과신이 대단하다. 초년운이 양호하여 일시적으로는 크게 성공하는 대세력(大勢力)의 운이다. 그러나 오래가지 못하고 실패하여 가정운도 불행하며 고독한 세월을 보낸다.

[검증]　고건(高 : 10획, 建 : 9획) 전 국무총리는 이격이 10획으로서 수(水), 형격이 19획으로서 수(水), 원격이 9획으로서 수(水)이니 삼원오행이 수(水)·수(水)·수(水)이다. 고건 전 국무총리는 향상과 발전을 거듭하여 국무총리를 역임하고

 이름 짓기

대통령 권한대행까지 하였다.

화(火)·금(金)·화(火)

[풀이] 경솔한 말이 많으며 자포자기에 빠지는 경향이 많다. 기초운이 불안정하여 성공하기 어렵고 구설수가 따른다. 고독과 파란이 따르며 가정운이 좋지 않다.

[검증] 정주영(鄭 : 19획, 周 : 8획, 永 : 5획) 현대그룹 창업주는 이격이 24획으로서 화(火), 형격이 27획으로서 금(金), 원격이 13획으로서 화(火)이니 삼원오행이 화(火)·금(金)·화(火)이다. 직접 판단해보기 바란다.

수(水)·금(金)·화(火)

[풀이] 말을 경솔하게 하며 자포자기를 잘한다. 처음은 매사가 순조로워 목적을 쉽게 이룬다. 그러나 후반에 가서는 점점 기울어져 흉액이 닥친다. 부모와의 인연이 박하다.

[검증] 이건희(李 : 7획, 健 : 11획, 熙 : 13획) 전 삼성그룹 회장은 이격이 20획으로서 수(水), 형격이 18획으로서 금(金), 원격이 24획으로서 화(火)이니 삼원오행이 수(水)·금(金)·화(火)이다. 다른 것도 그렇지만 '부모와의 인연이 박하다'는 것은 전혀 맞지 않는다.

81수리 이론이 쌓아올린 원형이정의 4격은 공중누각이다. 삼원오행의 이격·형격·원격 역시 마찬가지이다. 이러한 7층 누각이 폭넓은 작명을 방해한다. 81수리 이론을 따라 원형이정의 4격을 모두 길한 수리로 만들고 아울러 삼원오행을 따라 이격·형격·원격을 잘 배열하려면 현실적으로 이름 짓기가 거의 불가능하다(특히 여성의 경우에 더욱 그러하다). 폭넓은 작명을 위해서는 이러한 상황을 바로 보고 굴레를 벗어 던질 수밖에 없다.

02 오행의 상생

　이름학에서는 글자의 소리를 가지고 발음오행을 논하고, 글자의 획수를 가지고 수리오행을 논하며, 글자의 뜻을 가지고 자원오행을 논한다. 그러므로 이름학에서 오행의 상생을 문제삼을 때에는 발음오행의 상생, 수리오행의 상생, 자원오행의 상생을 함께 다룰 필요가 있다.

◆ 상생이란 서로 생(生)하는 것 즉 도와주는 것이다.
　목(木)은 화(火)를, 화(火)는 토(土)를, 토(土)는 금(金)을,
　금(金)은 수(水)를 생하고, 수(水)는 목(木)을 생한다.

◆ 상극이란 서로 극(剋)하는 것 즉 억압하는 것이다.
　목(木)은 토(土)를, 토(土)는 수(水)를, 수(水)는 화(火)를,
　화(火)는 금(金)을, 금(金)은 목(木)을 극한다.

◆ 상비란 서로 같은 오행끼리 만나는 것을 말한다.
　목(木)이 목(木)을, 화(火)가 화(火)를, 토(土)가 토(土)를,
　금(金)이 금(金)을, 수(水)가 수(水)를 만나는 것을 말한다.
　서로 같은 오행끼리 만나면 일단 힘이 더욱 강해진다.

① **발음오행의 상생**
　발음오행은 한글의 자음을 오행〔木火土金水〕으로 나누어 구분한 것이다.

이름 짓기

★ 발음오행

오행	다수설	소수설
목(木)	ㄱ·ㅋ	ㄱ·ㅋ
화(火)	ㄴ·ㄷ·ㄹ·ㅌ	ㄴ·ㄷ·ㄹ·ㅌ
토(土)	ㅇ·ㅎ	ㅁ·ㅂ·ㅍ
금(金)	ㅅ·ㅈ·ㅊ	ㅅ·ㅈ·ㅊ
수(水)	ㅁ·ㅂ·ㅍ	ㅇ·ㅎ

    발음오행의 상생을 논하기 앞서 먼저 한글 발음의 구성에 대해 알아야 한다. 한글의 발음에는 초성〔첫소리〕, 중성〔가운뎃소리〕, 종성〔끝소리〕이 있다. 예를 들어 '박'은 'ㅂ'이 초성이고, 모음 'ㅏ'가 중성이며, 'ㄱ'이 종성이다.
    이 가운데 어떤 소리의 오행을 적용할지가 문제이다. 이름학에는 초성의 오행 하나만을 적용하는 이론과, 초성과 종성의 두 오행을 적용하는 이론이 있다. 여기서는 다수설의 발음오행을 따라 오행을 적용한다.
    먼저 초성의 오행 하나만을 적용하는 이론은, 예를 들어 '박'의 경우 'ㅂ'만 적용하여 오행상 수(水)로 보고 받침 'ㄱ'은 오행을 적용하지 않는다. 즉 받침은 제외하고 초성만 따진다.
    다음으로 초성과 종성의 두 오행을 적용하는 이론은, 예를 들어 '김'의 경우 초성 'ㄱ'은 목(木)으로 보고 종성 'ㅁ'은 수(水)로 보아 오행의 상생을 따진다.

    일반적으로 발음오행이 상생하면 좋고, 상극하면 나쁘다고 한다. 이와 관련하여 오행이 어느 방향으로든지 한 방향으로 진행하는 것이 가장 좋다는 이론이 있는가 하면, 이를 구분하여 이름의 끝 글자에서 성씨 글자 쪽으로 상생하는 것이 가

장 좋고 성씨 글자에서 이름의 끝 글자 쪽으로 상생하는 것은 그 다음이라는 이론이 있다.

발음오행이 상비이면, 토토(土土)와 수수(水水)는 서로 만나서 하나가 되므로 좋지만, 서로 만나 타 없어지는 화화(火火) 그리고 서로 만나 부딪치는 금금(金金)과 목목(木木)은 좋지 않다고 한다. 학자에 따라서는 금금(金金)만을 좋지 않다고 한다.

성명	초성	종성
김	ㄱ : 목(木)	ㅁ : 수(水)
정	ㅈ : 금(金)	ㅇ : 토(土)
우	ㅇ : 토(土)	없음

지금까지 설명한 내용을 예를 들어 다시 한 번 살펴보기로 하자.
* 초성만 적용하면 '김정우'는 오행이 목금토(木金土)이다. 금극목(金剋木)이 되어 나쁘다고 한다.
* 그러나 초성과 종성을 같이 적용하면 목(木)과 금(金) 가운데 있는 수(水)로 인해 금생수(金生水), 수생목(水生木)이 되어 위의 금극목(金剋木)이 사라진다. 때문에 이름의 끝 글자에서 성씨 글자 쪽으로 상생한다. 즉 토생금(土生金), 금생수(金生水), 수생목(水生木)이 되어 가장 좋다고 한다.
* '김정우'는 상비인 토토(土土)를 지니고 있다. 토토(土土)는 서로 만나서 하나가 되므로 좋다고 한다.

위에서 본 것처럼 '발음오행의 상생'의 구체적인 적용을 놓고 견해가 다르게 나

이름 짓기

타나고 있다. 그런데 보다 근본적인 문제가 있다. 발음오행의 상생을 논하자면 발음오행을 확실하게 구분할 수 있어야 하는데 그렇지 못하다는 것이다. 기존의 발음오행을 따르는 다수설은 ㅇ·ㅎ을 토(土), ㅁ·ㅂ·ㅍ을 수(水)로 보지만, 훈민정음 해례본을 내세우는 소수설은 다수설과는 정반대로 ㅇ·ㅎ을 수(水), ㅁ·ㅂ·ㅍ을 토(土)로 본다. 그러므로 지금으로서는 발음오행의 상생으로 확실한 이론을 구축해 나가기는 불가능하다.

더구나 상생은 좋고 상극은 나쁘다는 발상 그 자체도 문제이다. 상생과 상극은 모두 진리의 모습이다. 다음의 예를 보면 발음오행의 상극을 나쁘다고 할 수 있겠는가.

오행배열 : 금목토(金木土)

최규하 전 대통령

다수설을 따르면 최(金)규(木)하(土)는 오행배열이 금목토(金木土)로서 금극목(金剋木), 목극토(木剋土)이다. 소수설을 따라도 최(金)규(木)하(水)는 오행배열이 금극목(金剋木)을 벗어날 수 없다.

오행배열 : 화수토(火水土)

노무현 전 대통령

다수설을 따르면 노(火)무(水)현(土)은 오행배열이 화수토(火水土)로서 수극화(水剋火), 토극수(土剋水)이다. 소수설을 따라도 노(火)무(土)현(水)은 오행배열이 토극수(土剋水)를 벗어날 수 없다.

좀 더 예를 들어 보자.

'박태준(朴泰俊)'으로 대표적인 두 인물이 있다.

▶ 박태준[朴泰俊, 1900~1986.10.20] – 작곡가
대표작으로 〈오빠 생각〉, 〈동무생각 : 사우(思友)〉 등을 남겼다. 연세대 음악대학장 등을 역임하였다.

▶ 박태준[朴泰俊, 1927~2011.12.13] – 기업인, 정치가
포항제철(포스코의 전신)을 설립하여 세계적 철강기업으로 성장시킨 기업인이자 민주정의당 대표, 국무총리를 역임한 정치가이다.

다수설을 따르면 박(水)태(火)준(金)은 오행배열이 수화금(水火金)으로서 수극화(水剋火) 화극금(火剋金)이다. 소수설을 따라도 박(土)태(火)준(金)은 오행배열이 화극금(火剋金)을 벗어날 수 없다.

다수설을 따르면 안(土)국(木)정(金) 전 SBS 사장은 오행배열이 토목금(土木金)으로서 목극토(木剋土) 금극목(金剋木)이다. 소수설을 따라도 안(水)국(木)정(金)은 오행배열이 금극목(金剋木)을 벗어날 수 없다.

필자의 대학교 동기생 가운데는 인재가 많다. 다수설을 따르면 검찰총장을 역임한 박(水)순(金)용(土)은 오행배열이 수(水) ← 금(金) ← 토(土)로서 가장 좋다. 반면 다수설을 따르면 최(金)경(木)원(土)은 오행배열이 금목토(金木土)로서 금극목(金剋木) 목극토(木剋土)이지만 검찰총장을 지휘하는 법무부장관을 역임하였다. 소수설을 따라도 최(金)경(木)원(水)은 오행배열이 금극목(金剋木)을 벗어날 수 없다. 오행배열이 상극인 경우가

 이름 짓기

오행배열이 상생인 경우보다 오히려 더 좋았던 사례라고 할 수 있다. 이런 사례는 법관으로 진출한 동기생의 경우에도 마찬가지다. 오행배열이 상생인 동기생은 한 명도 대법관으로 올라가지 못했지만, 오행배열이 상극인 동기생 세 명은 대법관을 역임하였다.

그리고 '발음오행의 상생'은 다수설을 따르든지 소수설을 따르든지 어느 경우나 상생의 매끄러움만 추구할 뿐이어서 상극으로부터 오는 박력감이 느껴지지 않는다. 필자의 성명인 「전광」은 어느 설을 따르든지 금극목(金剋木)이다. 따라서 비록 상생의 매끄러움은 느껴지지 않지만 상극으로부터 오는 박력감이 멋있게 느껴지지 않는가. 필자의 아내는 처녀 시절에 「전광」이란 발음에 반했다고 한다.

그렇다고 해서 상생보다 상극이 낫다고 말하는 것은 아니다. 소우주인 인간에게 생(生)은 혈액의 순환과 같고 극(剋)은 심장의 박동과 같아서 생은 극으로 이어지고 극은 생으로 이어진다. 때문에 생과 극을 분리시켜 '생'을 사랑하고 '극'을 미워하는 오류를 범하면 안 된다.

한편 발음오행의 상생이 좋은 이름의 필수조건인 듯 다루는 것은 문제가 될 수 있다. 왜냐하면 '발음오행'도 오행인데 이름의 주인공이 필요로 하는 것과는 상관 없이 '상생'이란 명분 아래 물[水]이든 불[火]이든 아랑곳하지 않고 퍼부을 수 있으니 말이다. 잘 헤아려서 '발음오행의 상생'이란 굴레에서 벗어나 좋은 이름을 지어야 한다.

② **수리오행의 상생**

수리오행의 상생이란 성명 글자의 획수가 오행으로 따져서 성씨부터 이름 끝 글자로 차례대로 이어지거나, 거꾸로 이름 끝 글자부터 성씨 순으로 이어지면 좋다는 것이다.

　예를 들어 마서후(馬 : 10획, 抒 : 8획, 侯 : 9획)는 마(馬)가 10획으로서 수(水), 서(抒)가 8획으로서 금(金), 후(侯)가 9획으로서 수(水)이므로 상생하는 금생수(金生水)의 배합으로 좋은 이름이라는 것이다.

　그러나 이름학자들은 이 수리오행의 상생을 그다지 비중있게 다루고 있지 않다. 그 이유는 오행의 경우에는 수리오행 보다는 자원오행이나 발음오행을 다루는 것이 더 합당하다고 보기 때문일 것이다. 하지만 일부 학자는 수리오행의 상생을 이른바 '삼원오행'으로 바꾸어서 논하는데, 그것에 관해서는 이미 앞에서 자세하게 살펴본 바 있다.

③ 자원오행의 상생

　자원오행의 상생이란 성명 글자의 자원오행이 성씨부터 이름 끝 글자로 차례대로 이어지거나, 거꾸로 이름 끝 글자부터 성씨 순으로 이어지면 좋다는 것이다.

　예를 들어 자원오행이 화(火)인 정(丁)씨의 경우에는 성명 글자의 배합이 화토금(火土金), 화목수(火木水)이면 좋다는 것이다. 따라서 정(丁 : 火)재(在 : 土)민(玟 : 金), 정(丁 : 火)지(祉 : 木)원(沅 : 水)은 좋은 이름이다.

　그러나 자원오행의 상생은 상생은 좋고 상극은 나쁘다는 인식을 바탕으로 한다. 상생과 상극은 모두 진리의 모습이고, 생(生) 가운데 극(剋)이 있으며 극(剋) 가운데 생(生)이 있다. 따라서 생과 극을 분리시켜 '생'을 사랑하고 '극'을 미워하는 오류를 범하면 안 된다.

　계수나무〔木〕는 금도끼〔金〕로 다듬어야하고, 태양〔火〕은 호수〔水〕와 어우러질 때 그 빛이 반사되어 더욱 아름답고 찬란하며, 태산〔土〕에는 큰 수목〔木〕이 있어야 신령스러움이 감돌고, 원광석〔金〕은 불〔火〕을 만나야 진짜 보석이 될 수

이름 짓기

있으며, 바다(水)는 육지(土)와 어우러질 때 더욱 아름답다. 그러니 금극목(金剋木), 수극화(水剋火), 목극토(木剋土), 화극금(火剋金), 토극수(土剋水)를 나쁘다고만 할 수 있겠는가.

칭기즈칸(成吉思汗)은 본래 이름이「테무친(鐵木鎭)」이다. 成(火)吉(水)思(火)汗(水)은 수극화(水剋火)이고, 鐵(金)木(木)鎭(金)은 금극목(金剋木)이다. 김(金 : 金)대(大 : 木)중(中 : 土) 전 대통령은 금극목(金剋木), 목극토(木剋土)이다.

칭기즈칸 : 수극화(水剋火)

김대중 : 금극목(金剋木), 목극토(木剋土)

좀 더 예를 들어 보자.

* 황(黃 : 土)희(喜 : 水) 정승은 토극수(土剋水)이다.

* 율곡 이(李 : 木)이(珥 : 금)는 금극목(金剋木)이다.

* 경성방직회사 창설,『동아일보』창간, 보성학교 인수 등의 활동을 전개하고, 1951년 2대 부통령에 취임하였던 김(金 : 金)성(性 : 火)수(洙 : 水)는 화극금(火剋金) 수극화(水剋火)이다.

* 재무부장관, 국무총리, 국회의장 겸 아시아의원연맹(APU) 한국위원장 등을 역임한 백(白:金)두(斗:火)진(鎭:金)은 화극금(火剋金)이다.

* 제2대 국회의원부터 제8대 국회의원까지 계속 당선되어 7선의원이 되었고, 외무부장관을 역임하였으며, 행복한 가정을 이루었던 정(鄭:土)일(一:木)형(亨:土)은 목극토(木剋土)이다.

우리나라에서는 김(金:金)씨, 이(李:木)씨, 박(朴:木)씨가 많다. 자원오행의 상생을 관철시키려면 김(金)씨 다음 글자는 목(木)이나 화(火)이면 안 되고, 이(李)씨나 박(朴)씨 다음 글자는 토(土)나 금(金)이면 안 된다.

작명 이론이 이름을 짓는데 도움을 주기는커녕 오히려 쓸데없는 제약만 가해서는 안 된다. 오늘날의 작명 이론은 이름을 짓는 데 최소한의 기준을 제시하여 좋은 이름을 선택할 수 있는 폭을 최대한으로 넓혀주어야 한다. 이리 옭아매고 저리 조이는 것은 바른 자세가 아니다. '상생'과 '상극'에 구애받지 말고 좋은 이름을 지어야 한다.

상생?! 상극?!
구애받지 말고 좋은 이름을 짓자!!

03 분파와 충돌

분파(分破)는 분리와 파괴를 말한다. 충돌은 사주학에 나오는 충(沖)을 가리키지만 그보다 범위가 넓다. 필자는 성명 글자의 분파와 충돌을 논하지 않는다. 그러나 학자에 따라서는 성명 글자에 분파와 충돌이 있으면 안 된다고 한다.

① 분파

분파는 서로 나뉘어 떨어지는 분리와 깨뜨려 헐어버리는 파괴를 말한다. 이름학에서 분파를 따지는 학자들은 성명 글자가 모두 분파에 해당하여 통합과 결속을 벗어나 있으면 길하지 않다고 본다. 불안한 느낌을 주고 분리나 파괴의 암시가 따른다고 보기 때문이다. 성명 글자가 모두 분파에 해당하는 예를 들어보자.

* 박주상(朴柱相) : 박(朴)이 木|卜, 주(柱)가 木|主, 상(相)이 木|目으로 분파이다.
* 장현아(張炫娥) : 장(張)이 弓|長, 현(炫)이 火|玄, 아(娥)가 女|我로 분파이다.

위에서 예를 든 두 성명에서 각각의 성명 글자는 옥편을 보면 모두 뜻이 좋은 한자이다. 그러나 분파이론에 따르면, 성명 글자가 모두 분파에 해당하므로 불안한 느낌을 주고 분리나 파괴의 암시가 따르므로 길하다고 할 수 없다.

다음의 경우는 어떠한지 살펴보자.

* 이영미(李瑛美) : 영(瑛) 한 글자만 王|英으로 분파이다.
* 문창식(文昌植) : 식(植) 한 글자만 木|直으로 분파이다.

　위에서 예를 든 두 성명에서 각각의 성명 글자는 옥편을 보면 모두 뜻이 좋은 한자이다. 분파이론에 따르면 각각의 예에서 성명 글자 하나만 분파이므로 안정감이 있고 성공의 암시가 따른다고 한다.

　위의 견해를 살펴보면 일리가 있어 보인다. 그러나 한자는 합성문자(合成文字)이다. 이 합성문자를 쪼개서 '분파'를 문제 삼는 것은 한자의 참된 모습과는 거리가 있는 게 아닐까. 모래에 시멘트를 섞고 물을 부어 반죽하면 응집력이 커져서 콘크리트에 가까운 단단한 물질로 변화한다. 이 단단한 물질을 원래의 상태로 다시 쪼개려 드는 것이 '분파'이다. 수긍하기 어려운 이론이다. 단일민족인 우리나라는 남과 북으로 갈라져 있지만, 아메리카합중국은 단단하게 뭉쳐 있지 않은가.
　「한국인물사전」을 보면 박찬(朴燦)이란 인물이 세 사람이나 올라 있다. 朴은 木卜으로 분파되고, 燦은 火粲으로 분파된다. 그런데 이 세 사람은 각각 판사, 검사, 대기업 사장이다. 박종화(朴鍾和)란 사람의 성명을 살펴보자. 朴은 木卜으로 분파되고, 鍾은 金重으로 분파되며, 和는 禾口로 분파된다. 그런데 이 사람은 민족정신을 역사소설로 표현한 우리나라의 빼어난 문학가이다.

　문자나 글자를 쪼개려 들면 세로로만 쪼갤 것이 아니라 가로로도 쪼개야 할 것이다. 위에서 안정된 이름의 예로 든 이영미(李瑛美)와 문창식(文昌植)의 '이(李)'와 '창(昌)'은 가로로 쪼갤 수 있지 않은가. 더 문제를 삼는다면 '이(李)'란 글자는 아래의 '子'가 위의 '木'한테 눌려 있고 '창(昌)'이란 글자는 아래의 '日'이 위의 '日'한테 눌려 있으니 좋지 않다고 할 수 있다.

　어느 날 대학교수 부인이 필자를 찾아왔다. 자신의 이름자에 들어 있는 '하(昰)'가 마음에 걸려서 조언을 구하러 온 것이다. 사연인즉 어느 작명원에서 "하(昰)는 태양(日)이 다섯(五)이니 다섯 남자를 거칠 운명이라"고 개명을 권하더란 것이

201

다. 그래서 "그런 게 아니라 하(昊)는 '태양이 똑바로'란 뜻이니 남편이 잘될 것입니다"라고 참된 풀이를 해주었다. 우리는 한자의 참된 모습을 잘 헤아려서 그릇된 사고를 떨쳐버려야 한다.

한자에는 글자를 합쳐서 만든 글자가 많다. 예를 들어 일(日)과 월(月)을 합쳐서 만든 글자가 명(明)이다. 그러므로 한자의 경우에는 파자(破字)를 하여 글자의 숨은 뜻이라면서 그럴싸한 이름풀이가 등장할 수 있다. 파자란 예를 들어 '姜'을 분해하여 '八王女'라고 하는 것이다. 박정희(朴正熙) 전 대통령의 성명을 살펴보자.

박정희(朴正熙) 전 대통령은 군인·정치가(1917~1979)이다. 1961년에 육군 소장으로 5·16 군사 정변을 주도하여 최고 권력 기관인 국가재건최고회의 의장이 되었으며, 1963년에 예편하여 민주공화당 총재로 제5대 대통령에 취임하였다. 1972년에 10월 유신(維新)을 단행하였고, 1979년 제9대 대통령 재임 중에 중앙정보부장의 총격으로 사망하였다.

파자(破字)로 성명풀이한 박정희(朴正熙)

박정희 대통령이 시해된 뒤 '박정희(朴正熙)'라는 이름이 이미 그의 운명을 결정하고 있었다는 성명풀이가 인구에 회자된 바 있다.

즉 한자로 朴에서 앞의 木자를 분해하면 十八이 되고 正자는 단 한 번(一)에 멈춰진다(止)는 뜻이고 끝의 熙자를 분해하면 신하(臣)+몸(己)+네번(灬)이 되므로 그의 18(十八)년 집권이 신하(臣)가 자신(己)을 향해 쏜 네 발(火)의 총으로 인해 단번(一)에 멈춰진다(止)는 풀이가 된다.

위와는 약간 달리 풀이하기도 한다.

즉 朴에서 뒤의 卜(점 복)을 살려서 朴 전체를 '점[卜]을 쳐보니 18(十八)년 동안 권좌에 앉는다'로 풀이한다. 그리고 正을 '한[一]번 더 정권을 잡으려고 하지만 그친다[止]'로 풀이한다. 나아가 熙를 '자기[己]의 신하[臣]가 발사한 총탄 4발[灬]에 의해 쓰러진다'로 풀이한다.

참으로 기막히게 잘 맞는다. 그러나 이 파자는 혹세무민으로 이어진다. 왜냐하면 이름자에 '正'이 들어가 있는 사람은 모두 한 번 더 정권을 잡으려고 하지만 그치고, 또 이름자에 '熙'가 들어가 있는 사람은 모두 자기의 신하가 발사한 총탄 4발에 의해 쓰러지기 때문이다. 그러므로 파자란 술좌석 등에서 세상사를 비유로써 논할 때에나 거론할 수 있는 말장난에 불과하다는 생각이다.

글자 구성을 가지고 이렇게저렇게 이름풀이를 하는 것은 설득력이 없다. 그러나 글자 구성을 가지고 '보기 좋은 이름' 또는 '시각적인 배열'로 접근하는 것은 글자 구성의 미학적인 고찰을 시도하는 것이어서 별개의 문제라고 생각한다.

※ 정말일까?

1664년 12월 5일 아일랜드해의 메나이 해협을 건너던 선박 한 척이 침몰했다. 81명의 승객 중 유일하게 생존한 남자의 이름은 휴 윌리엄스(Hugh Williams)였다. 1785년 12월 5일 또 다른 선박이 같은 장소에서 침몰했다.
이 사고의 유일한 생존자 이름도 휴 윌리엄스(Hugh Williams)였다.
장소는 다르지만 1820년 8월 5일 24명의 승객이 타고 있던 배가 암초에 걸려 난파됐다. 그 중 한 사람만이 구조되었는데 그의 이름 역시 휴 윌리엄스(Hugh Williams)였다.

이름 짓기

② 충돌

이름학에서 충돌이란 성명 글자의 발음이 사주의 일주(日柱)와 충돌하는 것을 말한다.

만세력에는 연월일(年月日)이 간지(干支)라는 문자로 나타나 있다. 예를 들면 2010년은 경인(庚寅)년인데 무인(戊寅)월 을유(乙酉)일부터 시작된다. 위의 예에서 연주(年柱)는 경인(庚寅)이고, 월주(月柱)는 무인(戊寅)이며, 일주(日柱)는 을유(乙酉)이다.

사주에서 일주의 윗글자는 본인이고 아랫글자는 본인과 하나를 이루는 것이다. 이 때문에 이름자의 발음이 사주의 일주와 충돌하면 좋지 않다는 이론이 있다. 그러나 이 이론은 실제로는 일주의 윗글자인 일간(日干)을 제외하고 일주의 아랫글자인 일지(日支)를 기준으로 한다. 따라서 예를 들어 일주가 을유(乙酉)이면 일주의 윗글자인 일간 즉 乙을 제외하고 일주의 아랫글자인 일지 즉 酉를 기준으로 한다. 다음은 일지에 따라 피해야 할 발음을 정리한 것이다.

일지	발음	일지	발음
자(子)	오	오(午)	자
축(丑)	미	미(未)	축
인(寅)	신	신(申)	인
묘(卯)	유	유(酉)	묘
진(辰)	술	술(戌)	진
사(巳)	해	해(亥)	사

나아가 이 이론은 범위를 확대하여 자녀 이름자의 발음이 부모 사주의 일지, 용신과 충돌해도 좋지 않다고 본다. 그렇다면 이 이론은 부모 이름자의 발음이 자녀 사주의 일지, 용신과 충돌해도 좋지 않다고 보아야 한다.

이 이론은 '글자'와 '발음'의 충돌을 이야기한다. 그러나 그야말로 '어불성설(語不成說)'이다. 어떻게 '글자'와 '발음'이 충돌하겠는가. 글자란 '말을 눈으로 볼 수 있도록 나타낸 부호'일 따름이다.

> 사주학에서는 충(沖)을 논한다. 충이란 서로 박치기를 하여 둘 다 상처를 입는 것으로 다툼·이동·파란 등의 현상을 초래한다. 그러나 충이 무조건 다 나쁜 것은 아니다. 경우에 따라서는 대부대귀(大富大貴)해지는 전환의 계기가 될 수도 있다.
> 김영삼 전 대통령은 축(丑)월 미(未)일 생이어서 축미(丑未)충이 있다. 이병철 삼성그룹 창업주는 인(寅)월 신(申)일 생이어서 인신(寅申)충이 있다.

필자는 일지가 해(亥)이다. 그러니 피해야 할 발음이 '샤'이다. 하지만 평생 '사(寺)'와 아름다운 인연을 쌓았고 '사'주학자로 올라서기까지 하였다. 때문에 이 '충돌'에 관한 견해를 옳다고 보지 않는다. 나아가 이 '충돌'에 관한 견해가 가족관계 내지 사회관계에서 이상야릇한 결과를 가져오지 않을까 우려하고 있다.

 이름 짓기

> ※ 이름은 그 자체로서는 좋다, 나쁘다가 없다

　우리는 '이름'이라는 옷을 잘 만들어 입고서 부귀영화를 맞아드리려고 한다. 그러면 부귀영화가 옷만 보고 찾아들까? 옷은 그 자체로서는 좋다, 나쁘다가 없다. 왜냐하면 옷이란 그 옷을 입는 사람에 따라 조화가 달라지기 때문이다.

　극지에 사는 사람들에게는 가볍고 따뜻한 옷이 바람직하거니와 순록(caribou)의 모피로 만든 에스키모 인의 옷은 더할 나위 없이 이상적이다. 에스키모 인의 옷에는 겉옷과 속옷이 있는데 각각 상하로 구분되며, 겉옷은 털을 바깥쪽으로, 속옷은 털을 안쪽으로 하여 입는다. 구조상의 특색으로는 단추를 사용하지 않고, 모든 부분을 여유 있게 만들어 몸과의 사이에 이중(二重) 공간이 생기도록 되어 있다. 모두 내한(耐寒)의 필요성에서 생긴 구조이다.

　일본의 전통 의상인 기모노는 한 장으로 된 사각형의 천을 몸에 감고 허리에 오비를 둘러 멋을 낸 의상이다. 필자는 기모노가 남방의 개방적 바탕 위에서 일본인의 체격상의 결함을 보완할 수 있도록 고안된 의상이라고 본다. 그리고 옷 내외부의 차림은 여체의 선에 포인트를 맞추면서 고온다습한 여름을 지내거나 옷의 단조로움을 탈피하면서 한랭한 겨울을 나기 위한 수단이었다고 본다.

　'이름'이라는 옷은 그 자체로서는 좋다, 나쁘다가 없다. 필자는 이름 하나 때문에 사람의 성격이나 건강 등이 영향을 받는다고 생각하지 않는다. 누구나 '이순신(李舜臣)'이란 이름을 사용하면 장군의 성격을 지닐까? 누구나 '동방삭(東方朔 : 속설에 서왕모의 복숭아를 훔쳐 먹어 장수하였으므로 삼천갑자 동방삭이라고 이른다)'이란 이름을 사용하면 불로장생할 수 있을까? 그러나 비록 가설(假說)이긴 하지만 사주와 이름이 합세하면 사람에게 여러모로 영향을 줄 수 있다고 본다.

○상봉(○相俸)

　이 사람은 무인(戊寅)년 기미(己未)월 계묘(癸卯)일 병진(丙辰)시 출생이다. 더운 계

절에 출생하여 사주가 뜨겁고 건조하다. 따라서 이 사람의 이름에는 차가운 금수(金水)의 기(氣)를 불어넣어야 한다. 그러나 이름에 목(木)에 해당하는 상(相)과 화(火)에 해당하는 봉(俸)이 들어 있으니 불길이 더욱 치열해져 문제가 된다. 사주와 겹쳐서 자신을 해롭게 하는 이름을 사용하니 좋을 리가 없고 따라서 몸 또한 온전할 수가 없다고 판단한다.

이 사람은 2세 때인 기묘(己卯)년에 그만 한쪽 눈을 잃었다. 기(己)는 흙이어서 물기를 메마르게 하고 묘(卯)는 나무여서 물기를 빼앗는 동시에 불을 일으켰으니, 물에 해당하는 본인이 어찌 무사했겠는가. 사주와 이름이 합세하여 이 사람을 그만 영원한 불구자로 만들어버렸다.

○원석(○源碩)

이 사람은 신사(辛巳)년 신축(辛丑)월 을유(乙酉)일 병술(丙戌)시 출생이다. 사주를 보면 사유축(巳酉丑)이 커다란 금(金)의 기(氣)를 형성하고 있다. 또한 추운 계절에 출생하여 사주가 한랭하다. 이러한 사주를 가진 사람의 이름에는 뜨거운 목화(木火)의 기(氣)를 불어넣어야 한다. 그러나 이 사람의 이름에는 원(源)과 석(碩), 즉 수(水)와 금(金)이 들어가 있으니 좋을 리가 없다.

이 사람은 11세 때 그만 사고를 당하였다. 그때가 경자(庚子)대운 신묘(辛卯)년인데 경(庚)과 신(辛)은 모두 금(金)에 해당한다. 사주 자체에 금(金)이 많고 이름 또한 금(金)을 지니고 있는데 설상가상으로 금운(金運)을 만났으니 나무에 해당하는 본인이 어찌 무사했겠는가. 금다목단(金多木斷)의 현상이 일어나 많은 금(金)이 그만 나무를 잘라버렸다. 이 사람은 수재이며 또한 뛰어난 인품까지 지니고 있는데 안타깝게도 한쪽 다리를 절며 살아가고 있다.

위의 간단한 예는 사주와 이름이 합세하면 사람에게 여러모로 영향을 줄 수 있음을 가리킨다. 그러나 사람의 운명은 복합적인 인과율(因果律)을 따라 달라질 것이므로 사주와 이름만 가지고 사람의 한평생을 논할 수야 없지 않겠는가.

05

사주가 필요로 하는 오행

1. 사주입문
    1) 사주란 무엇인가
    2) 본인별
    3) 사주 구성법
2. 희용신
    1) 용신을 찾는 방법
    2) 신강 신약 판단
    3) 조후로 찾는 희용신

사주가 필요로 하는 오행

Part 01 사주입문

01 사주란 무엇인가

　프랑스 작가 베르나르 베르베르의 『타나토노트(Thanatonaute)』와 인도의 고승 파드마 삼바바의 『티베트 사자(死者)의 서(書)』에는 매우 흥미로운 장면들이 나온다. 천상인(天上人)들은 지상의 일을 과거·현재·미래에 걸쳐 모두 알고 있으며, 지상인(地上人)도 비록 소수이지만 평소 천상을 자유롭게 왕래하며 천상인들과 같은 능력을 지니고 있다는 것이다.

　정신이 맑은 사람은 여실지견(如實知見), 즉 있는 그대로 바르게 본다. 전설에 따르면 석가모니가 태어났을 때 히말라야 산에서 아시타라는 선인(仙人)이 찾아와 "집에 있어 왕위를 계승하면 전 세계를 통일하는 전륜성왕(轉輪聖王)이 될 것이며, 만약 출가하면 반드시 붓다가 될 것이다"라고 예언했다 한다.

　필자는 사주학의 체계를 이룩한 옛 선현들이 아시타 선인처럼 밝은 눈을 가졌다고 본다. 왜냐하면 사주학은 '변화의 진리'를 가르치고 있기 때문이다. 사주학은 음양오행학설에 근거를 두고, 개인의 생년월일시를 기초로 생극화합의 관계를 파악하여 절대 중화와 순리의 견지에서 평생의 운로(運路)를 파악하는 학문이다.

　사주학은 명리학·자평학·추명학·사주명리학 등으로 불린다. 필자는 이 학문을 친근하게 느끼기 때문에 그냥 '사주학'이라고 즐겨 부른다. 오늘날 인류는 마음의 평안을 찾지 못하므로 여실지견을 이루지 못하고 있다. 그래서 '천상천하 유아독존(天上天下 唯我獨尊)'의 본래 뜻에서 벗어나 자만심으로 가득 차 있다. 또한 자신의 좁은 소견으로 이해할 수 없는 것은 무조건 비과학적이라고 배척한다. 어느 노 교수의 이야기를 들어보자.

　　지구는 시속 107,460km라는 놀라운 속도로 태양 주위를 회전하는데도 궤도 이탈이 없는 이유는 무엇인가? 태양이 중력이라는 힘을 작용하여 지구의 원심력과 균형을 이루어주기 때문이다. 참으로 우주는 신비롭다. 지금까지 알려진 바에 의하면 이 넓은 우주 속에 오직 지구에만 생명이 존재한다. 그런데 '만물의 영장'인 인간의 능력은 어떠한가. 인간이 눈으로 볼 수 있는 가시광선 외에도 우리 주위에는 많은 빛이 존재한다. 병원에서 쓰는 X선도 빛의 일종이고, TV나 라디오, 그리고 휴대전화기에서 방출되는 전자파도 빛의 일종이다. 자연계에 존재하는 빛 중에서 인간이 눈으로 볼 수 있는 가시광선은 불과 5% 정도다. 나머지 95%는 아무리 눈이 좋은 사람도 결코 볼 수 없다. 이 세상에 존재하는 빛을 모두 보는 줄로 생각하는 사람은 착각 속에 살고 있는 것이다.

　　그러면 소리를 듣는 귀는 어떤가? 소리의 본질은 공기의 진동이고, 인간의 가청음역은 초당 20~2만 사이의 진동수를 내는 음파뿐이다. 이 영역을 벗어나는 음파를 초음파라 하는데 일부 동물들은 인간이 못 듣는 초음파를 듣는다. 개는 진동수 3만8천 헤르츠(Hz : 진동수의 단위. 1초간 n회의 진동을 n헤르츠라 함)까지 들을 수 있고, 박쥐는 9만8천 헤르츠, 돌고래는 20만 헤르츠까지 들을 수 있다고 한다. 또 병원에서 쓰는 초음파 진단기는 수백만의 진동수를 내고 있으니 인간의 귀는 주변에 존재하는 음파의 1%도 못 듣는 셈이다.

　　또 '만물의 영장'인 인간의 판단력은 어떤가? 태양이 동쪽에서 떠서 서쪽으로 진다는 사실만 보고 인간은 무려 1,500년 동안 천동설을 믿어온 어리석은 역사를 가지고 있다. 과학이 발달한 오늘에도 우주 구성의 65%를 차지하고 있는 진공에너지(dark energy)의 정체가 무엇인지 아무도 모르고 있다. 인간은 겸허해야 한다.

　　사주학은 사람이 어머니로부터 독립하여 이 세상과 첫 호흡의 인연을 맺은 시점을 기준으로 하여 그때의 종합된 기를 파악해서 평생의 운로를 추리하고 탐구한다. 따라서 사주학은 어느 시점에 태어났느냐를 문제삼는다. 그 시점은 생년·생월·생일·생시의 네 가지에 의해 구성된다.

사주가 필요로 하는 오행

　우리가 흔히 팔자 또는 사주팔자라고도 부르는 사주(四柱)는 4개의 기둥이란 뜻이다. 사람이 태어난 연월일시는 각각 천간과 지지가 결합한 육십갑자로 나타낼 수 있는데, 한자는 가로쓰기가 아닌 세로쓰기를 하므로 연월일시의 육십갑자를 모두 적어놓으면 마치 4개의 기둥이 서 있는 형상과 같다.

　사주학에서는 태어난 해의 육십갑자를 연기둥〔연주 : 年柱〕, 태어난 달의 육십갑자를 월기둥〔월주 : 月柱〕, 태어난 날의 육십갑자를 일기둥〔일주 : 日柱〕, 그리고 태어난 시각의 육십갑자를 시기둥〔시주 : 時柱〕이라고 하며 연월일시 4개의 기둥을 사주라고 한다. 연월일시 4개의 기둥은 각각 천간 한 글자와 지지 한 글자로 이루어져 있다. 다시 말해 연월일시 4개의 기둥은 각각 두 글자로 이루어진 것이다. 따라서 4×2=8로 이것이 여덟 글자 즉 팔자(八字)이다. 사주팔자란 '네 기둥 여덟 글자'를 가리키는 용어이다. 그런데 네 기둥 즉 사주가 여덟 글자 즉 팔자이다. 따라서 사주팔자=사주=팔자이다.

　어떤 용어를 사용하든 다 그게 그것이다.

　그런데 '네 기둥 여덟 글자'는 사주학에서 어떤 의미를 갖고 있을까? 사주학에서는 우리가 특정 시점에 이 세상과 인연을 맺고 태어났다는 사실을 부정할 수 없는 인과의 귀결이자 하늘의 명(命)으로 본다. 예를 들어 대포를 쏘면 각도, 화약과 포신의 크기 등에 따라 포탄의 운동곡선과 낙하지점 및 시점이 달라지듯이, 사주 또한 주인공의 세세생생(世世生生) 함축된 인과를 나타내는 법륜(法輪) 즉 법의 수레바퀴라고 보는 것이다.

02 본인별

　본인별이란 사주팔자에서 일기둥〔일주 : 日柱〕의 두 글자 중 윗글자인 일간(日

干)을 달리 표현한 것인데, 사주학에서는 이것을 '주체'로 본다. 본인별(일간)이 목성·화성·토성·금성·수성 중에서 어디에 해당하는지 알려면 만세력(천체를 관측하여 해와 달의 운행과 절기 따위를 적은 책)에서 본인이 태어난 날의 일진(日辰) 즉 일주(日柱)를 보아야 한다. 일진은 두 글자로 되어 있는데 윗글자인 첫 글자가 갑(甲)이나 을(乙)이면 목성이고, 병(丙)이나 정(丁)이면 화성이며, 무(戊)나 기(己)면 토성이고, 경(庚)이나 신(辛)이면 금성이며, 임(壬)이나 계(癸)이면 수성이다.

다시 말해 본인별이란 태어난 날의 천간이다. 천간에는 갑(甲)·을(乙)·병(丙)·정(丁)·무(戊)·기(己)·경(庚)·신(辛)·임(壬)·계(癸)라는 10개의 별이 있다. 본인별은 천간으로 표시할 수도 있고, 그 오행을 따라 목성·화성·토성·금성·수성으로 나타낼 수도 있다.

예를 들어 갑신(甲申)년 임신(壬申)월 계해(癸亥)일 경신(庚申)시에 태어난 사람의 경우에는 일진이 계해(癸亥)이니 본인별은 계해(癸亥)의 천간인 계(癸)로 표시할 수도 있고, 그 오행을 따라 수성으로 나타낼 수도 있다. 10개의 별은 다음과 같이 각각 다른 비유로써 구체화시킬 수도 있다.

갑(甲)	큰 수목, 재목	기(己)	평원옥토, 화단
을(乙)	화초, 덩굴식물	경(庚)	무쇠, 바위
병(丙)	빛, 태양	신(辛)	보석, 열매
정(丁)	열, 등대불	임(壬)	바다, 호수
무(戊)	큰 산, 제방	계(癸)	개울물, 비

위의 비유는 예시에 불과하므로 이것에 지나치게 얽매일 필요는 없다. 예를 들어 갑(甲)은 맨 앞의 천간이니 선두주자나 통치권자라고 할 수도 있고, 계(癸)는 섬세함의 극치이니 이슬이나 눈이라고 할 수도 있기 때문이다.

> 사주가 필요로 하는 오행

03 사주 구성법

　사주는 사람이 태어난 연월일시를 각각 천간과 지지로 나타낸 연주, 월주, 일주, 시주의 네 기둥으로 이루어진다. 태어난 해를 연주, 태어난 달을 월주, 태어난 날을 일주, 태어난 시각을 시주라고 한다.

　사주를 보기 위해서는 우선 사주 구성 즉 사주팔자 세우기를 해야 한다. 그래서 필자는 사주 구성법을 자세하게 다루었다. 하지만 그 내용이 무척 까다롭다. 주인공이 태어난 연월일시를 정확하게 알면 만세력을 이용해서 연주·월주·일주를 세울 수 있다. 그러나 시주는 만세력에 나타나 있지 않으므로 만세력을 이용해도 시주를 세울 수 없다. 또한 입춘 등 절기를 밝혀야 하고 표준시·서머타임(summer time) 등을 계산에 넣어야 하며 그 밖에도 다루어야 할 것이 있다.

　그러나 독자는 조금도 걱정할 필요가 없다. 왜냐하면 컴퓨터의 활용으로 사주팔자 세우기를 간단하게 해결할 수 있기 때문이다. 인터넷《네이버(NAVER)》등에서《사주포럼(www.sajuforum.com)》으로 들어가 거기서 '인생방정식'을 이용하면 금방 사주명식(四柱命式 : 연월일시를 간지로 바꾸어 놓은 것)을 뽑아낼 수 있다.

'인생방정식' 이용하기

인터넷 《네이버(NAVER)》 등 → 《사주포럼(www.sajuforum.com)》
→ '인생방정식' → 진행 → 사주명식

　그러므로 이 책에서 다룬 사주 구성법이 별로 소용이 없을는지 모르겠다. 사실 사주 구성법이 무척 까다로워서 이름책을 읽고도 이름을 지을 수 없는 경우가 많다. 그런 의미에서 이 책의 독자는 '행운아'라고 할 수 있지 않을까.

　인터넷을 이용하면 편하기는 하겠지만 뜻있는 독자는 이 기회에 사주 구성법을 통하여 사주학이 얼마나 체계적인 바탕 위에 서 있는 학문인가를 확인해 보기 바란다.

　사주명식을 적을 때에는 오른쪽에서 왼쪽으로 연주·월주·일주·시주를 적는다. 남성의 경우에는 건명(乾命)이라 하고 여성의 경우에는 곤명(坤命)이라 하는데 사주명식 옆에 적는다.

◇ 1944년 8월 27일(양력) 16시 출생/남성

시	일	월	연(乾命)
庚	癸	壬	甲
申	亥	申	申

위의 사주명식을 상세하게 살펴보면 다음과 같다.

・연주(年柱) : 갑신(甲申). 연간(年干)은 갑(甲), 연지(年支)는 신(申)
・월주(月柱) : 임신(壬申). 월간(月干)은 임(壬), 월지(月支)는 신(申)
・일주(日柱) : 계해(癸亥). 일간(日干)은 계(癸), 일지(日支)는 해(亥)
・시주(時柱) : 경신(庚申). 시간(時干)은 경(庚), 시지(時支)는 신(申)

　그러면 연주·월주·일주·시주를 세우는 방법에 대해 알아보자.

사주가 필요로 하는 오행

① 연주 세우기

　연주를 세울 때는 입춘을 기준으로 한다. 우리가 쓰는 달력을 기준으로 할 때 한 해의 시작은 양력 1월 1일이지만 사주학에서는 봄이 들어온다는 입춘을 새해의 시작으로 삼는다. 그러므로 12월에 태어난 사람이라도 절기로 보아 이미 입춘이 지났으면 새해에 태어난 것으로 보고, 반대로 1월에 태어난 사람이라도 절기로 보아 아직 입춘이 되지 않았다면 지난해에 태어난 것으로 본다. 띠를 구분하는 시점도 1월 1일이 아니라 입춘이다. 입춘을 기준으로 하는 이유는 사주학이 실제적인 기후 변화를 중요시하기 때문이다.

　위의 설명을 돕기 위하여 다음의 예를 들어 살펴보자.

> ▶ 1980년은 양력 2월 5일이 입춘인데 음력으로는 12월 19일이다. 달력상으로는 음력 12월 19일부터 음력 12월 29일까지 11일간은 경신(庚申)년이 아니라 기미(己未)년이지만, 사주를 판단할 때는 입춘이 지났기 때문에 경신(庚申)년으로 본다. 다시 말해 음력 1월 1일이 되지 않았어도 입춘만 지나면 다음 해로 본다.
> ▶ 1982년은 양력 2월 4일이 입춘인데 음력으로는 1월 11일이다. 이 경우에 음력 1월 1일부터 11일까지는 해가 바뀌었어도 입춘이 지나지 않았기 때문에 지난해인 신유(辛酉)년으로 본다.

　위에서 본 것처럼 연(年)을 구분할 때는 음력으로 12월이나 1월에 관계 없이 입춘을 기준으로 정한다.

　한편 절기(節氣)란 한 해를 24로 나눈 계절의 구분이다. 좁은 의미의 절기는 24절기 가운데 매월 양력 상순에 드는 것 즉 입춘·경칩·청명 따위를 가리킨다. 절기는 음력으로 본다고 알고 있는 사람들이 많지만, 사실 절기는 태양의 움직임을 고려한 것으로서 태양력의 분야에 속한다.

　천구상에서 태양이 움직이는 길을 황도라고 하는데, 이 황도 360도를 1년으로

보아 30일 단위로 나누면 12절기가 되고, 15일 단위로 나누면 24절기가 된다.

② 월주 세우기

월주는 사주의 주인공이 태어난 달을 말한다. 월주를 세울 때는 양력 1일이나 음력 1일이 아니라 좁은 의미의 절기, 즉 24절기 가운데 매월 양력 상순에 드는 것을 기준으로 한다. 따라서 입춘·경칩·청명·입하·망종·소서·입추·백로·한로·입동·대설·소한의 절입일이 기준이다. 예를 들어 새해가 시작되는 입춘부터 한 달 후인 경칩 사이는 인(寅)월이 되고, 경칩부터 청명 사이는 묘(卯)월이 된다. 좁의 의미의 절기를 12절기라고도 한다.

★ 12절기

절기	지지	월(月)	특징
입춘	인(寅)	1월	봄의 시작
경칩	묘(卯)	2월	개구리가 겨울잠에서 깸
청명	진(辰)	3월	맑고 밝은 봄날이 시작됨. 봄농사 준비
입하	사(巳)	4월	여름의 시작
망종	오(午)	5월	씨뿌리기(벼)
소서	미(未)	6월	여름 더위의 시작
입추	신(申)	7월	가을의 시작
백로	유(酉)	8월	이슬이 내리기 시작
한로	술(戌)	9월	찬 이슬이 내리기 시작
입동	해(亥)	10월	겨울의 시작
대설	자(子)	11월	겨울 큰 눈이 옴
소한	축(丑)	12월	조금 추움. 겨울 추위의 시작

사주가 필요로 하는 오행

월주는 연주를 세우고 난 다음에 세운다. 만세력을 보면 연주와 월주를 쉽게 세울 수 있다. 예를 들어 2006년 2월 4일(양력) 8시 27분에 태어났다면 이 시각부터 입춘이므로 연주는 병술(丙戌)이고 월주는 경인(庚寅)이다(동학사의 『보기 쉬운 사주만세력』 참고). 그런데 위에 예에서 만일 8시 26분에 태어났다면 아직 입춘 전이니 연주는 병술(丙戌) 전의 을유(乙酉)이고 월주는 경인(庚寅) 전의 기축(己丑)이다.

③ 일주 세우기

일주는 만세력에서 태어난 당일의 일진을 찾아 그대로 기록하면 된다. 예를 들어 2006년 2월 4일(양력)은 일진이 갑자(甲子)이니 일주는 그대로 갑자(甲子)이다.

그런데 일진이 바뀌는 시각은 언제일까? 여기에 대해서는 견해가 통일되어 있지 않다. 어제가 갑자(甲子)일이었다면 오늘은 을축(乙丑)일, 내일은 병인(丙寅)일이지만 어제, 오늘, 내일을 가르는 기준시각이 문제이다.

일진이 바뀌는 시각 즉 갑자(甲子)에서 을축(乙丑)으로 바뀌고, 다시 을축(乙丑)에서 병인(丙寅)으로 바뀌는 시점에 대해서는 두 가지 견해가 있다. 하나는 자(子)시 초에 다음 날 일진으로 넘어간다는 이론이고, 또 하나는 자(子)시의 중간 시점인 자정(子正)에 다음 날 일진으로 넘어간다는 이론이다.

그러나 사주학은 실제적인 기후 변화를 중요시하여 연주를 세울 때는 입춘을 기준으로 하고 월주를 세울 때는 절기를 기준으로 하므로, 일주를 세울 때도 동일한 바탕 위에서 이론을 정립해야 한다. 따라서 형식논리적으로 자(子)시 초를 고집할 것이 아니라 태양이 지구로부터 가장 먼 거리에 있는 때인 자정이 기후 변화를 가장 잘 반영한다고 보아 자정설을 따라야 할 것이다. 그렇다면 자정부터 다음 날이 된다. 문제는 자(子)시가 언제부터 언제까지냐이다. 여기에 관해서는 시주 세우기에서 다룬다.

한편 사주는 꼭 음력 생일로 봐야 한다고 알고 있는 경우가 많다. 그러나 사주학에서는 절기력을 사용하기 때문에 양력이든 음력이든 상관없이 정확한 날짜만 알면 된다. 음력 생일이 윤달에 속한 사람은 생일을 양력으로 바꾸어서 찾을 수 있다.

④ 시주 세우기

지구가 한 바퀴 자전하는 데 24시간이 걸린다. 원이 360도이고 하루가 24시간이므로, 지구가 1시간에 15도씩, 즉 4분에 1도씩 돈다는 계산이 나온다. 현재 세계 모든 나라는 영국 그리니치 천문대를 지나는 경도 0도의 본초자오선을 기준으로 하여 편의상 동서로 각각 15도씩 나누어서 표준시를 정하고 있다.

우리나라의 표준시 기준은 국토 중앙에 해당하는 동경 127.5도이다. 그런데 표준시를 정하는 국제협약 때문에 우리나라의 표준시 대신 일본의 중간 지점인 아카시 천문대를 기점으로 하는 동경 135도를 표준시로 사용하고 있다. 7.5도는 시간으로 계산하면 30분에 해당하므로, 우리나라의 표준시와 일본의 표준시 사이에는 30분의 오차가 생긴다. 예를 들어 우리나라에서 시계가 낮 12시를 가리킬 때 자연시는 그보다 30분 느린 11시 30분이다.

하지만 이 30분의 오차가 절대적인 것은 아니다. 왜냐하면 우리나라 안에서도 경도상의 차이 때문에 각 지역마다 차이가 생기기 때문이다. 예를 들어 대전은 30분19초, 서울은 32분 05초, 독도는 12분 21초, 백령도는 40분 26초로 위치마다 차이가 있다.

사주가 필요로 하는 오행

★ 각 지역의 자연시와 동경 135도 표준시의 시간 차이

지역	경도	시간 차이	지역	경도	시간 차이
백령도	124도 53분	+40분 26초	청주	127도 29분	+30분 03초
홍도	125도 12분	+39분 10초	춘천	127도 44분	+29분 04초
흑산도	125도 26분	+38분 14초	여수	127도 45분	+29분 00초
연평도	125도 42분	+35분 34초	충주	127도 55분	+28분 20초
덕적도	126도 06분	+35분 34초	원주	127도 57분	+28분 12초
신안군	126도 11분	+34분 14초	사천	128도 05분	+27분 20초
목포	126도 23분	+34분 26초	김천	128도 07분	+27분 12초
서산	126도 27분	+34분 10초	상주	128도 10분	+26분 56초
제주	126도 32분	+33분 52초	통영	128도 26분	+25분 52초
보령	126도 33분	+33분 48초	마산	128도 34분	+25분 44초
서귀포	126도 34분	+33분 44초	속초	128도 36분	+25분 36초
인천	126도 42분	+33분 32초	대구	128도 37분	+25분 32초
완도	126도 42분	+33분 32초	안동	128도 44분	+25분 04초
군산	126도 43분	+33분 28초	강릉	128도 54분	+24분 23초
정읍	126도 52분	+32분 52초	태백	128도 59분	+24분 07초
광주	126도 55분	+32분 17초	부산	129도 02분	+23분 48초
서울	126도 59분	+32분 05초	동해	129도 07분	+23분 28초
수원	127도 02분	+31분 53초	경주	129도 13분	+23분 07초
평택	127도 07분	+31분 33초	울산	129도 19분	+22분 43초
전주	127도 09분	+31분 24초	포항	129도 22분	+22분 33초
천안	127도 09분	+31분 24초	울진	129도 24분	+22분 25초
남원	127도 23분	+30분 28초	울릉도	130도 54분	+16분 25초
대전	127도 25분	+30분 19초	독도	131도 55분	+12분 21초

★ 우리나라의 표준시 변경

기준 경선	기간
동경 127.5도(한국시)	1908년 4월 29일 18시 30분을 18시로 조정 ~1912년 1월 1일까지 사용
동경 135도(일본시)	1912년 1월 1일 11시 30분을 12시로 조정 ~ 1954년 3월 21일까지 사용
동경 127.5도(한국시)	1954년 3월 21일 0시 30분을 0시로 조정 ~ 1961년 8월 9일 24시까지 사용
동경 135도(일본시)	1961년 8월 10일 0시를 0시 30분으로 조정 ~ 현재까지 사용

하루 24시간은 2시간 단위로 지지 즉 자(子)·축(丑)·인(寅)·묘(卯)·진(辰)·사(巳)·오(午)·미(未)·신(申)·유(酉)·술(戌)·해(亥)의 순서대로 구분된다. 하루의 첫 시간인 자(子)시는 우리나라의 자연시로 23시부터 1시까지다. 하지만 현재 사용중인 동경 135도(일본시)를 기준으로 하면 우리나라의 자연시에 30분을 더해서 다루어야 한다. 따라서 자(子)시의 중간 시점인 자정(子正)도 0시가 아니라 0시 30분이다.

사주학에서는 이 자정인 0시 30분을 기준으로 자(子)시를 야자시(夜子時 : 23시 30분~0시 30분)와 조자시(朝子時 : 0시 30분~1시 30분)로 나누는 견해가 있고, 그렇게 하지 않는 견해가 있다. 자시를 야자시와 조자시로 나누면 두 가지가 달라진다.

첫째, 전날 야자시와 당일 조자시는 시(時)는 같지만 일(日)이 달라진다.
즉 시주는 같지만 일주가 달라진다.
둘째, 당일의 조자시와 당일의 야자시는 일(日)은 같고 시간(時干)이 달라진다.
즉 일주는 같지만 시주가 달라진다.

일진이 바뀌는 기준을 자정으로 보면 조자시와 야자시로 구분하는 것이 타당하다. 조자시와 야자시를 구분할 때 사주학에서는 다음과 같이 일간(日干)에 따른 시주 세우기를 한다.

사주가 필요로 하는 오행

★ 시주(時柱)

생시	일간	갑기(甲己)	을경(乙庚)	병신(丙辛)	정임(丁壬)	무계(戊癸)
조자시 (朝子時)	0시 30분 1시 30분	갑자 (甲子)	병자 (丙子)	무자 (戊子)	경자 (庚子)	임자 (壬子)
축 (丑)	1시 30분 3시 30분	을축 (乙丑)	정축 (丁丑)	기축 (己丑)	신축 (辛丑)	계축 (癸丑)
인 (寅)	3시 30분 5시 30분	병인 (丙寅)	무인 (戊寅)	경인 (庚寅)	임인 (壬寅)	갑인 (甲寅)
묘 (卯)	5시 30분 7시 30분	정묘 (丁卯)	기묘 (己卯)	신묘 (辛卯)	계묘 (癸卯)	을묘 (乙卯)
진 (辰)	7시 30분 9시 30분	무진 (戊辰)	경진 (庚辰)	임진 (壬辰)	갑진 (甲辰)	병진 (丙辰)
사 (巳)	9시 30분 11시 30분	기사 (己巳)	신사 (辛巳)	계사 (癸巳)	을사 (乙巳)	정사 (丁巳)
오 (午)	11시 30분 13시 30분	경오 (庚午)	임오 (壬午)	갑오 (甲午)	병오 (丙午)	무오 (戊午)
미 (未)	13시 30분 15시 30분	신미 (辛未)	계미 (癸未)	을미 (乙未)	정미 (丁未)	기미 (己未)
신 (申)	15시 30분 17시 30분	임신 (壬申)	갑신 (甲申)	병신 (丙申)	무신 (戊申)	경신 (庚申)
유 (酉)	17시 30분 19시 30분	계유 (癸酉)	을유 (乙酉)	정유 (丁酉)	기유 (己酉)	신유 (辛酉)
술 (戌)	19시 30분 21시 30분	갑술 (甲戌)	병술 (丙戌)	무술 (戊戌)	경술 (庚戌)	임술 (壬戌)
해 (亥)	21시 30분 23시 30분	을해 (乙亥)	정해 (丁亥)	기해 (己亥)	신해 (辛亥)	계해 (癸亥)
야자시 (夜子時)	23시 30분 0시 30분	병자 (丙子)	무자 (戊子)	경자 (庚子)	임자 (壬子)	갑자 (甲子)

사주 구성을 할 때 연주·월주·일주는 만세력에 나타나 있지만 시주는 만세력에 나타나 있지 않으므로 위의 표를 따라 시주를 세운다. 몇 개의 예를 들어본다.

> ▸ 일간이 갑(甲)이나 기(己)에 해당하고 생시가 0시 30분~1시 30분인 조자시이면 시주는 갑자(甲子)가 된다.
> ▸ 일간이 병(丙)이나 신(辛)에 해당하고 생시가 11시 30분~13시 30분이면 시주는 갑오(甲午)가 된다.
> ▸ 일간이 무(戊)나 계(癸)에 해당하고 생시가 23시 30분~0시 30분인 야자시이면 시주는 갑자(甲子)가 된다.

시주 세우기에서 '서머타임(summer time)'이 문제가 될 수 있다. 서머타임은 영국에서 처음 실시한 제도로, 하절기의 긴 낮시간을 효과적으로 활용하기 위하여 시간을 1시간 앞당긴 것을 말한다. 따라서 서머타임이 적용된 기간에 태어난 사람의 출생시가 12시 10분이라면 1시간 늦춘 11시 10분으로 정해야 한다. 또한 표준시 기준이 동경 127.5도(한국시)이고 서머타임을 실시한 경우 출생시가 11시 40분이면 표준시 기준이 동경 135도(일본시)인 현재의 시각으로는 11시 10분이다. 왜냐하면 표준시 기준 때문에 30분을 더해야 하고, 서머타임 때문에 1시간을 빼야 하기 때문이다.

⑤ 사주 구성 예

◇ 1955년 12월 27일(음력) 16시 10분 출생

시	일	월	연
甲	乙	庚	丙
申	巳	寅	申

양력으로는 1956년 2월 8일 출생이다. 1956년은 입춘이 2월 5일 4시 42분이다. 연주는 입춘이 지났기 때문에 1955년인 을미(乙未)가 아니고 1956년인 병신(丙申)이다. 12절기로는 입춘부터 경칩 사이이므로 인(寅)월이고 따라서 월주는 경인(庚寅)이다. 2월 8일은 일진이 을사(乙巳)이므로 일주는 을사(乙巳)이다. 1955년은 현재와 다른 동경 127.5도(한국시)를 기준으로 하였으므로 출생시는 30분을 더하여 16시40분이 된다. 일간이 을(乙)이므로 시주는 갑신(甲申)이다.

◇ 1963년 1월 8일(음력) 0시 15분 출생

시	일	월	연
丙	甲	癸	壬
子	戌	丑	寅

양력으로는 1963년 2월 1일 출생이 아니라 1월 31일 출생이다. 왜냐하면 자정인 0시 30분이 되지 않았기 때문이다. 1963년은 입춘이 2월 4일 22시 8분이다. 연주는 입춘이 경과하기 전이므로 1962년인 임인(壬寅)이다. 12절기로는 소한부터 입춘 사이이므로 축(丑)월이고 따라서 월주는 계축(癸丑)이다. 1월 31일은 일진이 갑술(甲戌)이므로 일주는 갑술(甲戌)이다. 일간이 갑(甲)이므로 시주는 야자시인 병자(丙子)이다.

◇ 1965년 1월 17일(음력) 9시 10분 출생

시	일	월	연
丙	癸	戊	乙
辰	卯	寅	巳

양력으로는 1965년 2월 18일 출생이다. 1965년은 입춘이 2월 4일 9시 46분이다. 연주는 입춘이 지났기 때문에 1965년인 을사(乙巳)이다. 12절기로는 입춘부터 경칩 사이이므로 인(寅)월이고 따라서 월주는 무인(戊寅)이다. 2월 18일은 일진이 계묘(癸卯)이므로 일주는 계묘(癸卯)이다. 일간이 계(癸)이므로 시주는 병진(丙辰)이다.

사주가 필요로 하는 오행

◇ 1957년 8월 15일(음력 윤달) 22시 45분 출생

시	일	월	연
癸	癸	庚	丁
亥	丑	戌	酉

양력으로는 1957년 10월 8일 출생이다. 1957년은 입춘이 2월 4일 10시 25분이다. 연주는 입춘이 지났기 때문에 1957년인 정유(丁酉)이다. 12절기로는 한로부터 입동 사이이므로 술(戌)월이고 따라서 월주는 경술(庚戌)이다.

10월 8일은 일진이 계축(癸丑)이니 일주는 계축(癸丑)이다. 1957년은 현재와 다른 동경 127.5도(한국시)를 기준으로 하였으므로 출생시는 30분을 더하여 23시 15분이 된다. 일간이 계(癸)이므로 시주는 계해(癸亥)이다.

◇ 1990년 5월 15일(음력 윤달) 19시 5분 출생

시	일	월	연
辛	癸	癸	庚
酉	酉	未	午

양력으로는 1990년 7월 7일 출생이다. 1990년은 입춘이 2월 4일 11시 14분이다. 연주는 입춘이 지났기 때문에 1990년인 경오(庚午)이다. 12절기로는 소서부터 입추 사이이므로 미(未)월이고 따라서 월주는 계미(癸未)다. 7월 7일은 일진이 계유(癸酉)이므로 일주는 계유(癸酉)이다. 일간이 계(癸)이므로 시주는 신유(辛酉)이다.

Part 02 희용신

사주학에서는 사주를 꽃피울 수 있는 핵이 되는 오행[木火土金水]을 '용신(用神)'이라고 한다. 그리고 용신은 아니지만 용신한테 길(吉) 작용을 하는 것을 '희신(喜神)'이라고 한다.

예를 들어 사주가 더워서 시원한 수(水)를 기뻐하면 수(水)가 용신이고, 금생수(金生水)의 원리에 따라 이 수(水)한테 길(吉) 작용을 하는 금(金)이 희신이다.

01 용신을 찾는 방법

사주학에서 용신을 찾는 방법은 다음 다섯 가지가 있다.

① 억부용신

사주에서 강한 오행은 억압해주고, 약한 오행은 도와주어야 한다. 이렇게 조정해줄 수 있는 오행이 용신이 되는데 이것이 곧 억부용신이다.

② 조후용신

사주는 조화를 이루어야 한다. 추우면 따뜻함이 필요하고 더우면 서늘함이 필요하다. 건조하면 윤택함이 필요하고 습하면 밝음이 필요하다. 이렇게 조정해줄 수 있는 오행이 바로 조후용신이다.

③ 종용신

사주에 특정 오행의 기운이 지나치게 강해서 도저히 다스릴 수 없는 경우에는

사주가 필요로 하는 오행

그대로 그 오행에 따르는 것이 좋다. 그 오행이 바로 종용신이다.

④ 통관용신

사주에서 두 세력이 서로 치고받고 다툴 때에는 이를 소통시켜줄 필요가 있다. 이렇게 해줄 수 있는 오행이 통관용신이다.

⑤ 병약용신

병이란 사주를 길격으로 구성하는 데 방해되는 자(예를 들어 불필요하게 태왕한 자) 또는 용신에 해를 끼치는 자(예를 들어 용신을 극하는 자)로 전자를 사주의 병(病), 후자를 용신의 병(病)이라고 한다. 반면 병을 다스릴 수 있는 자를 약(藥)이라고 한다. 약인 오행이 병약용신이다.

용신을 찾는 일은 결코 쉽지 않다. 따라서 용신과 희신을 명확하게 구별할 수 없는 경우가 많다. 그런 경우에는 '희용신'이란 용어를 사용할 수 있다. 예를 들어 어느 사주가 목(木)·화(火)를 모두 기뻐하지만 어느 것이 용신이고 어느 것이 희신이라고 명확하게 구별할 수 없으면 '목(木)·화(火)가 희용신이다'라고 표현할 수 있다.

참고로 위의 예에 나타난 목(木)·화(火)에 다른 오행을 추가해서 희용신이라고 할 수도 있음을 유의해야 한다. 예를 들어 수(水)가 많기 때문에 목(木)·화(火)가 희용신인 사주에서는 토(土)가 수(水)를 극해 주어 좋은 작용을 할 수 있으니 토(土)를 추가해서 희용신이라고 할 수도 있다.

필자는 이름을 지을 때 자원오행이 희용신에 해당하는 글자를 사용하는 것을 원칙으로 삼고 있다. 따라서, 예를 들어 사주의 주인공이 물을 필요로 하면 자원오행이 수(水)인 '하(河)'를, 불을 필요로 하면 자원오행이 화(火)인 '현(炫)'을 이름자로 사용한다.

02 신강 신약 판단

사주팔자에서 희용신을 찾아내기 위해서는 먼저 주인공의 사주가 신강(身强)인지 아니면 신약(身弱)인지를 알아내야 한다. 그런데 신강과 신약의 구별은 사주 전체를 보는 안목과 관련되어 있다. 그래서 신강과 신약을 명쾌하게 구별할 수 있다면 사주학 공부는 이미 절반은 끝난 셈이라고 한다.

사주학에서는 본인별 즉 일간을 '주체'로 보기 때문에 신강은 일간이 강하다는 뜻이고, 신약은 일간이 약하다는 뜻이다.

시간	일간	월간	연간
시지	일지	월지	연지

사주팔자에서 일간을 도와주는 오행이 많으면 신강이라 하고 반대로 일간을 도와주는 오행이 적으면 신약이라고 한다. 그러면 도와주는 오행이란 무엇일까?

오행	도와주는 오행
목(木)	목(木)·수(水)
화(火)	화(火)·목(木)
토(土)	토(土)·화(火)
금(金)	금(金)·토(土)
수(水)	수(水)·금(金)

사주가 필요로 하는 오행

위의 표에서 목(木)이 목(木)을 도와주는 것은 당연하고, 수(水)는 수생목(水生木)으로 목(木)을 도와준다. 화(火)가 화(火)를 도와주는 것은 당연하고, 목(木)은 목생화(木生火)로 화(火)를 도와준다. 토(土)가 토(土)를 도와주는 것은 당연하고, 화(火)는 화생토(火生土)로 토(土)를 도와준다. 금(金)이 금(金)을 도와주는 것은 당연하고, 토(土)는 토생금(土生金)으로 금(金)을 도와준다. 수(水)가 수(水)를 도와주는 것은 당연하고, 금(金)은 금생수(金生水)로 수(水)를 도와준다.

다음으로 신강과 신약을 판단하는 기준에 대해 살펴보자. 그 전에 먼저 알아두어야 할 사항들이 있다.

▶ 월지의 영향력이 가장 크다. 왜냐하면 더운 오(午)월과 추운 자(子)월에서 볼 수 있듯이 월지가 바로 기후의 바로미터(barometer)이기 때문이다.
▶ 시지의 영향력도 큰 편이다. 왜냐하면 하루 중 어느 시각이냐에 따라서 기온차가 상당하기 때문이다.
▶ 일지의 영향력도 큰 편이다. 왜냐하면 일지는 일간의 바로 밑에서 작용하므로 그 힘이 상당하기 때문이다.
▶ 천간은 지지의 작용이 없으면 뿌리를 내리지 못한 식물처럼 헛것이 된다. 따라서 천간보다 지지의 영향력이 크다.
▶ 연간과 연지는 일간과는 멀리 떨어져 있으므로 그만큼 영향력이 떨어진다.

위의 사항들을 고려하여 신강과 신약을 판단할 수 있는 객관적인 수리기준을 제시하면 좋을 것이다.

그러나 사주학은 1+1=2가 되는 단순수리학이 아니라 천기(天氣)와 지질(地質)을 종합하여 다루는 입체수리학이므로 객관적인 수리기준을 제시하기가 쉽지 않다. 다만 방편으로 대략적인 수리기준을 제시할 수 있지만 정확한 것은 아니다. 이름학을 다루는 이 책에서는 부득이 방편을 동원하지 않을 수 없다. 왜냐하면 사주학을 깊이 있게 공부한 후에야 비로소 이름을 지을 수 있다고 한다면 현실적으로 이름을 지을 수 있기까지 매우 오랜 세월이 필요하기 때문이다.

이 책에서는 간지별 영향력을 수리 기준으로 다음과 같이 본다. 참고로 간지 전체의 합은 10이다.

★ 간지별 영향력

시주	일주	월주	연주	사주 / 간지
시간 0.8	일간 1	월간 1	연간 0.8	천간
시지 1.2	일지 1.2	월지 3	연지 1	지지

그러면 위의 수리기준에 따라 필자의 사주가 신강인지 아니면 신약인지를 판단해보자.

예1)

시	일	월	연
庚	癸	壬	甲
申	亥	申	申

사주가 필요로 하는 오행

위 사주에서는 일간이 계수(癸水)이다. 그리고 일간을 도와주는 오행은 수(水)·금(金)이다.

간지 중에서 천간의 갑(甲)·을(乙)은 목(木)이고, 병(丙)·정(丁)은 화(火)이며, 무(戊)·기(己)는 토(土)이고, 경(庚)·신(辛)은 금(金)이며, 임(壬)·계(癸)는 수(水)이다. 지지의 인(寅)·묘(卯)는 목(木)이고, 사(巳)·오(午)는 화(火)이며, 진(辰)·술(戌)·축(丑)·미(未)는 토(土)이고, 신(申)·유(酉)는 금(金)이며, 자(子)·해(亥)는 수(水)이다.

사주에서 수(水)로는 일간의 계수(癸水 : 1) 월간의 임수(壬水 : 1) 일지의 해수(亥水 : 1.2)가 있으며, 금(金)으로는 시간의 경금(庚金 : 0.8) 연지의 신금(申金 : 1) 월지의 신금(申金 : 3) 시지의 신금(申金 : 1.2)이 있다. 따라서 일간과 일간을 도와주는 오행을 더하면 모두 9.2이다. 신강과 신약의 경계선을 5로 보면 필자의 사주는 신강이다.

그런데 사주가 신강하다는 이야기는 수(水)·금(金)이 많으니 더 이상 수(水)·금(金)이 필요 없다는 말이다.

사주가 조화를 이루기 위해서는 추우면 따뜻함이 필요하고, 더우면 서늘함이 필요하며, 건조하면 윤택함이 필요하고, 습하면 밝음이 필요하다. 그 요체는 수(水)와 화(火)의 관계 나아가 금(金)·수(水)와 목(木)·화(火)의 관계이다.

금(金)·수(水)는 수축·통합 작용을 하고, 목(木)·화(火)는 확장·분산 작용을 한다. 이 두 가지 작용이 잘 순환되어야 생기가 돈다. 사주에 금(金)·수(水)가 많으면 목(木)·화(火)로 다스리는 것이 좋고, 반대로 목(木)·화(火)가 많으면 금(金)·수(水)로 다스리는 것이 좋다.

따라서 필자의 경우에는 이름자로 자원오행이 목(木)·화(火)인 글자를 사용하면 좋다.

토(土) 가운데 월지와 시지에 있는 축(丑)은 수(水)로 볼 수 있다. 왜냐하면 축(丑)월은 겨울이고 축(丑)시는 하루 중 기온이 무척 낮은 시간이기 때문이다.

토(土) 가운데 월지와 시지에 있는 미(未)는 화(火)로 볼 수 있다. 왜냐하면 미(未)월은 여름이고 미(未)시는 하루 중 기온이 무척 높은 시간이기 때문이다.

축(丑)월이나 미(未)월은 모두 환절기이지만, 넓게 보아 축(丑)월은 겨울에 속하고 미(未)월은 여름에 속한다. 토(土)는 조정작용을 한다. 그 작용이 묘해서 일률적으로 논할 수 없다. 따라서 필자의 경우 토(土)가 무조건 희용신인 것은 아니다.

예2)

시	일	월	연
庚	丙	丙	辛
寅	午	申	酉

사주간지	시주	일주	월주	연주
천간	금(金) 0.8	화(火) 1	화(火) 1	금(金) 0.8
지지	목(木) 1.2	화(火) 1.2	금(金) 3	금(金) 1

위 사주는 일간이 병화(丙火)이다. 그리고 일간을 도와주는 오행은 화(火)·목(木)이다. 이 사주에서 화(火)로는 일간의 병화(丙火 : 1) 월간의 병화(丙火 : 1) 일지의 오화(午火 : 1.2)가 있으며, 목(木)으로는 시지의 인목(寅木 : 1.2)이 있다. 따라서 일간과 일간을 도와주는 오행을 더하면 모두 4.4이다. 신강과 신약의 경계선을 5

사주가 필요로 하는 오행

로 보면 이 사주는 신약이다.

그런데 이 사주가 신약하다는 이야기는 화(火)·목(木)이 필요하다는 뜻이다. 다시 말하면 이 사주는 화(火)·목(木)을 희용신으로 한다는 의미다. 따라서 이 사주 주인공의 이름자로는 자원오행이 화(火)·목(木)인 글자를 사용하는 것이 좋다.

그런데 필자의 사주는 신강해서 희용신이 3개[목(木)·화(火)에다 토(土)를 추가]가 될 수 있지만, 이 사주는 신약하기 때문에 희용신이 2개밖에 될 수 없다. 그러나 사주가 신약해도 일간을 극(剋)하는 오행이 많은 경우에는 다음 예3의 사주에서 보는 것처럼 일간이 생(生)하는 오행을 희용신으로 추가할 수 있다.

일간을 극하는 오행이란 구체적으로 일간이 목(木)이면 금(金), 화(火)이면 수(水), 토(土)이면 목(木), 금(金)이면 화(火), 수(水)이면 토(土)이다. 일간이 생하는 오행이란 구체적으로 일간이 목(木)이면 화(火), 화(火)이면 토(土), 토(土)이면 금(金), 금(金)이면 수(水), 수(水)이면 목(木)이다.

예3)

시	일	월	연
庚	庚	丙	壬
辰	午	午	申

사주\간지	시주	일주	월주	연주
천간	금(金) 0.8	금(金) 1	화(火) 1	수(水) 0.8
지지	토(土) 1.2	화(火) 1.2	화(火) 3	금(金) 1

위 사주는 일간이 경금(庚金)이다. 그리고 일간을 도와주는 오행은 금(金)·토(土)이다. 이 사주에서 금(金)으로는 일간의 경금(庚金 : 1) 시간의 경금(庚金 : 0.8) 연지의 신금(申金 : 1)이 있으며, 토(土)로는 시지의 진토(辰土 : 1.2)가 있다. 따라서 일간과 일간을 도와주는 오행을 더하면 모두 4이다. 신강과 신약의 경계선을 5로 보면 이 사주는 신약이다.

그런데 이 사주가 신약하다는 이야기는 금(金)·토(土)가 필요하다는 의미다. 다시 말하면 이 사주는 금(金)·토(土)를 희용신으로 한다는 뜻이다. 따라서 이 사주 주인공의 이름자로는 자원오행이 금(金)·토(土)인 글자를 사용하는 것이 좋다.

그러나 이 사주에서는 일간이 생하는 오행인 수(水)를 희용신으로 추가할 수 있다. 왜냐하면 이 사주가 신약한 주된 원인이 일간을 극하는 오행인 월간의 병화(丙火 : 1) 월지의 오화(午火 : 3) 일지의 오화(午火 : 1.2)이므로, 모두 5.2나 되는 뜨거운 화(火)를 다스려줄 차가운 수(水)가 필요하기 때문이다. 따라서 이 사주 주인공의 이름자로는 자원오행이 금(金)·토(土)·수(水)인 글자를 사용하면 좋다.

그러나 토(土)가 문제이다. 금(金)·수(水)를 지닌 토(土)는 희용신이지만, 목(木)·화(火)를 지닌 토(土)는 희용신이 아니다.

03 조후로 찾는 희용신

사주학에서는 사주가 신강인지 아니면 신약인지를 구별해서 희용신을 판단하지만, 어디까지나 대자연의 이치에 따를 것을 일러주고 있다. 모든 생명체는 사계절의 기후변화에 따라 성장 발육에 큰 영향을 받는다. 인간 역시 마찬가지여서 기후에 따라 정신적·육체적인 차이가 생기고 운명 또한 달라지게 된다. 그러므로

사주가 필요로 하는 오행

자신에게 필요한 좋은 기후를 만나야 하는데, 사주학에서는 자신의 성장 발육에 바람직한 기후와의 조화를 조후(調候)라고 하여 매우 중시한다.

　사주는 억부(사주에서 강한 자는 억압해주고, 약한 자는 도와주는 것)와 조후의 이치를 조화롭게 적용하여 파악해야 한다. 억부는 현실이요, 조후는 이상이다. 현실을 떠난 이상은 있을 수 없고 이상을 떠난 현실은 무의미하다.

　현실과 이상이 조화를 이루면 가장 바람직하다.

> ▶ 일간이 강하지도 약하지도 않은 경우에는 조후의 관점에서 희용신을 찾는다.
> 　이것은 월지가 사(巳)·오(午)·미(未) 즉 여름이면 금(金)·수(水)가, 해(亥)·자(子)·축(丑) 즉 겨울이면 목(木)·화(火)가 희용신인 경우가 많다는 의미다.
> 　물론 사주가 신강인지 신약이지를 잘 구별할 수 없는 경우이다.
> ▶ 겨울에 태어난 경(庚)·신(辛) 일간은 약간 신약하더라도 조후의 관점에서 목(木)·화(火)를 희용신으로 삼는 것이 좋을 때가 많다. 사주에 금(金)·수(水)가 강해 한랭하기 때문이다. 물론 사주에 목(木)·화(火)가 강하게 나타나 있으면 그렇지 않다.
> ▶ 여름에 태어난 갑(甲)·을(乙) 일간은 별로 약하지 않음에도 불구하고 조후의 관점에서 금(金)·수(水)를 희용신으로 삼는 것이 좋을 때가 많다. 사주에 목(木)·화(火)가 강해 조열하기 때문이다. 물론 사주에 금(金)·수(水)가 강하게 나타나 있으면 그렇지 않다.

※ 간단한 사주학 지식

사주에서 오행이 중화되고 순수하면 성격이 원만하고 온후하지만, 오행이 편중되고 혼탁하면 성격 역시 비뚤어지고 비굴하며 걸핏하면 성질을 부린다. 사주에 금(金)·수(水)의 기(氣)가 강하면 이성적이고 차가운 면이 많고, 반대로 목(木)·화(火)의 기(氣)가 강하면 감성적이고 들뜬 면이 많다. 음(陰)이 강하면 소극적인 면이 강하고, 양(陽)이 강하면 적극적인 면이 강하다.

- 사주에 목(木)이 지나치게 많으면 간염·간경화·담석증·관절통 등이 따르고 발목을 잘 삔다.
- 사주에 목(木)이 부족하면 약시·색맹·현기증·간질·생리불순 등이 따른다.
- 사주에 화(火)가 지나치게 많으면 몸에 열이 많으며, 변비·고혈압·협심증·심장판막증·당뇨·류머티즘 등이 따른다.
- 사주에 화(火)가 부족하면 가슴이 두근거리며 잘 놀라고, 목덜미가 뻐근하며, 저혈압·자궁냉증 등이 따른다.
- 사주에 토(土)가 지나치게 많으면 위궤양·위암·췌장암·맹장염·화농성 질환 등이 따른다.
- 사주에 토(土)가 부족하면 복통·소화불량·위경련·위산과다 등이 따르고, 살이 심하게 찌거나 빠진다.
- 사주에 금(金)이 지나치게 많으면 기관지 질환·편두통·콧병·장염·치통·무릎관절통 등이 따른다.
- 사주에 금(金)이 부족하면 폐결핵·치질·신경과민 등이 따른다.
- 사주에 수(水)가 지나치게 많으면 신장염·방광염·요도염·디스크·자궁냉증 등이 따른다.
- 사주에 수(水)가 부족하면 신경통·중풍·생식기 염증 등이 따르고, 소변을 자주 보거나 정력이 감퇴한다.

06

윤회와 이름

윤회와 이름

사람은 육체와 영혼의 결합체다. 그러나 이름이 없으면 사람이 사람 구실을 못하기 때문에 사람=육체+영혼+이름이라고도 한다. 우리와 같은 몽고 계통인 에스키모 인은 사람이 육체와 영혼과 이름의 셋으로 이루어졌다고 생각해왔다.

박성룡 시인은 우리가 '풀잎'이란 퍽도 아름다운 이름을 자꾸 부르면 우리의 몸과 맘도 어느덧 푸른 풀잎이 돼버린다고 노래한다.

풀잎은
퍽도 아름다운 이름을 가졌어요.
우리가 '풀잎' 하고 그를 부를 때는,
우리들의 입 속에서 푸른 휘파람
소리가 나거든요.

바람이 부는 날의 풀잎들은
왜 저리 몸을 흔들까요.
소나기가 오는 날의 풀잎들은
왜 저리 또 몸을 통통거릴까요.

풀잎은,
퍽도 아름다운 이름을 가졌어요.
우리가 '풀잎' '풀잎' 하고
자꾸 부르면,
우리의 몸과 맘도 어느덧
푸른 풀잎이 돼버리거든요.

위의 시에서 풀잎이라는 이름과 나는 별개가 아니다. 나는 풀잎이고 풀잎은 나다. 몸(육체)과 마음(영혼)과 이름이 하나를 이룬다.

그러나 위의 시와는 달리 사람은 육체와 영혼의 결합체이고 이름은 사람에게 부수적인 것이다. 하지만 우리가 죽으면 육체는 사라지고 이름이 육체를 갈음하여 이름과 영혼, 영혼과 이름이 하나를 이룬다. 하나님의 이름은 「여호와」이고 「여호와」는 하나님의 영원한 이름이듯이 하늘나라에서는 우리의 영혼과 이름이 하나를 이룬다.

그러면 사후세계(死後世界)가 존재할까?

성철(性徹) 스님은 「자기를 바로 봅시다(발행처/장경각)」의 '영혼의 세계'에서 다음과 같이 생사윤회를 밝히고 있다.

지난 수천 년 동안 많은 사람들에 의해 논란과 시비가 되면서 완전히 결론을 내리지 못한 문제로 영혼 문제가 있습니다.
어떤 과학자나 철학자, 종교가는 영혼이 꼭 있다고 주장하는가 하면 또 어떤 학자들은 영혼같은 것은 없다고 주장합니다. 이런 싸움은 수천 년 동안 계속되어 내려왔습니다.
그러면 불교에서는 이 문제를 어떻게 취급하는가? 부처님께서는 한결같이 생사윤회를 말씀하셨습니다. 즉 사람이 죽으면 그만이 아니고, 생전에 지은 바 업(業)에 따라 몸을 바꾸어 가며 윤회를 한다는 것입니다. 윤회는 우리 불교의 핵심적인 원리의 하나입니다.
그러면 윤회란 것은 확실히 성립되는 것인가? 근래 세계적인 대학자들은 윤회를 한다는 영혼 자체를 설명할 수 없다고 합니다. 그렇다면 어떻게 윤회를 설명할 수 있겠습니까? 그래서 이렇게 말하는 사람들도 있습니다.
"윤회는 부처님께서 교화를 위해 방편으로 하신 말씀이지 실제 윤회가 있는 것은 아

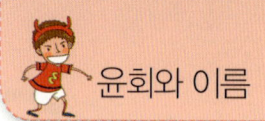 윤회와 이름

니다. 윤회가 있고 인과가 있다고 하면 겁이 나서 사람들이 행동을 잘할 터이므로 교육적인 방편으로 하신 말씀이다."

그런데 근래 과학이 물질만이 아니라 정신과학도 자꾸 발달함에 따라 영혼이 있다는 것이, 윤회가 있다는 것이, 또한 인과가 분명하다는 것이 점차로 입증되어지고 있습니다.

이제 불교에서 말하는 윤회는 세계의 많은 학자들에 의해서 그 베일이 벗겨지고 있습니다. 한가지 예를 들어보겠습니다.

지금으로부터 25년 전 터어키 남부의 「아나다」라는 마을에 「이스마일」이라는 어린애가 있었습니다. 그 집은 정육점을 하는데, 난 후 일년 반쯤 되는 이 어린애가 어느 날 저녁에 아버지와 침대에 누워 있다가 문득 이런 소리를 하는 것입니다.

"나는 이제 우리 집에 가겠다. 이 집에는 그만 살겠어요."

"이스마일아, 그게 무슨 소리냐, 여기가 네 집이지 또 다른 네 집이 어디 있어?"

"아니야, 여기는 우리 집이 아니야! 우리 집은 저 건너 동네에서 과수원을 하고 있어. 내 이름도 「이스마일」이 아니고 「아비스스루무스」야. 「아비스스루무스」라고 부르세요. 그렇지 않으면 이제부터는 대답도 안할테야."

이러는 것입니다. 그러면서 또 말했습니다.

"나는 저 건너 동네 과수원집 주인인데 50살에 죽었어. 처음에 결혼한 여자는 아이를 못 낳아서 이혼하고 새로 장가를 갔어. 그리고는 아이 넷을 낳고 잘 살았지. 그러다가 과수원의 일하는 인부들과 싸움이 일어나서 머리를 맞아 죽었어. 마구간에서 그랬지. 그때 비명소리를 듣고 부인하고 애들 둘이 뛰어나오다가 그들도 맞아 죽었어. 한꺼번에 네 사람이 죽었지. 그 후 내가 당신 집에 와서 태어난 거야. 아이들 둘이 지금도 그 집에 있을텐데 그 애들이 보고 싶어서 안되겠어."

그리고는 자꾸 전생의 자기 집으로 간다고 합니다. 그런 소리를 못하게 하면 웁니다. 그러다가 또 전생 이야기를 합니다. 한번은 크고 좋은 수박을 사왔습니다. 이 어린애가 가더니 제일 큰 조각을 쥐고는 아무도 못 먹게 하는 것입니다.

"내 딸 「구루사리」에게 갖다 줄테야! 그 애는 수박을 좋아하거든"

그가 말하는 전생에 살던 곳은 별로 멀리 떨어지지 않은 곳이어서 그 지방 사람이 간

혹 이 동네에 오는 이가 있습니다. 한번은 웬 아이스크림 장수를 보더니 뛰어나가서 말했습니다.

"내가 누군지 알겠어?"

알 턱이 있겠습니까?

"나를 몰라?" 내가 「아비스스루무스」야. 네가 전에는 우리 과수원의 과일도 갖다 팔고, 채소도 갖다 팔았는데 언제부터 아이스크림 장사하지? 내가 또 네 할례(割禮)도 해주지 않더냐?"

이렇게 이야기하는 것이 모두 사실과 맞는 것입니다. 이것이 자꾸 자꾸 소문이 났습니다.

터어키는 회교국으로서 회교교리상 윤회를 부인하는 곳입니다. 그러므로 만약 재생을 주장하면 결국 그 고장에서 살 수 없게 되는 것입니다. 그래서 어른들은 「아비스스루무스」가 전생 이야기를 하지 못하도록 자꾸 아이의 입을 막으려고 하였으나, 우는 아이를 달래려면 도리가 없었습니다. 아이가 세 살이 되던 해입니다. 확인도 해볼겸 아이를 과수원으로 데리고 갔습니다. 함께 가는 사람이 다른 길로 가면

"아니야, 이쪽 길로 가야 해."

하면서 한번도 가보지 않은 길을 앞장서서 과수원으로 조금도 서슴지 않고 찾아 들어가는 것입니다.

과수원에는 마침 이혼한 전생 마누라가 앉아 있다가 웬 어린애와 그 뒤를 따라오는 많은 사람들을 보고 눈이 둥그렇게 되어 쳐다보았습니다. 어린애는 전생 마누라의 이름을 부르며 뛰어가더니 다리를 안으며 말했습니다.

"너 고생한다."

어린애가 중년의 부인을 보고 "너 고생한다"고 하다니! 부인은 더욱 당황했습니다.

"놀라지 말아라. 나는 너의 전생 남편인 「아비스스루무스」인데 저 건너 동네에서 태어나서 지금 이렇게 찾아왔어."

또 아이들을 보더니,

"「사귀」, 「구루사리」참 보고 싶었다."

하면서 흡사 부모가 자식을 대하듯 하는 것입니다. 또 사람들을 자기가 맞아 죽은 마구

243

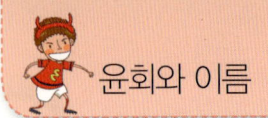
윤회와 이름

간으로 데리고 갔습니다.

　전에는 좋은 갈색 말이 있었는데 그 말이 안 보이니 어떻게 되었는지 묻고, 팔았다고 하니 무척 아까워 했습니다. 그리고 그곳에서 일하던 여러 인부들을 보지도 않고서 누구누구하며 한 사람씩 이름을 대면서 나이는 몇 살이고 어느 동네에 산다고 하는데 모두 맞습니다. 그런데 어떻게 전생의 과수원 주인이 아니라고 할 수 있습니까?

　이것이 결국 세계적인 화젯거리가 되어 「이스마일」이 여섯 살이 되던 1962년 학자들이 전문적이고 과학적으로 조사 검토하기 위해 조사단을 조직하였습니다.

　이때 일본에서도 다수의 학자들이 참여했습니다. 그 조사 보고서에서 보면 확실하고 의심할 수 없는 전생기억으로 다음과 같은 것이 있습니다. 그 과수원 주인이 생전에 돈을 빌려 준 것이 있었는데 「아비스스루무스」가 죽어버린 후 그 돈을 갚지 않았습니다. 그 돈 빌려간 사람을 불렀습니다.

　"네가 어느 날 돈 얼마를 빌려가지 않았느냐. 내가 죽었어도 내 가족에게 갚아야 할 것이 아니냐. 왜 그 돈을 떼어 먹고 여태 갚지 않았어?"

　돈 빌려 간 날짜도 틀림없고 액수도 틀림없었습니다. 안갚을 수 있겠습니까! 이리하여 전생 빚을 받아내었습니다.

　이것은 죽은 「아비스스루무스」와 돈 빌려 쓴 두 사람 외에는 아무도 모르는 비밀이었습니다. 그런 것을 틀림없이 환하게 말하는데, 이것을 누가 어린애에게 말해 줄 것이며 또 어린애가 어떻게 알 수 있겠습니까? 이렇게 하여 「이스마일」은 「아비스스루무스」의 재생이라는 데에 확정을 짓고 보고서를 내었습니다.

　앞에서 얘기한 「이스마일」의 예와 같은 전생기억의 사례는 학계에 보고된 것만 해도 무수히 많습니다. 또 차시환생(借屍還生 : 사람이 죽어서 다시 나는 것이 아니고 내 몸뚱이는 아주 죽어버리고 남의 송장에 의지해서, 즉 몸을 바꾸어서 다시 살아나는 경우)과 연령역행(年齡逆行 : 최면술을 사용하여 사람의 연령을 자꾸자꾸 역행시켜 전생을 알아내는 경우)의 사례도 있습니다.

　그러면 전생이 있고 윤회를 한다고 할 때 어떤 법칙에서 윤회를 하는가? 내가 마음대

로 원하기만 하면 김씨가 되고 남자가 되고 할 수 있는가? 영국의 캐논(Sir Alexander Cannon) 박사의 보고서에 의거해서 살펴보면 그것은 순전히 불교에서 얘기하는 인과 법칙에 의한다는 것이 판명되었습니다. 인과법칙이란 선인선과(善因善果), 악인악과(惡因惡果)입니다. 콩심은 데 콩나고 팥심은 데 팥난다는 말입니다. 이것은 자연의 법칙입니다. 착한 원인에는 좋은 결과가 생기고, 나쁜 원인에는 좋지 않은 결과가 생긴다 이 말입니다.

성철 스님의 말씀을 한마디로 요약해서 '사람은 자기가 만든 세계 속으로 태어난다'고 표현할 수 있다.

일찍이 독일의 철학자 하이데거(Martin Heidegger)는 존재 인식의 수단을 언어라고 말한 바 있다. 그렇다면 사후세계에서는 영혼(존재) 인식의 수단을 이름(언어)이라고 할 수 있겠다. 그러므로 우리는 하늘나라에 가서도 자신의 이름이 영광스럽게 불릴 수 있도록 스스로를 더욱 다듬어 나가야 한다.

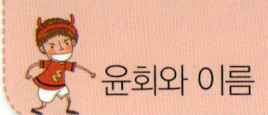
윤회와 이름

　　김춘수 시인은 '꽃'에서 이름이야말로 '너'와 '나'가 둘이 아님을 인식시켜 주는 조건이라고 노래한다.

　　내가 그의 이름을 불러주기 전에는
　　그는 다만
　　하나의 몸짓에 지나지 않았다.

　　내가 그의 이름을 불러 주었을 때
　　그는 나에게로 와서
　　꽃이 되었다.

　　내가 그의 이름을 불러 준 것처럼
　　나의 이 빛깔과 향기에 알맞은
　　누가 나의 이름을 불러다오.
　　그에게로 가서 나도
　　그의 꽃이 되고 싶다.

　　우리들은 모두
　　무엇이 되고 싶다.
　　너는 나에게 나는 너에게
　　잊혀지지 않는 하나의 눈짓이 되고 싶다.

　　대학교 재학 시절, 산사에서 성철 스님을 만나 뵙고 전생·금생·내생이 어떻게 다르냐고 여쭈었더니, 스님께서는 모든 것이 찰나에 불과하고 결국은 다 같은 것이라고 말했다. 찰나 속에 과거·현재·미래가 펼쳐지고 현재가 과거와 미래를 담고 있다는 것이다.

　'윤회와 이름'을 이야기하다 보니 결국 '현재'가 화두(話頭)이다. 스스로 해결해야 한다.

　모든 것은 타고 있다. 활활 타오르고 있다.
　눈이 타고 있다. 그 대상을 향해 타오르고 있다.
　귀도 타고 있다. 코도 타고 있다. 마음도 타고 있다.
　모두 그 대상을 향해 활활 타오르고 있다.
　그것들은 무엇으로 말미암아 타는 것이랴.
　탐욕의 불꽃에 의해 타고,
　노여움의 불꽃에 의해 타고,
　어리석음의 불꽃에 의해 타고 있는 것이다.

07

วัดของ

 개명

01 의의

　개명(改名)이란 가족관계등록부에 등재된 이름을 다른 이름으로 바꾸어 다시 등재하는 것이다. 이름은 사람의 동일성을 특정하기 위한 표상으로, 누구나 자유로 정할 수 있고 또 정당한 사유가 있으면 바꿀 수 있는 것이 원칙이다.

　그러나 이름이 가족관계등록부에 등재되어 공시되면 그 이름에 대한 사회적 신뢰가 쌓이고 그것을 바탕으로 하여 발생하는 모든 인간관계가 사회적 질서를 형성하게 됨에 따라, 오랫동안 사용해온 이름을 일시에 바꾸게 되면 사회의 질서와 안정을 해치는 결과를 낳는다. 때문에 가족관계의 등록 등에 관한 법률은 개명시 법원의 허가를 얻도록 하여 개명의 자유를 제한하고 있다.

　결국 개명의 허가기준은 사회의 질서와 안정의 유지라는 공익적 목적과 개명하고자 하는 사람의 개인적 편의를 적절히 조화시킬 수 있는 선에서 찾아야 할 것이다.

02 사유

　대법원은 "개인의 이름은 헌법이 보장하고 있는 인격권과 행복추구권에 해당하기 때문에 개명허가 여부를 결정할 때는 '사회적 혼란'보다 '개인의 주관적인 의사'가 중시되어야 한다"는 입장이다. 또 "이름은 통상 부모에 의해 일방적으로 결정되어지므로 불만스럽거나 심각한 고통을 받을 수 있다"며 "그런데도 그 이름으로 평생 살라고 강요하는 것은 정당하지도, 합리적이지도 않다"고 밝혔다. 나아

가 "범죄를 은폐하거나 법령의 각종 제한을 회피하려는 불순한 의도 및 목적이 개입되지 않으면 원칙적으로 개명을 허가해야 한다"고 밝혔다.

법원 실무상 개명사유는 다음과 같다.

- 출생신고서에 이름을 잘못 기재한 경우
- 실제 통용되는 이름과 일치시키기 위한 경우
- 족보상의 항렬자와 일치시키기 위한 경우
- 현재의 이름에 선대나 후대의 항렬자가 포함되어 있는 경우
- 친족 중에 동명인이 있는 경우
- 이름이 부르기 힘들거나 잘못 부르기 쉬운 경우
- 성명의 발음이 나쁜 경우(저속한 것의 연상, 놀림감 등)
- 성명의 의미가 나쁜 경우
- 성명이 악명 높은 사람의 이름과 같거나 비슷한 경우
- 성명철학상의 이유로 개명하고자 하는 경우
- 한자 이름을 한글 이름으로 바꾸고자 하는 경우
- 한글 이름을 한자 이름으로 바꾸고자 하는 경우
- 외국식 이름을 한국식 이름으로 바꾸고자 하는 경우
- 기타 위에서 열거한 사항에 해당되지 않은 경우

개명

03 절차

　개명신청을 하려면 신청인 본인이 개명허가신청서(법원에 비치되어 있음)를 작성한 후 기본증명서·가족관계증명서·주민등록등(초)본과 기타 소명자료 및 인지대(소정의 금액)를 첨부해 개명 대상자의 주소지 관할법원에 제출해야 한다. 개명 대상자가 미성년일 경우는 부모가 법정대리인이 되어 신청할 수 있다. 법무사를 통하여 개명하는 경우에는 법무사가 여러 절차를 대행한다.

　필수는 아니지만 친구나 동료 등에게 개명신청과 관련된 사실의 확인을 받은 인우보증서와 보증인의 주민등록등본을 소명자료로 제출하면 법원의 판단에 도움이 된다.

　가족관계등록과 실제 사용하는 이름이 다르다면 통장사본이나 명함, 재직증명서 등을 첨부서류로 제출하면 된다.

　개명심사는 서류 심사가 원칙이다. 법원은 성인의 경우 신원조회 등에 소요되는 시간까지 포함해 2~3개월 이내에 개명허가 여부를 판단한다. 미성년자는 보통 15~30일이 소요된다.

　법원에서 개명허가를 받으면 개명허가결정등본을 받은 날로부터 1개월 이내에 구청이나 읍면사무소에 개명신고를 하고 가족관계등록을 변경한다. 면허증, 자격증, 예금통장 등은 새 주민등록등(초)본을 발급 받은 뒤 이름변경신청을 하면 된다.

　개명신청이 기각되었다면 결정 뒤 항고이익이 있는 한 언제라도 항고장을 작성해 신청법원에 다시 제출하거나, 일정 기간이 지난 뒤 다시 신청할 수 있다.

　다음은 개명에 대하여 사람들이 궁금해하는 내용들을 질문·답변형식으로 정리한 것이다.

Q 성명학적인 사유나 사주학상의 사유로 개명할 수 있는가?

A 개명이 가능하다. 최근 가장 흔한 개명 사유 중 하나가 성명학적인 사유나 사주학상의 사유 즉 이름이 사주에 맞지 않아서이다. 또한 이런 사유로 개명허가를 받는 사례도 점차 증가하는 추세이다.

Q 한글 이름도 개명할 수 있는가?

A 한글 이름을 한자 이름으로 개명하는 경우에는 허가 받을 확률이 높다. 한글 이름의 유행으로 초등학생의 경우 한 반에 같은 이름이 여러 명 있거나 놀림 받는 경우가 많아지면서 일정 기간 동안 사유와 신청서만 작성하면 신청자 모두에게 별도의 허가절차 없이 개명을 허용한 적이 있었다.

현재도 성인이 되어 한글 이름이 어울리지 않고 놀림을 받는 경우, 중국이나 일본 등 한자문화권 국가로 유학을 가면서 한자 이름의 필요성이 절실한 경우, 업무상의 필요 또는 본격적인 사회진출을 앞두고 한문으로 이름을 바꾸고자 하는 경우 등 생활의 불편함을 이유로 개명을 원하는 사례가 점차 증가하고 있으며, 비교적 개명 허가가 잘 이루어진다.

그러나 한자 이름을 한글 이름으로 개명하는 경우는 허가 확률이 낮다.

Q 이름의 한자가 인명용 한자에 없는 한자인 경우 정정할 수 있는가?

A 현재 출생신고를 할 이름과 개명할 이름의 한자는 반드시 대법원 규칙으로 정한 인명용 한자이어야 한다.

그러나 1991년 4월 1일 인명용 한자가 시행되기 전에 출생신고를 한 이름의 한자가 지금의 인명용 한자가 아니라는 이유로 가족관계등록공무원이 직권

 개명

으로 이를 정정할 수 있는 것은 아니다. 이름의 한자가 인명용 한자에 속하지 않거나 어려운 한자 또는 뜻이 나쁜 한자라고 하여 다른 한자로 변경하는 경우에도 개명허가절차에 따라 개명해야 한다.

Q 이름을 잘못 기재하여 출생신고를 한 경우 정정할 수 있는가?

A 신고인이 한자를 잘못 기재하거나 부모로부터 부탁을 받은 타인이 이름을 잘못 신고하는 등의 사유로 출생신고를 하는 과정에서 이름이 잘못 올라가는 경우가 있다. 이 경우 일단 출생신고 후 가족관계등록부에 등재되면 정정은 불가능하며 개명허가절차에 따라야 한다.

Q 한글 이름자의 기재만 바꾸는 것도 개명허가를 받아야 하나?

A 가족관계등록부의 한글 이름자와 한자 이름자는 서로 별개의 것으로 본다. 따라서 이름의 한글 한 글자나 한자 한 글자를 바꾸는 경우에도 개명허가를 받아야 한다. 그 결과 禮(예, 례)의 한글 이름자를 바꾸는 것(예 : '김정예' → '김정례')도 개명허가를 받아야 한다. 다만 출생 신고인이 출생신고서에 정확히 '례'로 기재하였으나 가족관계등록공무원의 잘못으로 '예'로 기재된 경우에는 직권정정신청이 가능하다.

Q 귀화인이 한국식 성명(姓名)으로 바꾸려면?

A 외국인이 귀화로 한국 국적을 취득하고 한국식 성(姓)과 이름(名)으로 바꾸려면 우선 관할법원으로부터 성·본(姓·本)창설허가를 받아 성(姓)과 본(本)을

신고한 다음 관할 법원으로부터 개명허가를 받아야 한다.

참고로 성·본(姓·本)창설허가를 신청할 때에는 자기가 좋아하는 성(姓)과 본(本)을 정하여도 된다.

본(本)은 이를 본관(本貫)이라고도 하는데 한국의 지명(地名)을 사용하여야 한다.

Q 개명할 때 소명자료로 어떤 것을 준비해야 하는가?

A 소명자료란 개명신청서의 신청원인(신청사유)의 내용이 맞다는 것을 입증할 수 있는 자료들로서, 판사가 개명신청의 허가여부를 판단할 때 그 판단자료로 사용할 만한 것은 모두 소명자료라고 할 수 있다. 판사가 개명사유를 인정할 수 있는 판단의 근거가 소명자료에 있으므로 소명자료는 개명사유(신청원인)와 더불어 개명신청에서 가장 중요한 부분이라고 할 수 있다.

만약 개명사유는 공감이 되지만 이것을 입증할 소명자료가 없다면 판사는 개명신청을 기각시키거나 신청인에게 보정명령(모자라는 것을 보완하거나 정정하라는 명령)을 내릴 수 있으며, 보정명령을 받고 보정자료를 제출하지 않는다면 당연히 기각된다. 보정자료를 제출한다 해도 자료가 개명사유를 입증하지 못한다면 기각이 될 수 있다.

소명자료로 제출할 수 있는 것은 진술서, 소견서, 서신, 사진, 영수증, 작명가의 작명인증서, 감명서, 재직증명서, 명함, 재학증명서, 졸업증명서, 생활기록부, 병적증명서, 족보사본, 종친회장증명서 등 개명의 필요성을 소명할 수 있는 것은 모두 포함된다.

소명자료는 법원에 제출 후 다시 돌려받기 어려우므로 원본은 보관하고 사본을 제출하는 것이 좋다. 그러나 다시 발급받을 수 있는 각종 증명서, 소견서

개명

등은 원본을 제출해야 한다.

Q 개명했는데 예전의 이름으로 되돌릴 수 있는가?

A 개명한 이름을 예전 이름으로 되돌리는 것도 개명허가절차에 따라야 한다. 즉 개명신청을 다시 해야 한다. 일반적으로 개명허가를 받은 사람이 다시 개명신청을 하는 경우에는 허가 받을 확률이 낮다.

Q 성(姓)도 바꿀 수 있는가?

A 성(姓)과 이름(名)은 전혀 별개의 것으로, 개명(改名)은 '이름'의 경우에만 한정된다. 현재의 법률로는 성을 임의로 바꿀 수 없다. 2008년 1월부터 호주제가 폐지된 후에는 법원의 허가절차에 따라 제한적으로 성을 바꿀 수는 있다. 성 '나·유·이……'를 '라·류·리……'로 바꾸는 것은 가능하다. 기존의 대법원 예규는 가족관계등록부에 한자로 된 성을 한글로 기재할 때에는 한글맞춤법(두음법칙)에 의하여 표기할 것을 규정하고 있다. 따라서 성의 한자음이 '라·류·리……'인 가족관계등록부에 한글로 표기할 때에는 두음법칙에 따라 '나·유·이……'로 하였으며 변경이 불가능하였다. 그러나 대법원은 예규를 개정, 2007년 8월 1일부터 성의 두음법칙 예외를 인정하였다. 다만 개정 예규는 가족관계등록부상 이름을 한글로 기재하기 이전부터 일상생활에서 성을 본래 소리나는 대로 발음하고 표기해온 사람에게만 적용된다.

Q 개명하면 주민등록번호도 변경되는가?

A 개명과 주민등록번호는 별개이다. 개명허가를 받아 개명한다고 해도 주민등록번호는 바뀌지 않는다. 다만 출생일시가 잘못 기재되어 출생일시정정허가 신청을 하여 허가를 받은 후 가족관계등록부의 출생일시를 정정하는 경우에는 주민등록번호도 변경된다.

Q 개명에 관하여 관할법원 등 좀 더 여러 가지를 알고 싶은데?

A 인터넷을 활용하면 된다. 예를 들어 개명도우미(www.namehelp.co.kr)는 관할법원, 개명절차, 개명서류, 허가사례 등을 소개하면서 상담문의까지 받고 있다.

 개명

100살 넘은 어르신도 "이름 바꿔달라"

지난해 약 13만 명이 이름을 바꿨으며 이들이 가장 선호한 이름은 여성의 경우는 '지원'과 '서영', 남성은 '민준'과 '동현'인 것으로 나타났다.

대법원은 지난해 14만 6840명이 개명을 신청하고 이 중 14만 1000여 명이 법원 판단을 받았는데 91%인 12만 9103명에 대해 개명허가가 내려졌다고 15일 밝혔다. 이는 1999년 개명신청인이 3만여 명임을 감안하면 10년 만에 5배 가까이 증가한 것이다. 특히 70대(321명)와 80대(48명) 및 90대(5명) 개명인도 있었는데 90대는 시애, 엽분이, 청자, 점순, 창규로 이름을 바꿨다.

100세 이상자 중에도 개명인이 있는 것으로 나타났으나 실제 나이와 가족관계등록부상 연령이 일치하지 않는 데다 신상정보 노출 우려 때문에 대법원이 자료를 공개하지는 않았다.

한편 개명신청이 기각되는 사유는 범죄자 전과 조회에서 걸리는 경우, 금융회사 과다 연체자, 거액의 빚이 정리되지 않은 신용 불량자, 상습적 개명신청인, '꿈에 선인이 나타나 이름을 바꾸라고 했다'는 등 개명사유가 납득이 안 되는 경우 등이다.

— 한국경제신문 2009년 2월 15일자, 김정은 기자

자녀에게 좋다면… '성 바꾸기' 잇단 허용

이혼한 여성이 자녀의 성과 본을 바꿀 때는 자녀의 복리를 최우선에 놓고 판단해야 한다는 결정이 잇따라 나왔다.

서울가정법원 가사항소1부는 남편과 이혼한 ㅇ(30)씨가 아들(2)의 성과 본을 자신의 것으로 바꿔 달라며 낸 심판청구 사건 항고심에서 1심을 깨고 "성과 본을 바꾸는 것을 허가한다"고 결정했다.

2008년 이혼한 ㅇ씨는 아들의 성을 자신의 것으로 바꿔 불렀다. ㅇ씨는 남편이 매달 30만 원씩 양육비를 주겠다는 약속을 지키지 않아 친정의 도움으로 아이를 키우며 성·본변경허가를 청구했다. 이에 1심 재판부는 △이혼한 지 1년여밖에 안 되고 △전남편이 양육비를 지급하기로 했으며 △ㅇ씨 아들은 의사능력이 없고 △ㅇ씨의 나이로 봐 재혼하면 다시 아들의 성·본의 변경을 요구할 수 있다며 청구를 기각했다.

그러나 항소심 재판부는 △ㅇ씨 아들은 실제로 어머니의 성으로 불리고 있고 △전남편은 양육비를 지급한 흔적이 없으며 △ㅇ씨는 재혼 의사가 없고, 재혼해도 아들에게 자신의 성·본을 사용하겠다고 다짐하고 있다며 1심의 결정을 뒤집었다.

같은 재판부는 딸의 성·본을 재혼자의 것으로 바꿔 달라는 사건에서도 1심을 깨고 딸의 성·본의 변경을 허가했다.

재판부는 2000년 이혼한 여성(34)이 딸 ㅇ(8)양의 성·본을 현재의 남편의 것으로 바꿔 달라고 청구한 데 대해 "재혼 뒤 안정된 혼인생활을 유지하고 있고, 앞으로 다른 자녀가 태어날 텐데 성과 본이 바뀌지 않으면 자녀끼리 성이 달라 딸의 복리에 큰 저해가 될 것"이라고 밝혔다. 재판부는 또 "성이 생물학적 아버지의 혈통을 상징하는 것보다 훨씬 더 큰 이익이라고 할 수 있는 본인의 복리와 연관된 경우라면 변경을 허용해야 한다"고 설명했다.

앞서 1심 재판부는 "재혼 뒤 혼인기간이 5개월여밖에 안 되고, 전남편이 딸의 성과 본을 바꾸는 것에 반대한다"며 기각 결정을 내린 바 있다.

- 한겨레신문 2009년 5월 26일자, 송경화 기자

 개명

외국인며느리 '개명' 바람

우리나라가 다문화 사회로 접어들면서 국제결혼을 통해 이주한 여성들이 국내에서 사용하기 불편한 자신의 성과 이름을 바꾸는 사례가 늘고 있다.

대한법률구조공단 대전지부에 따르면 전국적으로 올해 성을 바꾼 건수는 133건, 이름을 바꾼 건수는 144건으로 매년 증가 추세에 있다는 것.

지난 2001년 3월과 2004년 6월 카자흐스탄과 베트남에서 각각 이주해 충남 연기군에 거주하고 있는 스마일로바 페리자트 씨와 후인티 김로안 씨는 우리나라에서 너무도 길고 생소한 자신들의 이름이 생활하는데 불편하다보니 법률구조공단 대전지부 측의 도움을 받아 성을 바꾸게 됐다.

스마일로바 페리자트 씨는 이달 초 살고 있는 마을을 본으로 해 자신의 성을 '안' 씨로 새로 만들었고, 후인티 김로안 씨는 이달 초 시어머니의 '유' 씨 성과 그 본을 따라 자신의 성과 본을 새로 만들었다.

이들은 현재 한국식 이름을 호적에 올리기 위한 개명 절차를 진행하고 있는 중이다.

법률구조공단은 다문화 가정의 결혼 이주여성의 성·본창설 및 한국이름으로 개명 절차 서비스를 제공해주고 있는데 남편이 농민(농업인)인 경우나 도시영세민인 경우에 한해서 무료로 도움을 주고 있다.

법률구조공단 대전지부 한 관계자는 "실제로 결혼이주여성들이 농촌에 대부분 거주하므로 이주여성 본인의 한국에서의 생활, 아이들의 학교생활에 많은 도움이 될 것"이라며 "앞으로도 농촌 지역의 이주여성들에 대한 성·본창설과 개명허가는 물론 한국에서 생활하는데 불편이 없도록 다양한 방법으로 법률지원을 계속할 계획"이라고 밝혔다.

대한법률구조공단은 국제결혼으로 이주한 외국인 여성들에게 법원을 통해 '성·본창설 및 개명신청'을 해주는 법률지원 서비스를 제공하고 있으며 환경이 어려워 가족관계가 돼 있지 않는 '무호적자' 보호시설 수용자에 대해서도 '가족관계등록부 창설'을 위한 무료법률 지원사업을 실시하고 있다.

— 대전일보 2010년 10월 18일자, 정재필 기자

부록

1. 인명용 한자

2. 성씨에 따른 길한 수리의 배합표

3. 성씨에 따른 명품이름 짓기

부록 1 인명용 한자

대법원이 이름자로 쓸 수 있도록 인정한 인명용 한자 가운데 일상적으로 활용하는 글자 위주로 추렸으며 각 글자마다 가장 보편적으로 사용되는 뜻을 달아 가나다순으로 정리하였다.

획수는 원획법을 기준으로 하였다. 원획법은 원래의 뜻을 찾아 원뜻대로 계산하는 방식이다. 예를 들어 삼수변(氵)은 원획이 水이므로 3획이 아니라 4획으로 계산한다.

필획	원획	부수 이름	획수	필획	원획	부수 이름	획수
氵	水	삼수변	4	犭	犬	개사슴록변	4
忄	心	심방변	4	王	玉	구슬옥변	5
扌	手	손수변	4	礻	示	보일시변	5
月	肉	육달월	6	衤	衣	옷의변	6
艹	艸	초두밑	6	阝(右)	邑	우부방	7
辶	辵	책받침	7	阝(左)	阜	좌부방	8
罒	网	그물망	6	耂	老	늙을로밑	6

발음오행은 다수설과 소수설의 대립이 있으나 아직까지 명확한 결론이 나지 않았으므로 일단 다수설을 따랐다.

인명용 한자 중 동자·속자·약자

감	鑑	鋻	무	無	无	성	晟	晠	장	莊	庄	초	草	艸
강	強	强	미	彌	弥	수	修	脩	장	墻	牆	총	聰	聡
개	個	箇	배	杯	盃	수	穗	穂	점	點	点	충	沖	冲
개	蓋	盖	배	裵	裴	수	壽	寿	정	靜	静	충	蟲	虫
검	劍	劒	백	栢	柏	실	實	実	주	逎	酒	풍	豐	豊
고	考	攷	번	飜	翻	아	兒	児	진	晉	晋	하	廈	厦
관	館	舘	병	幷	并	아	亞	亜	진	瑨	瑨	학	學	学
광	廣	広	병	竝	並	안	鴈	雁	진	眞	真	항	恒	恆
교	敎	教	병	昞	昺	암	巖	岩	집	潗	潗	현	顯	顕
국	國	国	보	寶	宝	연	煙	烟	찬	贊	賛	혜	惠	恵
긍	亘	亙	봉	峯	峰	염	艶	艷	찬	讚	讃	화	畵	画
년	年	秊	비	祕	秘	영	榮	栄	참	慚	慙	확	確	碻
덕	德	悳	삽	揷	挿	예	叡	睿	책	册	冊	활	濶	闊
래	來	来	상	牀	床	위	衞	衛	청	晴	晴	회	繪	絵
례	禮	礼	서	敍	叙	이	彝	彛	청	淸	清	효	效	効
룡	龍	竜	서	棲	栖	자	姉	姊	청	靑	青	훈	勳	勲
리	裏	裡	서	壻	婿	잠	潛	潜	청	請	請	훈		勛

예를 들어 「김지훈」은 金志勳·金志勲·金志勛으로 신고할 수 있다.

	한자	소리·뜻	획수	부수	발음오행	자원오행	비고
가	加	더할 가	5	力	木	水	
	可	옳을 가	5	口	木	水	
	佳	아름다울 가	8	人	木	火	
	架	시렁 가	9	木	木	木	
	家	집 가	10	宀	木	木	
	街	거리 가	12	行	木	火	
	賈	값 가	13	貝	木	金	
	暇	겨를 가	13	日	木	火	
	嫁	시집갈 가	13	女	木	土	
	歌	노래 가	14	欠	木	金	
	嘉	아름다울 가	14	口	木	水	
	價	값 가	15	人	木	火	
	稼	심을 가	15	禾	木	木	
각	各	각각 각	6	口	木	水	
	却	물리칠 각	7	卩	木	火	
	角	뿔 각	7	角	木	木	

	한자	소리·뜻	획수	부수	발음오행	자원오행	비고
각	刻	새길 각	8	刀	木	金	
	恪	삼갈 각	10	心	木	火	
	珏	쌍옥 각	10	玉	木	金	
	殼	껍질 각	12	殳	木	金	
	閣	누각 각	14	門	木	木	
	覺	깨달을 각	20	見	木	火	
간	干	방패 간	3	干	木	木	
	刊	① 책펴낼 간 ② 새길 간	5	刀	木	金	
	艮	괘이름 간	6	艮	木	土	
	杆	지레 간	7	木	木	木	
	侃	강직할 간	8	人	木	火	
	看	볼 간	9	目	木	木	
	竿	장대 간	9	竹	木	木	
	間	사이 간	12	門	木	土	
	揀	가릴 간	13	手	木	木	
	幹	줄기 간	13	干	木	木	

	한자	소리·뜻	획수	부수	발음오행	자원오행	비고
간	墾	개간할 간	16	土	木	土	
	諫	충고할 간	16	言	木	金	
	懇	정성 간	17	心	木	火	
	簡	대쪽 간	18	竹	木	木	
갈	渴	목마를 갈	13	水	木	水	
	葛	칡 갈	13	艸	木	木	
감	甘	달 감	5	甘	木	土	
	勘	헤아릴 감	11	力	木	土	
	敢	감히 감	12	攴	木	金	
	堪	견딜 감	12	土	木	土	
	感	느낄 감	13	心	木	火	
	減	덜 감	13	水	木	水	
	監	볼 감	14	皿	木	金	
	瞰	①볼 감 ②굽어볼 감	17	目	木	木	
	鑑	거울 감	22	金	木	金	鑒(鑑의 동자, 22획)
갑	甲	갑옷 갑	5	田	木	木	

	한자	소리·뜻	획수	부수	발음오행	자원오행	비고
갑	鉀	갑옷 갑	13	金	木	金	
강	江	강 강	7	水	木	水	
	岡	언덕 강	8	山	木	土	
	姜	성 강	9	女	木	土	
	剛	굳셀 강	10	刀	木	金	
	強	굳셀 강	11	弓	木	金	强(強의 속자, 12획)
	崗	산등성이 강	11	山	木	土	
	堈	언덕 강	11	土	木	土	
	康	편안할 강	11	广	木	木	
	降	내릴 강	14	阜	木	土	
	綱	벼리 강	14	糸	木	木	
	鋼	강철 강	16	金	木	金	
	彊	굳셀 강	16	弓	木	金	
	講	강론할 강	17	言	木	金	
개	介	끼일 개	4	人	木	火	
	价	착할 개	6	人	木	火	

	한자	소리·뜻	획수	부수	발음오행	자원오행	비고
개	改	고칠 개	7	攴	木	金	
	個	낱 개	10	人	木	火	箇(個와 동자, 14획, 竹부, 자원오행木)
	凱	개선할 개	12	几	木	木	
	開	열 개	12	門	木	火	
	槪	대개 개	15	木	木	木	
	漑	물댈 개	15	水	木	水	
	蓋	덮을 개	16	艸	木	木	盖(蓋의 속자, 11획, 皿부, 자원오행木)
객	客	손 객	9	宀	木	木	
갱	更	다시 갱	7	曰	木	金	경·갱
거	去	갈 거	5	厶	木	水	
	巨	클 거	5	工	木	火	
	車	수레 거	7	車	木	火	거·차
	居	살 거	8	尸	木	木	
	拒	막을 거	9	手	木	木	
	距	떨어질 거	12	足	木	土	
	渠	개천 거	13	水	木	水	

	한자	소리·뜻	획수	부수	발음오행	자원오행	비고
거	據	의거할 거	17	手	木	木	
	擧	들 거	18	手	木	土	
건	巾	수건 건	3	巾	木	木	
	件	사건 건	6	人	木	火	
	建	세울 건	9	廴	木	木	
	虔	정성 건	10	虍	木	木	
	健	건강할 건	11	人	木	火	
	乾	하늘 건	11	乙	木	金	
	楗	문빗장 건	13	木	木	木	
	鍵	열쇠 건	17	金	木	金	
걸	杰	뛰어날 걸	8	木	木	木	
	傑	뛰어날 걸	12	人	木	火	
검	儉	검소할 검	15	人	木	火	
	劍	칼 검	15	刀	木	金	劒(劍의 속자, 16획)
	檢	검사할 검	17	木	木	木	
게	揭	높이들 게	13	手	木	木	

	한자	소리·뜻	획수	부수	발음오행	자원오행	비고
계	憩	쉴 게	16	心	木	火	
격	格	격식 격	10	木	木	木	
	檄	격문 격	17	木	木	木	
	激	과격할 격	17	水	木	水	
견	見	볼 견	7	見	木	火	견·현
	堅	굳을 견	11	土	木	土	
	牽	끌 견	11	牛	木	土	
	絹	명주 견	13	糸	木	木	
	遣	보낼 견	17	辵	木	土	
결	決	정할 결	8	水	木	水	
	結	맺을 결	12	糸	木	木	
	潔	깨끗할 결	16	水	木	水	
겸	兼	겸할 겸	10	八	木	金	
	謙	겸손할 겸	17	言	木	金	
경	更	고칠 경	7	曰	木	金	경·갱
	坰	들 경	8	土	木	土	

	한자	소리·뜻	획수	부수	발음오행	자원오행	비고
경	炅	빛날 경	8	火	木	火	
	京	서울 경	8	亠	木	土	
	庚	일곱째천간 경	8	广	木	金	
	俓	곧을 경	9	人	木	火	
	勁	굳셀 경	9	力	木	金	
	倞	굳셀 경	10	人	木	火	
	耕	밭갈 경	10	耒	木	土	
	耿	빛날 경	10	耳	木	火	
	徑	지름길 경	10	彳	木	火	
	梗	대개 경	11	木	木	木	
	竟	마침내 경	11	立	木	金	
	涇	통할 경	11	水	木	水	
	硬	굳을 경	12	石	木	金	
	卿	벼슬 경	12	卩	木	木	
	景	볕 경	12	日	木	火	
	敬	공경할 경	13	攴	木	金	

	한자	소리·뜻	획수	부수	발음오행	자원오행	비고
경	經	길 경	13	糸	木	木	
	莖	줄기 경	13	艸	木	木	
	輕	가벼울 경	14	車	木	火	
	逕	좁은길 경	14	辵	木	土	
	境	지경 경	14	土	木	土	
	慶	경사 경	15	心	木	火	
	憬	깨달을 경	16	心	木	火	
	暻	밝을 경	16	日	木	火	
	擎	① 떠받칠 경 ② (높이)들 경	17	手	木	木	
	璟	옥빛 경	17	玉	木	金	
	鏡	거울 경	19	金	木	金	
	鯨	고래 경	19	魚	木	水	
	競	겨룰 경	20	立	木	金	
	警	경계할 경	20	言	木	金	
	瓊	아름다운옥 경	20	玉	木	金	
계	戒	경계할 계	7	戈	木	金	

	한자	소리·뜻	획수	부수	발음오행	자원오행	비고
계	系	이을 계	7	糸	木	木	
	季	끝 계	8	子	木	水	
	係	걸릴(관계될) 계	9	人	木	火	
	契	맺을 계	9	大	木	木	
	計	셈할 계	9	言	木	金	
	癸	열째천간 계	9	癶	木	水	
	界	지경 계	9	田	木	土	
	桂	계수나무 계	10	木	木	木	
	啓	일깨울 계	11	口	木	水	
	誡	경계할 계	14	言	木	金	
	溪	시내 계	14	水	木	水	
	階	섬돌 계	17	阜	木	土	
	繼	이을 계	20	糸	木	木	
	鷄	닭 계	21	鳥	木	火	
고	叩	두드릴 고	5	口	木	水	
	古	옛 고	5	口	木	水	

	한자	소리·뜻	획수	부수	발음오행	자원오행	비고
고	告	알릴 고	7	口	木	水	
	固	굳을 고	8	口	木	水	
	考	상고할 고	8	老	木	土	攷(考의 고자, 6획, 攴부, 자원오행金)
	姑	시어머니 고	8	女	木	土	
	枯	마를 고	9	木	木	木	
	庫	곳집 고	10	广	木	木	
	高	높을 고	10	高	木	火	
	皐	언덕 고	11	白	木	水	
	鼓	북 고	13	鼓	木	金	
	敲	두드릴 고	14	攴	木	金	
	稿	①볏짚 고 ②원고 고	15	禾	木	木	
	顧	돌아볼 고	21	頁	木	火	
곡	曲	굽을 곡	6	曰	木	土	
	谷	골 곡	7	谷	木	水	
	穀	곡식 곡	15	禾	木	木	
곤	坤	땅 곤	8	土	木	土	

	한자	소리·뜻	획수	부수	발음오행	자원오행	비고
곤	昆	형(맏) 곤	8	日	木	火	
	崑	산이름 곤	11	山	木	土	
	琨	옥돌 곤	13	玉	木	金	
골	骨	뼈 골	10	骨	木	金	
공	工	장인 공	3	工	木	火	
	公	①공변될 공 ②존칭 공	4	八	木	金	
	孔	구멍 공	4	子	木	水	
	功	공(공로) 공	5	力	木	木	
	共	함께 공	6	八	木	金	
	攻	칠 공	7	攴	木	金	
	空	빌(허공) 공	8	穴	木	水	
	供	이바지할 공	8	人	木	火	
	恭	공손할 공	10	心	木	火	
	貢	바칠 공	10	貝	木	金	
	珙	크고둥근옥 공	11	玉	木	金	
	控	당길 공	12	手	木	木	

	한자	소리·뜻	획수	부수	발음오행	자원오행	비고
과	戈	창 과	4	戈	木	金	
	瓜	오이 과	5	瓜	木	木	
	果	과실 과	8	木	木	木	
	科	과정 과	9	禾	木	木	
	誇	자랑할 과	13	言	木	金	
	菓	과자 과	14	艸	木	木	
	課	매길 과	15	言	木	金	
	過	지날 과	16	辵	木	土	
곽	廓	둘레 곽	14	广	木	木	
	郭	성곽 곽	15	邑	木	土	
관	官	벼슬 관	8	宀	木	木	
	冠	갓 관	9	冖	木	木	
	貫	꿸 관	11	貝	木	金	
	款	정성 관	12	欠	木	金	
	琯	옥피리 관	13	玉	木	金	
	管	다스릴 관	14	竹	木	木	

	한자	소리·뜻	획수	부수	발음오행	자원오행	비고
관	寬	너그러울 관	15	宀	木	木	
	慣	익숙할 관	15	心	木	火	
	館	객사(客舍) 관	17	食	木	水	舘(館의 속자, 16획, 舌부, 자원오행火)
	關	빗장 관	19	門	木	木	
	灌	물댈 관	22	水	木	水	
	瓘	서옥 관	23	玉	木	金	
	觀	볼 관	25	見	木	火	
괄	括	묶음 괄	10	手	木	木	
광	匡	바를 광	6	匚	木	土	
	光	빛 광	6	儿	木	火	
	昿	밝을 광	8	火	木	火	
	侊	클 광	8	人	木	火	
	洸	물용솟음칠 광	10	水	木	水	
	珖	옥피리 광	11	玉	木	金	
	廣	넓을 광	15	广	木	木	広(廣의 속자, 5획)
	曠	밝을 광	19	日	木	火	

277

	한자	소리·뜻	획수	부수	발음오행	자원오행	비고
광	鑛	쇳돌 광	23	金	木	金	
괘	掛	걸 괘	12	手	木	木	
괴	塊	흙덩이 괴	13	土	木	土	
굉	宏	클 굉	7	宀	木	木	
교	巧	공교로울 교	5	工	木	火	
	交	사귈 교	6	亠	木	火	
	校	학교 교	10	木	木	木	
	敎	가르칠 교	11	攴	木	金	教(敎의 속자, 11획)
	喬	높을 교	12	口	木	水	
	郊	들 교	13	邑	木	土	
	較	비교할 교	13	車	木	火	
	嬌	아리따울 교	15	女	木	土	
	橋	다리 교	16	木	木	木	
	矯	바로잡을 교	17	矢	木	金	
구	久	오랠 구	3	丿	木	水	
	口	입 구	3	口	木	水	

	한자	소리·뜻	획수	부수	발음오행	자원오행	비고
구	句	글귀 구	5	口	木	水	
	丘	언덕 구	5	一	木	土	
	求	구할 구	7	水	木	水	
	究	궁구할 구	7	穴	木	水	
	具	갖출 구	8	八	木	金	
	坵	언덕 구	8	土	木	土	
	玖	옥돌 구	8	玉	木	金	
	枸	구기자 구	9	木	木	木	
	九	아홉 구	9	乙	木	水	
	矩	①자(尺) 구 ②법 구	10	矢	木	金	
	俱	함께 구	10	人	木	火	
	區	구역 구	11	匸	木	土	
	救	구원할 구	11	攴	木	金	
	耉	오래살 구	11	老	木	土	
	苟	진실로 구	11	艸	木	木	
	球	①공 구 ②구슬 구	12	玉	木	金	

279

	한자	소리·뜻	획수	부수	발음오행	자원오행	비고
구	邱	언덕 구	12	邑	木	土	
	鳩	비둘기 구	13	鳥	木	火	
	構	꾸밀 구	14	木	木	木	
	溝	도랑 구	14	水	木	水	
	銶	끌 구	15	金	木	金	
	龜	나라이름 구	16	龜	木	水	구·귀
	購	살 구	17	貝	木	金	
	軀	몸 구	18	身	木	土	
	舊	옛 구	18	臼	木	土	
	驅	달릴 구	21	馬	木	火	
	鷗	갈매기 구	22	鳥	木	火	
국	局	판 국	7	尸	木	木	
	國	나라 국	11	囗	木	水	国(國의 속자, 8획)
	菊	국화 국	14	艸	木	木	
	鞠	공 국	17	革	木	金	
군	君	임금 군	7	口	木	水	

	한자	소리·뜻	획수	부수	발음오행	자원오행	비고
군	軍	군사 군	9	車	木	火	
	群	무리 군	13	羊	木	土	
굴	屈	굽을 굴	8	尸	木	土	
	窟	굴 굴	13	穴	木	水	
궁	弓	활 궁	3	弓	木	火	
	躬	몸소 궁	10	身	木	水	
	宮	집 궁	10	宀	木	木	
권	券	문서 권	8	刀	木	土	
	卷	책 권	8	卩	木	木	
	拳	주먹 권	10	手	木	木	
	眷	돌볼 권	11	目	木	木	
	圈	둘레 권	11	囗	木	水	
	勸	권할 권	20	力	木	土	
	權	권세 권	22	木	木	木	
궐	闕	대궐 궐	18	門	木	木	
궤	軌	길 궤	9	車	木	火	

	한자	소리·뜻	획수	부수	발음오행	자원오행	비고
귀	貴	귀할 귀	12	貝	木	金	
	龜	거북 귀	16	龜	木	水	구·귀
	歸	돌아갈 귀	18	止	木	土	
규	叫	부르짖을 규	5	口	木	水	
	圭	홀 규	6	土	木	土	
	奎	별 규	9	大	木	土	
	規	법 규	11	見	木	火	
	珪	홀 규	11	玉	木	金	
	揆	헤아릴 규	13	手	木	木	
	閨	도장방(규방) 규	14	門	木	木	
	逵	큰길 규	15	辵	木	土	
	葵	해바라기 규	15	艸	木	木	
	窺	엿볼 규	16	穴	木	水	
균	均	고를 균	7	土	木	土	
	畇	밭일굴 균	9	田	木	土	
	鈞	무게단위 균	12	金	木	金	

	한자	소리·뜻	획수	부수	발음오행	자원오행	비고
균	菌	버섯 균	14	艸	木	木	
극	克	이길 극	7	儿	木	木	
	剋	이길 극	9	刀	木	金	
	極	지극할 극	13	木	木	木	
	劇	연극 극	15	刀	木	金	
	隙	틈 극	18	阜	木	土	
근	斤	①도끼 근 ②근(무게단위) 근	4	斤	木	金	
	劤	①힘 근 ②강할 근	6	力	木	金	
	根	뿌리 근	10	木	木	木	
	近	가까울 근	11	辵	木	土	
	僅	겨우 근	13	人	木	火	
	勤	부지런할 근	13	力	木	土	
	墐	①고울 근 ②여자이름자 근	14	女	木	土	
	漌	맑을 근	15	水	木	水	
	槿	무궁화나무 근	15	木	木	木	
	瑾	아름다운옥 근	16	玉	木	金	

	한자	소리·뜻	획수	부수	발음오행	자원오행	비고
근	謹	삼갈 근	18	言	木	金	
금	今	이제 금	4	人	木	火	
	昑	밝을 금	8	日	木	火	
	金	쇠 금	8	金	木	金	이름자로는 성(姓)김 음(音)으로 사용하지 못함
	衾	이불 금	10	衣	木	木	
	琴	거문고 금	13	玉	木	金	
	錦	비단 금	16	金	木	金	
	襟	옷깃 금	19	衣	木	木	
급	及	미칠 급	4	又	木	水	
	汲	(물)길을 급	8	水	木	水	
	級	등급 급	10	糸	木	木	
	給	줄 급	12	糸	木	木	
긍	亘	뻗칠 긍	6	二	木	火	亙(亘의 본자, 6획)
	矜	불쌍히 여길 긍	9	矛	木	金	
	肯	①긍정할 긍 ②즐길 긍	10	肉	木	水	
	兢	삼갈 긍	14	儿	木	水	

	한자	소리·뜻	획수	부수	발음오행	자원오행	비고
기	己	몸 기	3	己	木	土	
	企	바랄 기	6	人	木	火	
	伎	재주 기	6	人	木	火	
	岐	갈림길 기	7	山	木	土	
	圻	경기(京畿) 기	7	土	木	土	
	杞	구기자나무 기	7	木	木	木	
	其	그 기	8	八	木	金	
	奇	기이할 기	8	大	木	土	
	汽	김 기	8	水	木	水	
	沂	물이름 기	8	水	木	水	
	技	재주 기	8	手	木	木	
	玘	패옥(노리개) 기	8	玉	木	金	
	紀	① 벼리 기 ② 규율 기	9	糸	木	木	
	祈	빌 기	9	示	木	木	
	記	① 기록할 기 ② 문서 기	10	言	木	金	
	氣	기운 기	10	气	木	水	

285

	한자	소리·뜻	획수	부수	발음오행	자원오행	비고
기	耆	늙은이 기	10	老	木	土	
	豈	어찌 기	10	豆	木	水	
	起	일어날 기	10	走	木	火	
	埼	낭떠러지 기	11	土	木	土	
	寄	① 부칠 기 ② 의뢰할 기	11	宀	木	木	
	旣	이미 기	11	无	木	水	
	基	터 기	11	土	木	土	
	崎	험할 기	11	山	木	土	
	淇	강이름 기	12	水	木	水	
	期	기약할 기	12	月	木	水	
	幾	① 몇 기 ② 징조 기	12	幺	木	火	
	棋	바둑 기	12	木	木	木	
	祺	복 기	13	示	木	木	
	琪	옥 기	13	玉	木	金	
	琦	옥이름 기	13	玉	木	金	
	嗜	즐길 기	13	口	木	水	

	한자	소리·뜻	획수	부수	발음오행	자원오행	비고
기	旗	기 기	14	方	木	木	
	暣	볕기운 기	14	日	木	火	
	綺	비단 기	14	糸	木	木	
	箕	키 기	14	竹	木	木	
	畿	경기 기	15	田	木	土	
	器	그릇 기	16	口	木	水	
	冀	바랄 기	16	八	木	土	
	機	베틀 기	16	木	木	木	
	錡	세발솥 기	16	金	木	金	
	璂	피변꾸미개옥 기	16	玉	木	金	
	錤	호미 기	16	金	木	金	
	璣	구슬 기	17	玉	木	金	
	磯	물가 기	17	石	木	金	
	騎	말탈 기	18	馬	木	火	
	騏	털총이 기	18	馬	木	火	
	麒	기린 기	19	鹿	木	土	

	한자	소리·뜻	획수	부수	발음오행	자원오행	비고
기	譏	나무랄 기	19	言	木	金	
	驥	천리마 기	27	馬	木	火	
긴	緊	팽팽할 긴	14	糸	木	木	
길	吉	길할 길	6	口	木	水	
	佶	건장할 길	8	人	木	火	
	姞	성(姓) 길	9	女	木	土	
	桔	도라지 길	10	木	木	木	
나	奈	능금나무 나	9	木	火	木	나·내
	拏	잡을 나	9	手	火	木	
	娜	아름다울 나	10	女	火	土	
	那	어찌 나	11	邑	火	土	
낙	諾	허락할 낙	16	言	火	金	
난	暖	따뜻할 난	13	日	火	火	
	煖	따뜻할 난	13	火	火	火	
날	捺	누를 날	12	手	火	木	
남	男	사내 남	7	田	火	土	

	한자	소리·뜻	획수	부수	발음 오행	자원 오행	비고
남	南	남녘 남	9	十	火	火	
남	湳	강이름 남	13	水	火	水	
남	楠	녹나무 남	13	木	火	木	
납	納	들일 납	10	糸	火	木	
낭	娘	아가씨 낭	10	女	火	土	
내	乃	① 이에 내 ② 발어사 내	2	丿	火	金	
내	內	안 내	4	入	火	木	
내	耐	견딜 내	9	而	火	水	
내	柰	능금나무 내	9	木	火	木	내·나
녀	女	계집 녀	3	女	火	土	
년	年	해 년	6	干	火	木	秊(年의 본자, 8획, 禾부, 자원오행木)
념	念	생각 념	8	心	火	火	
녕	寧	편안할 녕	14	宀	火	火	
노	努	힘쓸 노	7	力	火	土	
농	農	농사 농	13	辰	火	土	
농	濃	짙을 농	17	水	火	水	

289

	한자	소리·뜻	획수	부수	발음오행	자원오행	비고
뉴	紐	①맬 뉴 ②끈 뉴	10	糸	火	木	
능	能	능할 능	12	肉	火	水	
니	泥	진흙 니	9	水	火	水	
다	多	많을 다	6	夕	火	水	
	茶	차 다	12	艸	火	木	
단	丹	붉을 단	4	丶	火	火	
	旦	아침 단	5	日	火	火	
	但	다만 단	7	人	火	火	
	段	층계 단	9	殳	火	金	
	短	짧을 단	12	矢	火	金	
	單	홑 단	12	口	火	水	
	端	끝 단	14	立	火	金	
	團	①둥글 단 ②모일 단	14	口	火	水	
	緞	비단 단	15	糸	火	木	
	壇	①제터 단 ②단 단	16	土	火	土	
	鍛	단련할 단	17	金	火	金	

	한자	소리·뜻	획수	부수	발음오행	자원오행	비고
단	檀	박달나무 단	17	木	火	木	
	斷	끊을 단	18	斤	火	金	
달	達	통달할 달	16	辶	火	土	
담	淡	묽을 담	12	水	火	水	
	覃	미칠 담	12	襾	火	金	
	談	말씀 담	15	言	火	金	
	潭	깊을 담	16	水	火	水	
	澹	담박할 담	17	水	火	水	
	擔	멜 담	17	手	火	木	
	譚	이야기 담	19	言	火	金	
답	畓	논 답	9	田	火	土	
	答	대답할 답	12	竹	火	木	
당	唐	당나라 당	10	口	火	水	
	堂	집 당	11	土	火	土	
	當	마땅할 당	13	田	火	土	
	塘	못 당	13	土	火	土	

	한자	소리·뜻	획수	부수	발음오행	자원오행	비고
당	撞	칠 당	16	手	火	木	
	黨	무리 당	20	黑	火	水	
대	大	큰 대	3	大	火	木	
	代	대신할 대	5	人	火	火	
	垈	터 대	8	土	火	土	
	待	기다릴 대	9	彳	火	火	
	玳	대모(바다거북) 대	10	玉	火	金	
	帶	띠 대	11	巾	火	木	
	袋	자루 대	11	衣	火	木	
	貸	빌릴 대	12	貝	火	金	
	臺	대 대	14	至	火	土	
	對	① 대답할 대 ② 짝 대	14	寸	火	木	
	隊	떼 대	17	阜	火	土	
	擡	들 대	18	手	火	木	
	戴	일 대	18	戈	火	金	
덕	德	큰 덕	15	彳	火	火	悳(德의 고자, 12획, 心부, 자원오행火)

	한자	소리·뜻	획수	부수	발음오행	자원오행	비고
도	刀	칼 도	2	刀	火	金	
	到	이를 도	8	刀	火	金	
	度	법도 도	9	广	火	木	도·탁
	挑	뛸 도	10	手	火	木	
	徒	무리 도	10	彳	火	火	
	桃	복숭아 도	10	木	火	木	
	島	섬 도	10	山	火	土	
	堵	담 도	12	土	火	土	
	渡	건널 도	13	水	火	水	
	跳	뛸 도	13	足	火	土	
	塗	①바를 도 ②진흙 도	13	土	火	土	
	圖	그림 도	14	口	火	水	
	途	길 도	14	辵	火	土	
	稻	벼 도	15	禾	火	木	
	道	길 도	16	辵	火	土	
	都	도읍 도	16	邑	火	土	

	한자	소리·뜻	획수	부수	발음오행	자원오행	비고
도	導	인도할 도	16	寸	火	木	
	陶	질그릇 도	16	阜	火	土	
	鍍	도금할 도	17	金	火	金	
	蹈	밟을 도	17	足	火	土	
	燾	비출 도	18	火	火	火	
	濤	큰물결 도	18	水	火	水	
	禱	빌 도	19	示	火	木	
독	督	살펴볼 독	13	目	火	木	
	篤	도타울 독	16	竹	火	木	
	讀	읽을 독	22	言	火	金	
돈	惇	도타울 돈	12	心	火	火	
	敦	도타울 돈	12	攴	火	金	
	頓	조아릴 돈	13	頁	火	火	
	墩	돈대 돈	15	土	火	土	
	燉	①불빛 돈 ②이글거릴 돈	16	火	火	火	
	暾	해돋을 돈	16	日	火	火	

	한자	소리·뜻	획수	부수	발음오행	자원오행	비고
돌	乭	이름 돌	6	乙	火	金	
동	冬	겨울 동	5	冫	火	水	
	同	한가지 동	6	口	火	水	
	東	동녘 동	8	木	火	木	
	洞	골(골짜기) 동	10	水	火	水	
	桐	오동나무 동	10	木	火	木	
	動	움직일 동	11	力	火	水	
	童	아이 동	12	立	火	金	
	棟	용마루 동	12	木	火	木	
	銅	구리 동	14	金	火	金	
	董	바로잡을 동	15	艸	火	木	
	潼	강이름 동	16	水	火	水	
	瞳	눈동자 동	17	目	火	木	
두	斗	말 두	4	斗	火	火	
	杜	막을 두	7	木	火	木	
	豆	콩 두	7	豆	火	木	

	한자	소리·뜻	획수	부수	발음오행	자원오행	비고
두	枓	두공 두	8	木	火	木	
	頭	머리 두	16	頁	火	火	
둔	屯	진칠 둔	4	屮	火	木	
	鈍	둔할 둔	12	金	火	金	
득	得	얻을 득	11	彳	火	火	
등	等	무리 등	12	竹	火	木	
	登	오를 등	12	癶	火	火	
	燈	등불 등	16	火	火	火	
	鄧	나라이름 등	19	邑	火	土	
	騰	오를 등	20	馬	火	火	
	藤	등나무 등	21	艸	火	木	
라	螺	소라 라	17	虫	火	木	
	羅	①새그물 라 ②펼 라	20	网	火	木	
락	洛	강이름 락	10	水	火	水	
	珞	구슬목걸이 락	11	玉	火	金	
	絡	묶을 락	12	糸	火	木	

	한자	소리·뜻	획수	부수	발음오행	자원오행	비고
락	樂	즐길 락	15	木	火	木	(즐길)락, (좋아할)요, (풍류)악
란	卵	알 란	7	卩	火	水	
란	瀾	물결 란	21	水	火	水	
란	爛	빛날 란	21	火	火	火	
란	蘭	난초 란	23	艸	火	木	
람	濫	넘칠 람	18	水	火	水	
람	藍	쪽 람	20	艸	火	木	
람	覽	볼 람	21	見	火	火	
랑	浪	물결 랑	11	水	火	水	
랑	朗	밝을 랑	11	月	火	水	
랑	琅	옥이름 랑	12	玉	火	金	
랑	郞	사나이 랑	14	邑	火	土	
랑	瑯	옥이름 랑	15	玉	火	金	
래	來	올 래	8	人	火	火	
래	崍	산이름 래	11	山	火	土	
래	萊	명아주 래	14	艸	火	木	

	한자	소리·뜻	획수	부수	발음오행	자원오행	비고
랭	冷	찰 랭	7	冫	火	水	
략	略	다스릴 략	11	田	火	土	
량	良	어질 량	7	艮	火	土	
	兩	두(둘) 량	8	入	火	土	
	亮	밝을 량	9	亠	火	火	
	凉	서늘할 량	10	冫	火	水	
	倆	재주 량	10	人	火	火	
	梁	들보 량	11	木	火	木	
	涼	서늘할 량	12	水	火	水	
	量	헤아릴 량	12	里	火	火	
	樑	들보 량	15	木	火	木	
	諒	믿을 량	15	言	火	金	
	糧	양식 량	18	米	火	木	
려	呂	음률 려	7	口	火	水	
	侶	짝(벗) 려	9	人	火	火	
	旅	나그네 려	10	方	火	土	

	한자	소리·뜻	획수	부수	발음오행	자원오행	비고
려	黎	검을 려	15	黍	火	木	
	閭	마을 려	15	門	火	木	
	慮	생각할 려	15	心	火	火	
	勵	힘쓸 려	17	力	火	土	
	麗	고울 려	19	鹿	火	土	
력	力	힘 력	2	力	火	土	
	歷	지낼 력	16	止	火	土	
	曆	책력 력	16	日	火	火	
련	煉	쇠불릴 련	13	火	火	火	
	連	연할 련	14	辶	火	土	
	練	익힐 련	15	糸	火	木	
	憐	불쌍히여길 련	16	心	火	火	
	鍊	단련할 련	17	金	火	金	
	蓮	①연밥 련 ②연 련	17	艸	火	木	
	聯	잇닿을 련	17	耳	火	火	
	戀	사모할 련	23	心	火	火	

	한자	소리·뜻	획수	부수	발음오행	자원오행	비고
렬	列	벌일 렬	6	刀	火	金	
	洌	맑을 렬	10	水	火	水	
	烈	매울 렬	10	火	火	火	
렴	廉	청렴할 렴	13	广	火	木	
	斂	거둘 렴	17	攴	火	金	
	濂	①엷을 렴 ②내(川)이름 렴	17	水	火	水	
	簾	발 렴	19	竹	火	木	
렵	獵	사냥할 렵	19	犬	火	土	
령	令	명령 령	5	人	火	火	
	伶	영리할 령	7	人	火	火	
	怜	영리할 령	9	心	火	火	
	玲	옥소리 령	10	玉	火	金	
	鈴	방울 령	13	金	火	金	
	零	수없을 령	13	雨	火	水	
	領	다스릴 령	14	頁	火	火	
	嶺	재 령	17	山	火	土	

	한자	소리·뜻	획수	부수	발음오행	자원오행	비고
령	齡	나이 령	20	齒	火	金	
	靈	신령 령	24	雨	火	水	
례	例	법식 례	8	人	火	火	
	禮	예도 례	18	示	火	木	礼(禮의 속자, 6획)
로	老	늙을 로	6	老	火	土	
	勞	수고로울 로	12	力	火	火	
	路	길 로	13	足	火	土	
	魯	나라이름 로	15	魚	火	水	
	盧	밥그릇 로	16	皿	火	水	
	露	이슬 로	20	雨	火	水	
	爐	화로 로	20	火	火	火	
	鷺	해오라기 로	23	鳥	火	火	
록	鹿	사슴 록	11	鹿	火	土	
	祿	복 록	13	示	火	木	
	綠	초록빛 록	14	糸	火	木	
	錄	기록할 록	16	金	火	金	

	한자	소리·뜻	획수	부수	발음 오행	자원 오행	비고
론	論	의논할 론	15	言	火	金	
롱	弄	희롱할 롱	7	廾	火	金	
	瀧	젖을 롱	20	水	火	水	
	瓏	옥소리 롱	21	玉	火	金	
	籠	대그릇 롱	22	竹	火	木	
뢰	雷	우레 뢰	13	雨	火	水	
	賴	힘입을 뢰	16	貝	火	金	
	瀨	여울 뢰	20	水	火	水	
료	了	마칠 료	2	亅	火	金	
	料	헤아릴 료	10	斗	火	火	
	僚	동료 료	14	人	火	火	
룡	龍	용 룡	16	龍	火	土	竜(龍의 고자, 10획, 立부, 자원오행金)
루	累	①여러 루 ②묶을 루	11	糸	火	木	
	屢	여러 루	14	尸	火	水	
	樓	다락 루	15	木	火	木	
류	柳	버들 류	9	木	火	木	

	한자	소리·뜻	획수	부수	발음오행	자원오행	비고
류	留	머무를 류	10	田	火	土	
	流	흐를 류	11	水	火	水	
	琉	유리 류	12	玉	火	金	
	硫	유황 류	12	石	火	金	
	瑠	유리 류	15	玉	火	金	
	劉	이길 류	15	刀	火	金	
	類	무리 류	19	頁	火	火	
륙	六	여섯 륙	6	八	火	土	
	陸	뭍 륙	16	阜	火	土	
륜	侖	조리세울 륜	8	人	火	火	
	倫	인륜 륜	10	人	火	火	
	崙	산이름 륜	11	山	火	土	
	綸	실 륜	14	糸	火	木	
	輪	바퀴 륜	15	車	火	火	
률	律	법 률	9	彳	火	火	
	栗	밤 률	10	木	火	木	

	한자	소리·뜻	획수	부수	발음오행	자원오행	비고
률	率	비율 률	11	玄	火	火	률·솔
륭	隆	클 륭	17	阜	火	土	
름	凜	찰(추울) 름	15	冫	火	水	
릉	稜	서슬 릉	13	禾	火	木	
릉	菱	마름 릉	14	艸	火	木	
릉	綾	비단 릉	14	糸	火	木	
릉	陵	큰언덕 릉	16	阜	火	土	
리	吏	관리 리	6	口	火	水	
리	里	마을 리	7	里	火	土	
리	李	오얏 리	7	木	火	木	
리	利	이로울 리	7	刀	火	金	
리	梨	배 리	11	木	火	木	
리	悧	영리할 리	11	心	火	火	
리	理	다스릴 리	12	玉	火	金	
리	莉	말리 리	13	艸	火	木	
리	裏	속 리	13	衣	火	木	裡(裏의 속자, 13획)

	한자	소리·뜻	획수	부수	발음오행	자원오행	비고
리	履	신 리	15	尸	火	木	
	璃	유리 리	16	玉	火	金	
린	潾	물맑을 린	16	水	火	水	
	璘	옥빛 린	17	玉	火	金	
	隣	이웃 린	20	阜	火	土	
	麟	기린 린	23	鹿	火	土	
림	林	수풀 림	8	木	火	木	
	淋	물뿌릴 림	12	水	火	水	
	琳	옥이름 림	13	玉	火	金	
	霖	장마 림	16	雨	火	水	
	臨	임할 림	17	臣	火	火	
립	立	설 립	5	立	火	金	
	粒	낟알 립	11	米	火	木	
	笠	삿갓 립	11	竹	火	木	
마	馬	말 마	10	馬	水	火	
	麻	삼 마	11	麻	水	木	

	한자	소리·뜻	획수	부수	발음오행	자원오행	비고
마	瑪	마노 마	15	玉	水	金	
	磨	갈 마	16	石	水	金	
막	莫	없을 막	13	艸	水	木	
	幕	장막 막	14	巾	水	木	
	漠	사막 막	15	水	水	水	
만	万	일만 만	3	一	水	木	
	曼	끌 만	11	日	水	土	
	晚	늦을 만	11	日	水	火	
	萬	일만 만	15	艸	水	木	
	滿	찰 만	15	水	水	水	
	蔓	덩굴 만	17	艸	水	木	
말	末	끝 말	5	木	水	木	
	茉	말리 말	11	艸	水	木	
망	望	바랄 망	11	月	水	水	
	網	그물 망	14	糸	水	木	
매	每	매양 매	7	母	水	土	

	한자	소리·뜻	획수	부수	발음오행	자원오행	비고
매	妹	손아랫누이 매	8	女	水	土	
	梅	매화나무 매	11	木	水	木	
	買	살 매	12	貝	水	金	
	媒	중매 매	12	女	水	土	
	賣	팔 매	15	貝	水	金	
맥	麥	보리 맥	11	麥	水	木	
	脈	맥 맥	12	肉	水	水	
맹	孟	맏 맹	8	子	水	水	
	猛	사나울 맹	12	犬	水	土	
	盟	맹세할 맹	13	皿	水	土	
	萌	싹 맹	14	艸	水	木	
면	免	면할 면	7	儿	水	木	
	面	낯 면	9	面	水	火	
	勉	힘쓸 면	9	力	水	金	
	冕	면류관 면	11	冂	水	木	
	棉	목화 면	12	木	水	木	

	한자	소리·뜻	획수	부수	발음오행	자원오행	비고
면	綿	솜 면	14	糸	水	木	
명	名	이름 명	6	口	水	水	
	命	목숨 명	8	口	水	水	
	明	밝을 명	8	日	水	火	
	溟	바다 명	14	水	水	水	
	銘	새길 명	14	金	水	金	
	鳴	울 명	14	鳥	水	火	
모	毛	털 모	4	毛	水	火	
	母	어머니 모	5	毋	水	土	
	矛	창 모	5	矛	水	金	
	牟	보리 모	6	牛	水	土	
	冒	무릅쓸 모	9	冂	水	水	
	某	아무 모	9	木	水	木	
	募	모을 모	13	力	水	土	
	貌	모양 모	14	豸	水	水	
	模	법 모	15	木	水	木	

308 우리아이 명품이름

	한자	소리·뜻	획수	부수	발음오행	자원오행	비고
모	摸	본뜰 모	15	手	水	木	
	慕	사모할 모	15	心	水	火	
	暮	저물 모	15	日	水	火	
	謀	꾀할 모	16	言	水	金	
	謨	꾀 모	18	言	水	金	
목	木	나무 목	4	木	水	木	
	目	눈 목	5	目	水	木	
	沐	목욕할 목	8	水	水	水	
	牧	칠 목	8	牛	水	土	
	睦	화목할 목	13	目	水	木	
	穆	화목할 목	16	禾	水	木	
몽	夢	꿈 몽	14	夕	水	木	
	蒙	어릴 몽	16	艸	水	木	
묘	卯	토끼 묘	5	卩	水	木	
	妙	묘할 묘	7	女	水	土	
	苗	싹 묘	11	艸	水	木	

	한자	소리·뜻	획수	부수	발음오행	자원오행	비고
묘	描	그릴 묘	13	手	水	木	
	錨	닻 묘	17	金	水	金	
무	戊	다섯째천간 무	5	戈	水	土	
	武	굳셀 무	8	止	水	土	
	拇	엄지손가락 무	9	手	水	木	
	畝	밭이랑 무	10	田	水	土	무·묘
	茂	무성할 무	11	艸	水	木	
	務	힘쓸 무	11	力	水	土	
	貿	바꿀 무	12	貝	水	金	
	無	없을 무	12	火	水	火	无(無의 고자, 4획, 无부, 자원오행水)
	珷	옥돌 무	12	玉	水	金	
	舞	춤출 무	14	舛	水	木	
	撫	어루만질 무	16	手	水	木	
	懋	힘쓸 무	17	心	水	火	
	霧	안개 무	19	雨	水	水	
묵	墨	먹 묵	15	土	水	土	

	한자	소리·뜻	획수	부수	발음오행	자원오행	비고
묵	默	말없을 묵	16	黑	水	水	
문	文	글월 문	4	文	水	木	
	門	문 문	8	門	水	木	
	紋	무늬 문	10	糸	水	木	
	問	물을 문	11	口	水	水	
	聞	들을 문	14	耳	水	火	
물	物	만물 물	8	牛	水	土	
미	未	아닐 미	5	木	水	木	
	米	쌀 미	6	米	水	木	
	尾	꼬리 미	7	尸	水	木	
	味	맛 미	8	口	水	水	
	眉	눈썹 미	9	目	水	木	
	美	아름다울 미	9	羊	水	土	
	媚	사랑할 미	12	女	水	土	
	渼	물결무늬 미	13	水	水	水	
	微	작을 미	13	彳	水	火	

	한자	소리·뜻	획수	부수	발음 오행	자원 오행	비고
미	彌	두루(널리) 미	17	弓	水	金	弥(彌와 동자, 8획)
	薇	장미 미	19	艸	水	木	
민	民	백성 민	5	氏	水	火	
	岷	산이름 민	8	山	水	土	
	旼	온화할 민	8	日	水	火	
	旻	하늘 민	8	日	水	火	
	玟	옥돌 민	9	玉	水	金	
	珉	옥돌 민	10	玉	水	金	
	敏	재빠를 민	11	攴	水	金	
	閔	위문할 민	12	門	水	木	
	憫	총명할 민	15	心	水	火	
밀	密	빽빽할 밀	11	宀	水	木	
	蜜	꿀 밀	14	虫	水	水	
박	朴	순박할 박	6	木	水	木	
	泊	①배댈 박 ②묵을 박	9	水	水	水	
	拍	손뼉칠 박	9	手	水	木	

	한자	소리·뜻	획수	부수	발음오행	자원오행	비고
박	珀	호박(琥珀) 박	10	玉	水	金	
	舶	큰배(당도리) 박	11	舟	水	木	
	博	넓을 박	12	十	水	水	
	撲	두드릴 박	16	手	水	木	
	璞	옥돌 박	17	玉	水	金	
	薄	엷을 박	19	艸	水	木	
반	反	되돌릴 반	4	又	水	水	
	半	반 반	5	十	水	土	
	伴	짝 반	7	人	水	火	
	畔	① 물가 반 ② 경계(境界) 반	10	田	水	土	
	般	옮길 반	10	舟	水	木	
	班	나눌 반	11	玉	水	金	
	返	돌아올 반	11	辵	水	土	
	頒	나눌 반	13	頁	水	火	
	飯	밥 반	13	食	水	水	
	磐	너럭바위 반	15	石	水	金	

	한자	소리·뜻	획수	부수	발음오행	자원오행	비고
반	盤	소반 반	15	皿	水	金	
	潘	① 강이름 반 ② 소용돌이 반	16	水	水	水	
발	拔	뺄 발	9	手	水	木	
	發	필 발	12	癶	水	火	
	渤	바다이름 발	13	水	水	水	
	鉢	바리때 발	13	金	水	金	
	髮	터럭(머리털) 발	15	髟	水	火	
	潑	활발할 발	16	水	水	水	
방	方	모 방	4	方	水	土	
	彷	거닐 방	7	彳	水	火	
	坊	막을 방	7	土	水	土	
	放	놓을 방	8	攴	水	金	
	昉	마침(때마침) 방	8	日	水	火	
	芳	꽃다울 방	10	艸	水	木	
	倣	본받을 방	10	人	水	火	
	邦	나라 방	11	邑	水	土	

한자	소리·뜻	획수	부수	발음오행	자원오행	비고
訪	찾을 방	11	言	水	金	
傍	곁 방	12	人	水	火	
防	막을 방	12	阜	水	土	
龐	클 방	19	龍	水	土	
杯	잔 배	8	木	水	木	盃(杯의 속자, 9획, 皿부, 자원오행木)
拜	①절 배 ②감사할 배	9	手	水	木	
倍	갑절 배	10	人	水	火	
配	짝 배	10	酉	水	金	
背	등 배	11	肉	水	水	
培	북돋울 배	11	土	水	土	
排	물리칠 배	12	手	水	木	
湃	물결칠 배	13	水	水	水	
裵	성 배	14	衣	水	木	裴(裵의 속자, 14획)
輩	무리 배	15	車	水	火	
陪	도울 배	16	阜	水	土	
白	흰 백	5	白	水	金	

	한자	소리·뜻	획수	부수	발음오행	자원오행	비고
백	百	일백 백	6	白	水	水	
	伯	맏 백	7	人	水	火	
	佰	백사람(의 우두머리) 백	8	人	水	火	
	帛	비단 백	8	巾	水	木	
	柏	측백나무 백	9	木	水	木	栢(柏의 속자, 10획)
번	番	갈마들 번	12	田	水	土	
	繁	많을 번	17	糸	水	木	
	藩	우거질 번	18	艸	水	木	
	飜	①날 번 ②엎어질 번	21	飛	水	火	翻(飜과 동자, 18획, 羽부, 자원오행火)
벌	伐	칠 벌	6	人	水	火	
	閥	공훈 벌	14	門	水	木	
범	凡	무릇 범	3	几	水	水	
	氾	넘칠 범	6	水	水	水	
	帆	돛 범	6	巾	水	木	
	汎	뜰 범	7	水	水	水	
	范	풀이름 범	11	艸	水	木	

	한자	소리·뜻	획수	부수	발음오행	자원오행	비고
범	範	법 범	15	竹	水	木	
법	法	법 법	9	水	水	水	
벽	碧	푸를 벽	14	石	水	金	
	壁	바람벽 벽	16	土	水	土	
	璧	둥근옥 벽	18	玉	水	金	
	闢	열 벽	21	門	水	木	
변	卞	법 변	4	卜	水	土	
	弁	고깔 변	5	廾	水	木	
	辨	분별할 변	16	辛	水	金	
	辯	말잘할 변	21	辛	水	金	
	邊	가 변	22	辵	水	土	
	變	변할 변	23	言	水	金	
별	別	다를 별	7	刀	水	金	
병	丙	남녘 병	5	一	水	火	
	兵	군사 병	7	八	水	金	
	幷	어우를 병	8	干	水	火	并(并의 속자, 6획, 干부)

317

	한자	소리·뜻	획수	부수	발음오행	자원오행	비고
병	秉	잡을 병	8	禾	水	木	
	炳	밝을 병	9	火	水	火	
	昺	밝을 병	9	日	水	火	昞(昺과 동자, 9획)
	柄	자루 병	9	木	水	木	
	竝	아우를 병	10	立	水	金	並(竝의 약자, 8획, 一부, 자원오행火)
	屛	병풍 병	11	尸	水	水	
	棅	자루 병	12	木	水	木	
보	步	걸을 보	7	止	水	土	
	甫	클 보	7	用	水	水	
	保	보호할 보	9	人	水	火	
	報	갚을 보	12	土	水	土	
	普	두루 보	12	日	水	火	
	堡	작은성 보	12	土	水	土	
	補	①(헤진곳을)기울 보 ②도울 보	13	衣	水	木	
	輔	도울 보	14	車	水	火	
	菩	보살 보	14	艹	水	木	

	한자	소리·뜻	획수	부수	발음오행	자원오행	비고
보	潽	물(水) 보	16	水	水	水	
	寶	보배 보	20	宀	水	金	宝(寶의 속자, 8획)
	譜	족보 보	20	言	水	金	
복	卜	점 복	2	卜	水	火	
	伏	엎드릴 복	6	人	水	火	
	服	옷 복	8	月	水	水	
	復	회복할 복	12	彳	水	火	복·부
	福	복 복	14	示	水	木	
	複	겹칠 복	15	衣	水	木	
	馥	향기 복	18	香	水	木	
본	本	근본 본	5	木	水	木	
봉	奉	받들 봉	8	大	水	木	
	封	봉할 봉	9	寸	水	土	
	俸	녹 봉	10	人	水	火	
	峯	봉우리 봉	10	山	水	土	峰(峯과 동자, 10획)
	烽	봉화 봉	11	火	水	火	

	한자	소리·뜻	획수	부수	발음오행	자원오행	비고
봉	捧	받들 봉	12	手	水	木	
	蜂	벌 봉	13	虫	水	水	
	逢	만날 봉	14	辶	水	土	
	鳳	봉황새 봉	14	鳥	水	火	
	蓬	쑥 봉	17	艸	水	木	
부	父	아비 부	4	父	水	木	
	夫	지아비 부	4	大	水	木	
	付	줄 부	5	人	水	火	
	孚	미쁠 부	7	子	水	水	
	扶	도울 부	8	手	水	木	
	府	마을 부	8	广	水	土	
	赴	다다를 부	9	走	水	火	
	芙	연꽃 부	10	艸	水	木	
	浮	뜰 부	11	水	水	水	
	婦	①며느리 부 ②아내 부	11	女	水	土	
	副	버금 부	11	刀	水	金	

	한자	소리·뜻	획수	부수	발음오행	자원오행	비고
부	富	넉넉할 부	12	宀	水	木	
	復	다시 부	12	彳	水	火	복·부
	傅	스승 부	12	人	水	火	
	附	붙을 부	13	阜	水	土	
	溥	펼 부	14	水	水	水	
	敷	펼 부	15	攴	水	金	
북	北	북녘 북	5	匕	水	水	
분	分	나눌 분	4	刀	水	金	
	汾	물이름 분	8	水	水	水	
	盆	동이 분	9	皿	水	金	
	粉	가루 분	10	米	水	木	
	芬	향기 분	10	艸	水	木	
	奮	떨칠 분	16	大	水	木	
불	佛	부처 불	7	人	水	火	
	拂	떨어버릴 불	9	手	水	木	
붕	朋	벗 붕	8	月	水	水	

	한자	소리·뜻	획수	부수	발음오행	자원오행	비고
붕	鵬	붕새 붕	19	鳥	水	火	
비	比	견줄 비	4	比	水	火	
	妃	왕비 비	6	女	水	土	
	庇	덮을 비	7	广	水	木	
	枇	비파나무 비	8	木	水	木	
	批	손으로칠 비	8	手	水	木	
	飛	날 비	9	飛	水	火	
	肥	살찔 비	10	肉	水	水	
	祕	숨길 비	10	示	水	木	秘(祕의 속자, 10획, 禾부, 자원오행木)
	備	갖출 비	12	人	水	火	
	扉	문짝 비	12	戶	水	木	
	費	①소비할 비 ②비용 비	12	貝	水	金	
	碑	비석 비	13	石	水	金	
	琵	비파 비	13	玉	水	金	
	譬	비유할 비	20	言	水	金	
빈	玭	구슬 빈	9	玉	水	金	

	한자	소리·뜻	획수	부수	발음오행	자원오행	비고
빈	彬	빛날 빈	11	彡	水	火	
	斌	빛날 빈	12	文	水	木	
	賓	손 빈	14	貝	水	金	
	頻	자주 빈	16	頁	水	火	
	濱	물가 빈	18	水	水	水	
빙	氷	얼음 빙	5	水	水	水	
	聘	부를 빙	13	耳	水	火	
	憑	의지할 빙	16	心	水	火	
사	士	선비 사	3	士	金	木	
	四	넉 사	4	口	金	水	
	司	맡을 사	5	口	金	水	
	仕	벼슬 사	5	人	金	火	
	史	역사 사	5	口	金	水	
	寺	절 사	6	寸	金	木	
	似	같을 사	7	人	金	火	
	私	사사 사	7	禾	金	木	

	한자	소리·뜻	획수	부수	발음오행	자원오행	비고
사	沙	모래 사	8	水	金	水	
	事	일 사	8	亅	金	木	
	祀	제사 사	8	示	金	木	
	舍	집 사	8	舌	金	火	
	社	①토지의신 사 ②단체 사	8	示	金	木	
	使	하여금 사	8	人	金	火	
	思	생각할 사	9	心	金	火	
	査	조사할 사	9	木	金	木	
	紗	깁 사	10	糸	金	木	
	師	스승 사	10	巾	金	木	
	射	쏠 사	10	寸	金	土	
	娑	춤출 사	10	女	金	土	
	斜	비낄 사	11	斗	金	火	
	徙	옮길 사	11	彳	金	火	
	詞	말 사	12	言	金	金	
	捨	버릴 사	12	手	金	木	

	한자	소리·뜻	획수	부수	발음오행	자원오행	비고
사	絲	실 사	12	糸	金	木	
	斯	이 사	12	斤	金	金	
	嗣	이을 사	13	口	金	水	
	寫	베낄 사	15	宀	金	木	
	賜	줄 사	15	貝	金	金	
	辭	말씀 사	19	辛	金	金	
삭	削	깎을(잘라낼) 삭	9	刀	金	金	
산	山	뫼 산	3	山	金	土	
	珊	산호 산	10	玉	金	金	
	産	낳을 산	11	生	金	木	
	算	셈할 산	14	竹	金	木	
	酸	신맛 산	14	酉	金	金	
살	薩	보살 살	20	艹	金	木	
삼	三	석 삼	3	一	金	火	
	杉	삼나무 삼	7	木	金	木	
	衫	적삼 삼	9	衣	金	木	

	한자	소리·뜻	획수	부수	발음오행	자원오행	비고
삼	參	석 삼	11	厶	金	火	참·삼
	森	나무빽빽할 삼	12	木	金	木	
	蔘	인삼 삼	17	艸	金	木	
삽	挿	꽂을 삽	13	手	金	木	揷(挿의 본자, 13획)
상	上	위 상	3	一	金	木	
	尙	숭상할 상	8	小	金	金	
	狀	형상 상	8	犬	金	土	
	相	서로 상	9	目	金	木	
	庠	학교 상	9	广	金	木	
	桑	뽕나무 상	10	木	金	木	
	祥	상서로울 상	11	示	金	金	
	爽	시원할 상	11	爻	金	火	
	商	장사 상	11	口	金	水	
	常	항상 상	11	巾	金	木	
	翔	날 상	12	羽	金	火	
	象	코끼리 상	12	豕	金	水	

	한자	소리·뜻	획수	부수	발음오행	자원오행	비고
상	湘	강이름 상	13	水	金	水	
	想	생각할 상	13	心	金	火	
	詳	자세할 상	13	言	金	金	
	嘗	①맛볼 상 ②일찍 상	14	口	金	水	
	裳	치마 상	14	衣	金	木	
	像	형상 상	14	人	金	火	
	箱	상자 상	15	竹	金	木	
	賞	상줄 상	15	貝	金	金	
	償	갚을 상	17	人	金	火	
	霜	서리 상	17	雨	金	水	
쌍	雙	쌍 쌍	18	隹	金	火	
새	塞	변방 새	13	土	金	土	
색	色	빛 색	6	色	金	土	
	索	찾을 색	10	糸	金	木	
	穡	거둘 색	18	禾	金	木	
생	生	날 생	5	生	金	木	

	한자	소리·뜻	획수	부수	발음오행	자원오행	비고
서	西	서녘 서	6	襾	金	金	
	序	차례 서	7	广	金	木	
	抒	펼 서	8	手	金	木	
	書	글 서	10	曰	金	木	
	恕	용서할 서	10	心	金	火	
	徐	천천히할 서	10	彳	金	火	
	庶	뭇 서	11	广	金	木	
	敍	차례 서	11	攴	金	金	叙(敍의 속자, 9획, 又부, 자원오행水)
	棲	깃들일 서	12	木	金	木	栖(棲와 동자, 10획, 木부)
	舒	펼 서	12	舌	金	火	
	暑	더울 서	13	日	金	火	
	誓	맹세할 서	14	言	金	金	
	瑞	상서 서	14	玉	金	金	
	署	관청 서	15	网	金	木	
	緖	실마리 서	15	糸	金	木	
	曙	새벽 서	18	日	金	火	

	한자	소리·뜻	획수	부수	발음오행	자원오행	비고
석	夕	저녁 석	3	夕	金	水	
	石	돌 석	5	石	金	金	
	汐	썰물 석	7	水	金	水	
	析	가를 석	8	木	金	木	
	昔	옛 석	8	日	金	火	
	席	자리 석	10	巾	金	木	
	晳	밝을 석	12	日	金	火	
	淅	쌀일 석	12	水	金	水	
	惜	아낄 석	12	心	金	火	
	碩	클 석	14	石	金	金	
	奭	클 석	15	大	金	火	
	錫	주석 석	16	金	金	金	
	釋	풀 석	20	釆	金	火	
선	仙	신선 선	5	人	金	火	
	先	먼저 선	6	儿	金	木	
	宣	베풀 선	9	宀	金	火	

	한자	소리·뜻	획수	부수	발음오행	자원오행	비고
선	扇	부채 선	10	戶	金	木	
	旋	돌 선	11	方	金	木	
	船	배 선	11	舟	金	木	
	琁	아름다운옥 선	12	玉	金	金	
	善	착할 선	12	口	金	水	
	渲	바림 선	13	水	金	水	
	羨	부러워할 선	13	羊	金	土	
	瑄	도리옥 선	14	玉	金	金	
	銑	무쇠 선	14	金	金	金	
	嬋	고울 선	15	女	金	土	
	線	줄 선	15	糸	金	木	
	璇	아름다운옥 선	16	玉	金	金	
	禪	고요할 선	17	示	金	木	
	鮮	고울 선	17	魚	金	水	
	繕	기울(깁다) 선	18	糸	金	木	
	選	가릴 선	19	辵	金	土	

	한자	소리·뜻	획수	부수	발음오행	자원오행	비고
선	璿	아름다운옥 선	19	玉	金	金	
설	舌	혀 설	6	舌	金	火	
	雪	눈 설	11	雨	金	水	
	設	베풀 설	11	言	金	金	
	卨	은나라시조이름 설	11	卜	金	土	
	楔	문설주 설	13	木	金	木	
	說	말씀 설	14	言	金	金	설·열
	薛	맑은대쑥 설	19	艸	金	木	
섬	暹	해돋을 섬	16	日	金	火	
	纖	가늘 섬	23	糸	金	木	
섭	涉	건널 섭	11	水	金	水	
	葉	땅이름 섭	15	艸	金	木	엽·섭
	燮	불꽃 섭	17	火	金	火	
	攝	끌어당길 섭	22	手	金	木	
성	成	이룰 성	7	戈	金	火	
	姓	성 성	8	女	金	土	

	한자	소리·뜻	획수	부수	발음오행	자원오행	비고
성	星	별 성	9	日	金	火	
	省	살필 성	9	目	金	木	
	性	성품 성	9	心	金	火	
	城	성 성	10	土	金	土	
	晟	밝을 성	11	日	金	火	晠(晟과 동자, 11획, 日부)
	盛	성할 성	12	皿	金	火	
	珹	옥이름 성	12	玉	金	金	
	惺	깨달을 성	13	心	金	火	
	聖	성인 성	13	耳	金	火	
	誠	정성 성	14	言	金	金	
	聲	소리 성	17	耳	金	火	
세	世	인간 세	5	一	金	火	
	洗	씻을 세	10	水	金	水	
	細	가늘 세	11	糸	金	木	
	勢	기세 세	13	力	金	金	
	歲	해 세	13	止	金	土	

	한자	소리·뜻	획수	부수	발음오행	자원오행	비고
소	小	작을 소	3	小	金	水	
	少	①젊을 소 ②적을 소	4	小	金	水	
	召	부를 소	5	口	金	水	
	所	바 소	8	戶	金	木	
	昭	밝을 소	9	日	金	火	
	炤	밝을 소	9	火	金	火	
	笑	웃을 소	10	竹	金	木	
	素	흴 소	10	糸	金	木	
	紹	이을 소	11	糸	金	木	
	疏	트일 소	12	疋	金	土	
	邵	고을이름 소	12	邑	金	土	
	韶	아름다울 소	14	音	金	金	
	燒	불사를 소	16	火	金	火	
	蘇	차조기 소	22	艸	金	木	
속	束	묶을 속	7	木	金	木	
	速	빠를 속	14	辵	金	土	

	한자	소리·뜻	획수	부수	발음오행	자원오행	비고
속	續	이을 속	21	糸	金	木	
손	孫	손자 손	10	子	金	水	
	遜	겸손할 손	17	辶	金	土	
솔	帥	거느릴 솔	9	巾	金	木	솔·수
	率	거느릴 솔	11	玄	金	火	솔·률
송	宋	송나라 송	7	宀	金	木	
	松	소나무 송	8	木	金	木	
	頌	칭송할 송	13	頁	金	火	
쇠	釗	쇠 쇠	10	金	金	金	
수	水	물 수	4	水	金	水	
	手	손 수	4	手	金	木	
	收	거둘 수	6	攴	金	金	
	守	지킬 수	6	宀	金	木	
	秀	빼어날 수	7	禾	金	木	
	垂	드리울 수	8	土	金	土	
	受	받을 수	8	又	金	水	

	한자	소리·뜻	획수	부수	발음오행	자원오행	비고
수	首	머리 수	9	首	金	水	
	帥	장수 수	9	巾	金	木	솔·수
	洙	강이름 수	10	水	金	水	
	殊	다를 수	10	歹	金	水	
	修	닦을 수	10	人	金	火	脩(修의 통자, 13획, 肉부, 자원오행水)
	琇	옥돌 수	12	玉	金	金	
	授	줄 수	12	手	金	木	
	需	구할 수	14	雨	金	水	
	壽	목숨 수	14	士	金	水	寿(壽의 속자, 7획)
	銖	무게단위 수	14	金	金	金	
	粹	순수할 수	14	米	金	木	
	數	수 수	15	攴	金	金	
	輸	나를 수	16	車	金	火	
	樹	나무 수	16	木	金	木	
	遂	①이룩할 수 ②드디어 수	16	辵	金	土	
	穗	이삭 수	17	禾	金	木	穂(穗의 속자, 15획)

	한자	소리·뜻	획수	부수	발음오행	자원오행	비고
수	繡	수놓을 수	18	糸	金	木	
	隨	따를 수	21	阜	金	土	
숙	叔	아재비 숙	8	又	金	水	
	淑	맑을 숙	12	水	金	水	
	肅	엄숙할 숙	13	聿	金	火	
	俶	옥이름 숙	13	玉	金	金	
	熟	익을 숙	15	火	金	火	
	璹	옥그릇 숙	19	玉	金	金	
순	旬	열흘 순	6	日	金	火	
	盾	방패 순	9	目	金	木	
	純	순수할 순	10	糸	金	木	
	洵	참으로 순	10	水	金	水	
	珣	옥그릇 순	11	玉	金	金	
	循	돌 순	12	彳	金	火	
	淳	순박할 순	12	水	金	水	
	舜	순임금 순	12	舛	金	木	

	한자	소리·뜻	획수	부수	발음오행	자원오행	비고
순	順	순할 순	12	頁	金	火	
	諄	타이를 순	15	言	金	金	
	錞	악기이름 순	16	金	金	金	
술	術	재주 술	11	行	金	火	
	述	지을 술	12	辶	金	土	
숭	崇	높을 숭	11	山	金	土	
	嵩	높을 숭	13	山	金	土	
슬	瑟	큰거문고 슬	14	玉	金	金	
습	拾	주울 습	10	手	金	木	습·십
	習	익힐 습	11	羽	金	火	
	濕	젖을 습	18	水	金	水	
승	升	되 승	4	十	金	木	
	丞	도울 승	6	一	金	木	
	昇	오를 승	8	日	金	火	
	承	이을 승	8	手	金	木	
	乘	탈 승	10	丿	金	火	

	한자	소리·뜻	획수	부수	발음오행	자원오행	비고
승	勝	이길 승	12	力	金	土	
	陞	오를 승	15	阜	金	土	
시	示	보일 시	5	示	金	木	
	市	저자 시	5	巾	金	木	
	始	비로소 시	8	女	金	土	
	施	베풀 시	9	方	金	土	
	柴	섶나무 시	9	木	金	木	
	是	옳을 시	9	日	金	火	
	時	때 시	10	日	金	火	
	恃	의지할 시	10	心	金	火	
	視	볼 시	12	見	金	火	
	詩	시 시	13	言	金	金	
	試	시험할 시	13	言	金	金	
씨	氏	성(姓) 씨	4	氏	金	火	
식	式	법 식	6	弋	金	金	
	食	밥 식	9	食	金	水	

	한자	소리·뜻	획수	부수	발음오행	자원오행	비고
식	息	①숨쉴 식 ②휴식 식	10	心	金	火	
	植	심을 식	12	木	金	木	
	寔	①이 식 ②진실로 식	12	宀	金	木	
	湜	물맑을 식	13	水	金	水	
	軾	수레앞턱가로 나무 식	13	車	金	火	
	識	알 식	19	言	金	金	
신	申	납 신	5	田	金	金	
	臣	신하 신	6	臣	金	火	
	辛	매울 신	7	辛	金	金	
	身	몸 신	7	身	金	火	
	伸	펼 신	7	人	金	火	
	信	믿을 신	9	人	金	火	
	神	귀신 신	10	示	金	金	
	訊	물을 신	10	言	金	金	
	迅	빠를 신	10	辵	金	土	
	晨	새벽 신	11	日	金	火	

	한자	소리·뜻	획수	부수	발음오행	자원오행	비고
신	紳	큰띠 신	11	糸	金	木	
	新	새 신	13	斤	金	金	
	愼	삼갈 신	14	心	金	火	
실	室	집 실	9	宀	金	木	
	實	열매 실	14	宀	金	木	実(實의 속자, 8획)
심	心	마음 심	4	心	金	火	
	沈	성 심	8	水	金	水	심·침
	沁	스며들 심	8	水	金	水	
	深	깊을 심	12	水	金	水	
	尋	찾을 심	12	寸	金	金	
	審	살필 심	15	宀	金	木	
십	什	열사람 십	4	人	金	火	십·집
	十	열 십	10	十	金	水	
	拾	열 십	10	手	金	木	십·습
아	牙	어금니 아	4	牙	土	金	
	我	나 아	7	戈	土	金	

	한자	소리·뜻	획수	부수	발음오행	자원오행	비고
아	亞	버금 아	8	二	土	火	亜(亞의 속자, 7획)
	兒	아이 아	8	儿	土	水	児(兒의 속자, 7획)
	芽	싹 아	10	艸	土	木	
	娥	예쁠 아	10	女	土	土	
	雅	바를 아	12	隹	土	火	
	阿	언덕 아	13	阜	土	土	
악	岳	큰산 악	8	山	土	土	
	堊	흰흙 악	11	土	土	土	
	樂	풍류 악	15	木	土	木	악·요·락
	嶽	큰산 악	17	山	土	土	
안	安	편안할 안	6	宀	土	木	
	岸	언덕 안	8	山	土	土	
	按	누를 안	10	手	土	木	
	晏	①늦을 안 ②편안할 안	10	日	土	火	
	案	생각할 안	10	木	土	木	
	顔	얼굴 안	18	頁	土	火	

	한자	소리·뜻	획수	부수	발음오행	자원오행	비고
알	謁	뵈올 알	16	言	土	金	
암	巖	바위 암	23	山	土	土	岩(巖의 속자, 8획, 山부, 자원오행土)
압	押	찍을 압	9	手	土	木	
압	壓	누를 압	17	土	土	土	
앙	央	가운데 앙	5	大	土	土	
앙	仰	우러러볼 앙	6	人	土	火	
앙	昂	오를 앙	8	日	土	火	
앙	鴦	원앙 앙	16	鳥	土	火	
애	厓	언덕 애	8	厂	土	土	
애	涯	물가 애	12	水	土	水	
애	愛	사랑 애	13	心	土	火	
액	液	진 액	12	水	土	水	
액	額	이마 액	18	頁	土	火	
앵	鶯	꾀꼬리 앵	21	鳥	土	火	
앵	櫻	앵두나무 앵	21	水	土	木	
야	冶	쇠불릴 야	7	冫	土	水	

	한자	소리·뜻	획수	부수	발음오행	자원오행	비고
야	野	들 야	11	里	土	土	
약	約	묶을 약	9	糸	土	木	
	若	같을 약	11	艸	土	木	
	躍	뛸 약	21	足	土	土	
	藥	약 약	21	艸	土	木	
양	羊	양 양	6	羊	土	土	
	洋	큰바다 양	10	水	土	水	
	揚	날릴 양	13	手	土	木	
	楊	버들 양	13	木	土	木	
	養	기를 양	15	食	土	水	
	樣	모양 양	15	木	土	木	
	襄	도울 양	17	衣	土	木	
	陽	볕 양	17	阜	土	土	
	壤	흙 양	20	土	土	土	
어	魚	물고기 어	11	魚	土	水	
	御	어거할 어	11	彳	土	火	

	한자	소리·뜻	획수	부수	발음오행	자원오행	비고
어	語	말씀 어	14	言	土	金	
억	億	억 억	15	人	土	火	
	憶	생각할 억	17	心	土	火	
	檍	참죽나무 억	17	木	土	木	
언	言	말씀 언	7	言	土	金	
	彦	선비 언	9	彡	土	火	
	諺	속담 언	16	言	土	金	
엄	嚴	엄할 엄	20	口	土	水	
업	業	업 업	13	木	土	木	
	嶪	높고험할 업	16	山	土	土	
여	予	①나 여 ②줄 여	4	亅	土	金	
	如	같을 여	6	女	土	土	
	余	나 여	7	人	土	火	
	汝	너 여	7	水	土	水	
	與	줄 여	14	臼	土	土	
	餘	남을 여	16	食	土	水	

	한자	소리·뜻	획수	부수	발음오행	자원오행	비고
역	亦	또 역	6	亠	土	水	
	易	바꿀 역	8	日	土	火	이·역
	譯	통변할 역	20	言	土	金	
	驛	역마 역	23	馬	土	火	
연	延	끌 연	7	廴	土	土	
	沇	물흐를 연	8	水	土	水	
	姸	고울 연	9	女	土	土	
	衍	넘칠 연	9	行	土	火	
	沿	따를 연	9	水	土	水	
	娟	예쁠 연	10	女	土	土	
	宴	잔치 연	10	宀	土	木	
	硏	갈 연	11	石	土	金	
	軟	부드러울 연	11	車	土	火	
	涓	시내 연	11	水	土	水	
	然	그럴 연	12	火	土	火	
	淵	못 연	13	水	土	水	

345

	한자	소리·뜻	획수	부수	발음오행	자원오행	비고
연	演	넓힐 연	15	水	土	水	
	緣	인연 연	15	糸	土	木	
	燃	불탈 연	16	火	土	火	
	燕	제비 연	16	火	土	火	
열	悅	기쁠 열	11	心	土	火	
	說	기쁠 열	14	言	土	金	설·열
	閱	검열할 열	15	門	土	金	
	熱	더울 열	15	火	土	火	
염	炎	불꽃 염	8	火	土	火	
	琰	옥갈 염	13	玉	土	金	
	艷	고울 염	24	色	土	土	艶(艷의 속자, 19획, 色부)
엽	葉	잎 엽	15	艹	土	木	엽·섭
	燁	빛날 엽	16	火	土	火	
	曄	빛날 엽	16	日	土	火	
영	永	길 영	5	水	土	水	
	映	비칠 영	9	日	土	火	

	한자	소리·뜻	획수	부수	발음오행	자원오행	비고
영	盈	찰 영	9	皿	土	水	
	泳	헤엄칠 영	9	水	土	水	
	英	꽃부리 영	11	艹	土	木	
	迎	맞이할 영	11	辶	土	土	
	詠	읊을 영	12	言	土	金	
	楹	기둥 영	13	木	土	木	
	渶	물맑을 영	13	水	土	水	
	暎	비칠 영	13	日	土	火	
	煐	사람이름 영	13	火	土	火	
	榮	영화 영	14	木	土	木	栄(榮의 속자, 9획)
	瑛	옥광채 영	14	玉	土	金	
	影	그림자 영	15	彡	土	火	
	瑩	밝을 영	15	玉	土	金	영·형
	穎	①이삭 영 ②빼어날 영	16	禾	土	木	
	營	경영할 영	17	火	土	火	
	鍈	방울소리 영	17	金	土	金	

	한자	소리·뜻	획수	부수	발음오행	자원오행	비고
영	瀯	물소리 영	21	水	土	水	
	瓔	옥돌 영	22	玉	土	金	
예	乂	어질 예	2	丿	土	金	
	芮	①나라이름 예 ②풀뾰족뾰족날 예	10	艸	土	木	
	預	미리 예	13	頁	土	火	
	銳	날카로울 예	15	金	土	金	
	豫	미리 예	16	豕	土	水	
	叡	밝을 예	16	又	土	火	睿(叡와 동자, 14획, 目부, 자원오행木)
	譽	기릴 예	21	言	土	金	
	藝	재주 예	21	艸	土	木	
오	午	낮 오	4	十	土	火	
	五	다섯 오	5	二	土	土	
	伍	대오 오	6	人	土	火	
	吾	나 오	7	口	土	水	
	吳	나라이름 오	7	口	土	水	
	旿	밝을 오	8	日	土	火	

	한자	소리·뜻	획수	부수	발음오행	자원오행	비고
오	娛	즐길 오	10	女	土	土	
	悟	깨달을 오	11	心	土	火	
	晤	밝을 오	11	日	土	火	
	梧	오동나무 오	11	木	土	木	
	奧	깊을 오	13	大	土	木	
옥	玉	구슬 옥	5	玉	土	金	
	沃	기름질 옥	8	水	土	水	
	屋	집 옥	9	尸	土	木	
	鈺	보배 옥	13	金	土	金	
온	溫	따뜻할 온	14	水	土	水	
	穩	평온할 온	19	禾	土	木	
옹	雍	화목할 옹	13	隹	土	火	
	壅	막을 옹	16	土	土	土	
	擁	안을 옹	17	手	土	木	
와	瓦	기와 와	5	瓦	土	土	
	臥	누울 와	8	臣	土	土	

	한자	소리·뜻	획수	부수	발음오행	자원오행	비고
완	完	완전할 완	7	宀	土	木	
	宛	굽을 완	8	宀	土	木	
	玩	놀 완	9	玉	土	金	
	婉	순할 완	11	女	土	土	원·완
	琓	서옥 완	12	玉	土	金	
	莞	①빙그레웃을 완 ②왕골 완	13	艹	土	木	
	琬	아름다운옥 완	13	玉	土	金	
	緩	느릴 완	15	糸	土	木	
왈	曰	가로 왈	4	曰	土	火	
왕	王	임금 왕	5	玉	土	金	
	往	갈 왕	8	彳	土	火	
	枉	굽을 왕	8	木	土	木	
	汪	깊고넓을 왕	8	水	土	水	
	旺	성할 왕	8	日	土	火	
외	外	바깥 외	5	夕	土	火	
요	要	구할 요	9	襾	土	金	

	한자	소리·뜻	획수	부수	발음오행	자원오행	비고
요	姚	예쁠 요	9	女	土	土	
	堯	요임금 요	12	土	土	土	
	僥	요행 요	14	人	土	火	
	搖	흔들 요	14	手	土	木	
	樂	좋아할 요	15	木	土	木	악·요·락
	謠	노래 요	17	言	土	金	
	遙	멀 요	17	辶	土	土	
	曜	빛날 요	18	日	土	火	
	耀	빛날 요	20	羽	土	火	
	饒	넉넉할 요	21	食	土	水	
욕	浴	목욕할 욕	11	水	土	水	
용	用	쓸 용	5	用	土	水	
	勇	날랠 용	9	力	土	土	
	埇	길돋울 용	10	土	土	土	
	容	얼굴 용	10	宀	土	木	
	庸	떳떳할 용	11	广	土	木	

	한자	소리·뜻	획수	부수	발음오행	자원오행	비고
용	涌	샘솟을 용	11	水	土	水	
	湧	샘솟을 용	13	水	土	水	
	墉	담 용	14	土	土	土	
	踊	뛸 용	14	足	土	土	
	榕	벵골보리수 용	14	木	土	木	
	溶	질펀히흐를 용	14	水	土	水	
	瑢	패옥소리 용	15	玉	土	金	
	蓉	연꽃 용	16	艹	土	木	
	鎔	쇠녹일 용	18	金	土	金	
	鏞	큰쇠북 용	19	金	土	金	
우	又	또 우	2	又	土	水	
	于	어조사 우	3	二	土	水	
	尤	더욱 우	4	尢	土	土	
	友	벗 우	4	又	土	水	
	右	오른쪽 우	5	口	土	水	
	羽	깃 우	6	羽	土	火	

	한자	소리·뜻	획수	부수	발음오행	자원오행	비고
우	宇	집 우	6	宀	土	木	
	佑	도울 우	7	人	土	火	
	旴	해돋을 우	7	日	土	火	
	雨	비 우	8	雨	土	水	
	玗	옥돌 우	8	玉	土	金	
	禹	하우씨 우	9	内	土	土	
	祐	도울 우	10	示	土	金	
	迂	멀 우	10	辶	土	土	
	釪	악기이름 우	11	金	土	金	
	偶	짝 우	11	人	土	火	
	寓	머무를 우	12	宀	土	木	
	愚	어리석을 우	13	心	土	火	
	瑀	패옥 우	14	玉	土	金	
	郵	역참 우	15	邑	土	土	
	遇	만날 우	16	辶	土	土	
	優	넉넉할 우	17	人	土	火	

	한자	소리·뜻	획수	부수	발음오행	자원오행	비고
우	隅	모퉁이 우	17	阜	土	土	
욱	旭	아침해 욱	6	日	土	火	
	昱	빛날 욱	9	日	土	火	
	彧	문채빛날 욱	10	彡	土	火	
	郁	문채날 욱	13	邑	土	土	
	煜	빛날 욱	13	火	土	火	
운	云	이를 운	4	二	土	水	
	耘	김맬 운	10	耒	土	金	
	雲	구름 운	12	雨	土	水	
	運	운전할 운	16	辶	土	土	
	澐	큰물결 운	16	水	土	水	
	韻	운 운	19	音	土	金	
울	蔚	우거질 울	17	艸	土	木	
웅	雄	수컷 웅	12	隹	土	火	
	熊	곰 웅	14	火	土	火	
원	元	으뜸 원	4	儿	土	木	

	한자	소리·뜻	획수	부수	발음오행	자원오행	비고
원	沅	내이름 원	8	水	土	水	
	垣	담 원	9	土	土	土	
	洹	강이름 원	10	水	土	水	
	員	관원 원	10	口	土	水	
	原	근본 원	10	厂	土	土	
	袁	성 원	10	衣	土	木	
	苑	동산 원	11	艸	土	木	
	媛	예쁠 원	12	女	土	土	
	援	도울 원	13	手	土	木	
	園	동산 원	13	口	土	水	
	圓	둥글 원	13	口	土	水	
	源	근원 원	14	水	土	水	
	瑗	도리옥 원	14	玉	土	金	
	愿	성실할 원	14	心	土	火	
	院	집 원	15	阜	土	土	
	遠	멀 원	17	辵	土	土	

355

	한자	소리·뜻	획수	부수	발음 오행	자원 오행	비고
원	轅	수레 원	17	車	土	火	
	願	원할 원	19	頁	土	火	
월	月	달 월	4	月	土	水	
	越	건널 월	12	走	土	火	
위	位	자리 위	7	人	土	火	
	委	맡길 위	8	女	土	土	
	威	위엄 위	9	女	土	土	
	尉	벼슬이름 위	11	寸	土	土	
	偉	클 위	11	人	土	火	
	圍	둘레 위	12	口	土	水	
	爲	위할 위	12	瓜	土	金	
	渭	강이름 위	13	水	土	水	
	暐	햇빛 위	13	日	土	火	
	瑋	옥이름 위	14	玉	土	金	
	緯	씨 위	15	糸	土	木	
	慰	위로할 위	15	心	土	火	

	한자	소리·뜻	획수	부수	발음오행	자원오행	비고
위	謂	이를 위	16	言	土	金	
	衛	지킬 위	16	行	土	火	衛(衛의 속자, 15획, 行부)
	魏	높을 위	18	鬼	土	火	
유	由	말미암을 유	5	田	土	木	
	幼	어릴 유	5	幺	土	火	
	有	있을 유	6	月	土	水	
	酉	닭 유	7	酉	土	金	
	攸	바(어조사) 유	7	攴	土	金	
	侑	도울 유	8	人	土	火	
	幽	그윽할 유	9	幺	土	火	
	油	기름 유	9	水	土	水	
	柔	부드러울 유	9	木	土	木	
	俞	성 유	9	入	土	土	
	宥	용서할 유	9	宀	土	木	
	柚	유자나무 유	9	木	土	木	
	洧	강이름 유	10	水	土	水	

	한자	소리·뜻	획수	부수	발음오행	자원오행	비고
유	唯	오직 유	11	口	土	水	
	釉	광택 유	12	釆	土	金	
	喩	깨우칠 유	12	口	土	水	
	庾	①노적가리 유 ②곳집 유	12	广	土	木	
	惟	생각할 유	12	心	土	火	
	愉	기쁠 유	13	心	土	火	
	裕	넉넉할 유	13	衣	土	木	
	楡	느릅나무 유	13	木	土	木	
	猶	오히려 유	13	犬	土	土	
	誘	꾈 유	14	言	土	金	
	維	맬(묶을) 유	14	糸	土	木	
	瑜	아름다운옥 유	14	玉	土	金	
	諭	깨우칠 유	16	言	土	金	
	遊	놀 유	16	辵	土	土	
	儒	선비 유	16	人	土	火	
	濡	적실 유	18	水	土	水	

	한자	소리·뜻	획수	부수	발음오행	자원오행	비고
유	遺	끼칠 유	19	辵	土	土	
육	育	기를 육	10	肉	土	水	
	堉	기름진땅 육	11	土	土	土	
윤	尹	다스릴 윤	4	尸	土	水	
	允	진실로 윤	4	儿	土	土	
	玧	귀막는옥 윤	9	玉	土	金	
	胤	맏아들 윤	11	肉	土	水	
	鈗	병기이름 윤	12	金	土	金	
	閏	윤달 윤	12	門	土	火	
	奫	물깊고넓을 윤	15	大	土	水	
	潤	윤택할 윤	16	水	土	水	
융	融	화할 융	16	虫	土	水	
은	垠	끝 은	9	土	土	土	
	殷	성할 은	10	殳	土	金	
	恩	은혜 은	10	心	土	火	
	銀	은 은	14	金	土	金	

	한자	소리·뜻	획수	부수	발음오행	자원오행	비고
은	誾	화평할 은	15	言	土	金	
	隱	숨을 은	22	阜	土	土	
을	乙	새 을	1	乙	土	木	
음	吟	읊을 음	7	口	土	水	
	音	소리 음	9	音	土	金	
	飮	마실 음	13	食	土	水	
읍	邑	고을 읍	7	邑	土	土	
응	凝	엉길 응	16	冫	土	水	
	應	응할 응	17	心	土	火	
	鷹	매 응	24	鳥	土	火	
의	衣	옷 의	6	衣	土	木	
	宜	마땅할 의	8	宀	土	木	
	依	의지할 의	8	人	土	火	
	倚	의지할 의	10	人	土	火	
	意	뜻 의	13	心	土	火	
	義	옳을 의	13	羊	土	土	

	한자	소리·뜻	획수	부수	발음오행	자원오행	비고
의	儀	거동 의	15	人	土	火	
	毅	굳셀 의	15	殳	土	金	
	誼	옳을 의	15	言	土	金	
	擬	①비교할 의 ②헤아릴 의	18	手	土	木	
	醫	의원 의	18	酉	土	金	
	議	의논할 의	20	言	土	金	
	懿	클 의	22	心	土	火	
이	二	두 이	2	二	土	木	
	已	이미 이	3	己	土	火	
	以	써 이	5	人	土	火	
	耳	귀 이	6	耳	土	火	
	弛	늦출 이	6	弓	土	金	
	而	말이을 이	6	而	土	水	
	伊	저 이	6	人	土	火	
	易	쉬울 이	8	日	土	火	이·역
	怡	기쁠 이	9	心	土	火	

	한자	소리·뜻	획수	부수	발음오행	자원오행	비고
이	珥	귀고리 이	11	玉	土	金	
	異	다를 이	11	田	土	土	
	移	옮길 이	11	禾	土	木	
	貽	끼칠 이	12	貝	土	金	
	貳	두 이	12	貝	土	金	
	爾	너 이	14	爻	土	火	
	彛	떳떳할 이	16	크	土	火	彝(彛의 본자, 18획, 크부, 자원오행火)
익	益	더할 익	10	皿	土	水	
	翊	도울 익	11	羽	土	火	
	翌	명일 익	11	羽	土	火	
	翼	날개 익	17	羽	土	火	
	謚	웃을 익	17	言	土	金	
	瀷	강이름 익	21	水	土	水	
인	人	사람 인	2	人	土	火	
	仁	어질 인	4	人	土	火	
	引	이끌 인	4	弓	土	火	

	한자	소리·뜻	획수	부수	발음오행	자원오행	비고
인	印	도장 인	6	卩	土	木	
	因	인할 인	6	口	土	水	
	忍	참을 인	7	心	土	火	
	姻	혼인 인	9	女	土	土	
	寅	공경할 인	11	宀	土	木	
	認	인정할 인	14	言	土	金	
일	一	한 일	1	一	土	木	
	日	날 일	4	日	土	火	
	佾	춤 일	8	人	土	火	
	壹	한 일	12	士	土	木	
	溢	넘칠 일	14	水	土	水	
	馹	역말 일	14	馬	土	火	
	逸	①달아날 일 ②뛰어날 일	15	辵	土	土	
	鎰	중량 일	18	金	土	金	
임	壬	아홉째천간 임	4	士	土	水	
	任	맡길 임	6	人	土	火	

	한자	소리·뜻	획수	부수	발음오행	자원오행	비고
임	稔	곡식여물 임	13	禾	土	木	
입	入	들 입	2	入	土	木	
잉	剩	남을 잉	12	刀	土	金	
자	子	아들 자	3	子	金	水	
	仔	자세할 자	5	人	金	火	
	字	글자 자	6	子	金	水	
	自	스스로 자	6	自	金	木	
	姿	맵시 자	9	女	金	土	
	玆	이 자	10	玄	金	火	
	者	놈 자	11	老	金	土	
	瓷	오지그릇 자	11	瓦	金	土	
	紫	자줏빛 자	11	糸	金	木	
	雌	암컷 자	13	隹	金	火	
	資	재물 자	13	貝	金	金	
	滋	불을 자	14	水	金	水	
	慈	사랑 자	14	心	金	火	

	한자	소리·뜻	획수	부수	발음오행	자원오행	비고
자	磁	자석 자	15	石	金	金	
	藉	깔 자	20	艹	金	木	
작	灼	사를 작	7	火	金	火	
	作	지을 작	7	人	金	火	
	芍	함박꽃 작	9	艹	金	木	
	雀	참새 작	11	隹	金	火	
	爵	벼슬 작	18	瓜	金	金	
	鵲	까치 작	19	鳥	金	火	
잠	箴	바늘 잠	15	竹	金	木	
	暫	잠깐 잠	15	日	金	火	
	潛	잠길 잠	16	水	金	水	潜(潛의 속자, 16획, 水부)
	蠶	누에 잠	24	虫	金	水	
잡	雜	섞일 잡	18	隹	金	火	
장	庄	농막 장	6	广	金	木	
	匠	장인 장	6	匚	金	土	
	壯	장할 장	7	士	金	木	

	한자	소리·뜻	획수	부수	발음오행	자원오행	비고
장	杖	짚을 장	7	木	金	木	
	長	길 장	8	長	金	木	
	章	글 장	11	立	金	金	
	張	베풀 장	11	弓	金	金	
	將	장수 장	11	寸	金	土	
	帳	휘장 장	11	巾	金	木	
	粧	단장할 장	12	米	金	木	
	場	마당 장	12	土	金	土	
	掌	손바닥 장	12	手	金	木	
	裝	꾸밀 장	13	衣	金	木	
	莊	엄숙할 장	13	艸	金	木	庄(莊의 속자, 6획, 广부, 자원오행木)
	奬	권면할 장	14	大	金	木	
	樟	녹나무 장	15	木	金	木	
	暲	밝을 장	15	日	金	火	
	璋	구기 장	16	玉	金	金	
	墻	담 장	16	土	金	土	牆(墻과 동자, 17획, 爿부, 자원오행木)

	한자	소리·뜻	획수	부수	발음오행	자원오행	비고
장	蔣	줄(풀이름) 장	17	艹	金	木	
	薔	장미 장	19	艹	金	木	
	藏	감출 장	20	艹	金	木	
재	才	재주 재	4	手	金	木	
	再	두 재	6	冂	金	木	
	在	있을 재	6	土	金	土	
	材	재목 재	7	木	金	木	
	哉	비로소 재	9	口	金	水	
	栽	심을 재	10	木	金	木	
	財	재물 재	10	貝	金	金	
	宰	재상 재	10	宀	金	木	
	梓	가래나무 재	11	木	金	木	
	裁	옷마를 재	12	衣	金	木	
	溨	맑을 재	13	水	金	水	
	載	실을 재	13	車	金	火	
	縡	일[事] 재	16	糸	金	木	

	한자	소리·뜻	획수	부수	발음오행	자원오행	비고
재	齋	재계할 재	17	齊	金	土	
쟁	爭	다툴 쟁	8	瓜	金	火	
	錚	징 쟁	16	金	金	金	
저	底	밑 저	8	广	金	木	
	苧	모시 저	11	艸	金	木	
	貯	쌓을 저	12	貝	金	金	
	邸	집 저	12	邑	金	土	
	楮	닥나무 저	13	木	金	木	
	著	지을 저	15	艸	金	木	
적	赤	붉을 적	7	赤	金	火	
	的	과녁 적	8	白	金	火	
	寂	고요할 적	11	宀	金	木	
	笛	피리 적	11	竹	金	木	
	迪	나아갈 적	12	辶	金	土	
	跡	발자취 적	13	足	金	土	
	摘	들추어낼 적	15	手	金	木	

	한자	소리·뜻	획수	부수	발음오행	자원오행	비고
적	滴	물방울 적	15	水	金	水	
	積	쌓을 적	16	禾	金	木	
	績	길쌈할 적	17	糸	金	木	
	適	(사리에)맞을 적	18	辶	金	土	
	蹟	자취 적	18	足	金	土	
	籍	호적 적	20	竹	金	木	
전	田	밭 전	5	田	金	木	
	全	온전할 전	6	入	金	土	
	甸	경기 전	7	田	金	火	
	典	법 전	8	八	金	金	
	佺	신선이름 전	8	人	金	火	
	前	앞 전	9	刀	金	金	
	栓	나무못 전	10	木	金	木	
	展	펼 전	10	尸	金	水	
	專	오로지 전	11	寸	金	土	
	奠	정할 전	12	大	金	木	

369

	한자	소리·뜻	획수	부수	발음오행	자원오행	비고
전	詮	갖출 전	13	言	金	金	
	殿	대궐 전	13	殳	金	金	
	塡	메울 전	13	土	金	土	전·진
	琠	옥이름 전	13	玉	金	金	
	傳	전할 전	13	人	金	火	
	銓	저울질할 전	14	金	金	金	
	錢	돈 전	16	金	金	金	
	顚	꼭대기 전	19	頁	金	火	
절	切	끊을 절	4	刀	金	金	
	折	꺾을 절	8	手	金	木	
	絶	끊을 절	12	糸	金	木	
	節	마디 절	15	竹	金	木	
점	占	점칠 점	5	卜	金	火	
	店	가게 점	8	广	金	木	
	漸	점점 점	15	水	金	水	
	點	점 점	17	黑	金	水	点(點의 속자, 9획, 자원오행火)

	한자	소리·뜻	획수	부수	발음오행	자원오행	비고
접	接	사귈 접	12	水	金	木	
	蝶	나비 접	15	虫	金	水	
정	丁	고무래 정	2	一	金	火	
	井	우물 정	4	二	金	水	
	正	바를 정	5	止	金	土	
	汀	물가 정	6	水	金	水	
	呈	보일 정	7	口	金	水	
	玎	옥소리 정	7	玉	金	金	
	廷	조정 정	7	廴	金	木	
	姃	여자단정할 정	8	女	金	土	
	政	정사 정	8	攴	金	金	
	定	정할 정	8	宀	金	木	
	征	칠 정	8	彳	金	火	
	貞	곧을 정	9	貝	金	金	
	柾	나무바를 정	9	木	金	木	
	訂	바로잡을 정	9	言	金	金	

	한자	소리·뜻	획수	부수	발음오행	자원오행	비고
정	炡	빛날 정	9	火	金	火	
	亭	정자 정	9	亠	金	火	
	庭	뜰 정	10	广	金	木	
	釘	못 정	10	金	金	金	
	停	머무를 정	11	人	金	火	
	挺	뽑을 정	11	手	金	木	
	偵	염탐할 정	11	人	金	火	
	頂	정수리 정	11	頁	金	火	
	幀	그림족자 정	12	巾	金	木	
	情	뜻 정	12	心	金	火	
	淨	맑을 정	12	水	金	水	
	程	법 정	12	禾	金	木	
	晶	수정 정	12	日	金	火	
	珽	옥홀 정	12	玉	金	金	
	晸	해뜰 정	12	日	金	火	
	湞	강이름 정	13	水	金	水	

	한자	소리·뜻	획수	부수	발음오행	자원오행	비고
정	楨	광나무 정	13	木	金	木	
	綎	띠술 정	13	糸	金	木	
	鼎	솥 정	13	鼎	金	火	
	鉦	징 정	13	金	金	金	
	靖	편안할 정	13	靑	金	木	
	禎	상서 정	14	示	金	木	
	精	진실 정	14	米	金	木	
	鋌	쇳덩이 정	15	金	金	金	
	整	가지런할 정	16	攴	金	金	
	靜	고요할 정	16	靑	金	木	静(靜의 속자, 14획)
	鄭	나라이름 정	19	邑	金	土	
제	弟	아우 제	7	弓	金	水	
	制	억제할 제	8	刀	金	金	
	帝	임금 제	9	巾	金	木	
	悌	공경할 제	11	心	金	火	
	梯	사다리 제	11	木	金	木	

	한자	소리·뜻	획수	부수	발음오행	자원오행	비고
제	祭	제사 제	11	示	金	土	
	第	차례 제	11	竹	金	木	
	堤	방죽 제	12	土	金	土	
	齊	가지런할 제	14	齊	金	土	
	製	지을 제	14	衣	金	木	
	除	덜 제	15	阜	金	土	
	諸	모든 제	16	言	金	金	
	濟	건널 제	18	水	金	水	
	題	제목 제	18	頁	金	火	
	際	사이 제	19	阜	金	土	
조	早	이를 조	6	日	金	火	
	兆	조짐 조	6	儿	金	火	
	助	도울 조	7	力	金	土	
	租	구실(세금) 조	10	禾	金	木	
	祚	복 조	10	示	金	金	
	晁	아침 조	10	日	金	火	

	한자	소리·뜻	획수	부수	발음오행	자원오행	비고
조	祖	조상 조	10	示	金	金	
	條	가지 조	11	木	金	木	
	釣	낚시 조	11	金	金	金	
	曹	무리 조	11	曰	金	土	성씨 사용은 曺(중국은 曹)로 쓰고 10획 계산
	眺	바라볼 조	11	目	金	木	
	鳥	새 조	11	鳥	金	火	
	彫	새길 조	11	彡	金	火	
	窕	안존할 조	11	穴	金	水	
	組	짤 조	11	糸	金	木	
	詔	고할 조	12	言	金	金	
	措	둘 조	12	手	金	木	
	朝	아침 조	12	月	金	水	
	照	비출 조	13	火	金	火	
	肇	시작할 조	14	聿	金	火	
	趙	조나라 조	14	走	金	火	
	造	지을 조	14	辶	金	土	

	한자	소리·뜻	획수	부수	발음오행	자원오행	비고
조	調	고를(균형) 조	15	言	金	金	
	潮	밀물 조	16	水	金	水	
	燥	말릴 조	17	火	金	火	
	操	잡을 조	17	手	金	木	
	遭	만날 조	18	辶	金	土	
족	足	발 족	7	足	金	土	
	族	겨레 족	11	方	金	木	
존	存	있을 존	6	子	金	水	
	尊	높을 존	12	寸	金	木	
졸	卒	군사 졸	8	十	金	金	
종	宗	마루(근본) 종	8	宀	金	木	
	倧	신인(神人) 종	10	人	金	火	
	終	마칠 종	11	糸	金	木	
	淙	물소리 종	12	水	金	水	
	棕	종려나무 종	12	木	金	木	
	悰	즐거울 종	12	心	金	火	

	한자	소리·뜻	획수	부수	발음오행	자원오행	비고
종	琮	서옥이름 종	13	玉	金	金	
	綜	모을 종	14	糸	金	木	
	種	심을 종	14	禾	金	木	
	縱	세로 종	17	糸	金	木	
	鍾	술병 종	17	金	金	金	
	鐘	종(쇠북) 종	20	金	金	金	
좌	左	왼 좌	5	工	金	火	
	佐	도울 좌	7	人	金	火	
	坐	앉을 좌	7	土	金	土	
	座	자리 좌	10	广	金	木	
주	主	임금 주	5	丶	金	木	
	州	고을 주	6	巛	金	水	
	舟	배 주	6	舟	金	木	
	朱	붉을 주	6	木	金	木	
	走	달릴 주	7	走	金	火	
	住	살 주	7	人	金	火	

	한자	소리·뜻	획수	부수	발음오행	자원오행	비고
주	周	두루 주	8	口	金	水	
	宙	하늘 주	8	宀	金	木	
	柱	기둥 주	9	木	金	木	
	注	물댈 주	9	水	金	水	
	炷	심지 주	9	火	金	火	
	奏	아뢸 주	9	大	金	木	
	姝	예쁠 주	9	女	金	土	
	株	뿌리 주	10	木	金	木	
	珠	구슬 주	11	玉	金	金	
	晝	낮 주	11	日	金	火	
	胄	자손 주	11	肉	金	水	
	註	주낼 주	12	言	金	金	
	湊	물모일 주	13	水	金	水	
	週	돌(회전할) 주	15	辵	金	土	
	駐	머무를 주	15	馬	金	火	
	澍	물쏟을 주	16	水	金	水	

	한자	소리·뜻	획수	부수	발음오행	자원오행	비고
주	疇	밭두둑 주	19	田	金	土	
	鑄	쇠부어만들 주	22	金	金	金	
죽	竹	대 죽	6	竹	金	木	
준	俊	준걸 준	9	人	金	火	
	峻	높을 준	10	山	金	土	
	埈	높을 준	10	土	金	土	
	准	승인할 준	10	冫	金	水	
	浚	깊을 준	11	水	金	水	
	晙	밝을 준	11	日	金	火	
	焌	태울 준	11	火	金	火	
	畯	농부 준	12	田	金	土	
	竣	마칠 준	12	立	金	土	
	雋	뛰어날 준	13	隹	金	火	전·준
	準	법도 준	14	水	金	水	
	儁	준걸 준	15	人	金	火	
	駿	준마 준	17	馬	金	火	

	한자	소리·뜻	획수	부수	발음오행	자원오행	비고
준	濬	깊을 준	18	水	金	水	
	遵	좇을 준	19	辶	金	土	
줄	茁	풀처음나는모양 줄	11	艸	金	木	
중	中	가운데 중	4	丨	金	土	
	仲	버금 중	6	人	金	火	
	重	무거울 중	9	里	金	土	
	衆	무리 중	12	血	金	水	
즐	櫛	빗 즐	19	木	金	木	
즙	汁	진액 즙	6	水	金	水	
증	烝	찔 증	10	火	金	火	
	曾	일찍 증	12	曰	金	火	
	增	더할 증	15	土	金	土	
	蒸	찔 증	16	艸	金	木	
	贈	보낼 증	19	貝	金	金	
	證	증거 증	19	言	金	金	
지	之	갈 지	4	丿	金	土	

	한자	소리·뜻	획수	부수	발음오행	자원오행	비고
지	止	그칠 지	4	止	金	土	
	支	지탱할 지	4	支	金	土	
	只	다만 지	5	口	金	水	
	地	땅 지	6	土	金	土	
	旨	뜻 지	6	日	金	火	
	至	이를 지	6	至	金	土	
	志	뜻 지	7	心	金	火	
	池	못 지	7	水	金	水	
	址	터 지	7	土	金	土	
	枝	가지 지	8	木	金	木	
	沚	물가 지	8	水	金	水	
	知	알 지	8	矢	金	金	
	祉	복 지	9	示	金	木	
	持	가질 지	10	手	金	木	
	祇	공경할 지	10	示	金	金	
	指	손가락 지	10	手	金	木	

	한자	소리·뜻	획수	부수	발음오행	자원오행	비고
지	紙	종이 지	10	糸	金	木	
	芝	지초 지	10	艸	金	木	
	趾	발 지	11	足	金	土	
	智	슬기 지	12	日	金	火	
	誌	기록할 지	14	言	金	金	
	摯	지극할 지	15	手	金	木	
	遲	더딜 지	19	辵	金	土	
직	直	곧을 직	8	目	金	木	
	稙	일찍심은벼 직	13	禾	金	木	
	稷	기장 직	15	禾	金	木	
	職	직분 직	18	耳	金	火	
	織	짤 직	18	糸	金	木	
진	辰	별 진	7	辰	金	土	
	津	나루 진	10	水	金	水	
	珍	보배 진	10	玉	金	金	
	晉	진나라 진	10	日	金	火	晋(晉의 속자, 10획)

	한자	소리·뜻	획수	부수	발음오행	자원오행	비고
진	秦	진나라 진	10	禾	金	木	
	眞	참 진	10	目	金	木	真(眞의 속자, 10획)
	振	떨칠 진	11	手	金	木	
	診	볼 진	12	言	金	金	
	軫	수레 진	12	車	金	火	
	賑	①구휼할 진 ②넉넉할 진	14	貝	金	金	
	盡	다할 진	14	皿	金	金	
	溱	성(盛)할 진	14	水	金	水	
	塵	티끌 진	14	土	金	土	
	進	나아갈 진	15	辶	金	土	
	瑨	옥돌 진	15	玉	金	金	珒(瑨의 속자, 15획)
	震	진동할 진	15	雨	金	水	
	陣	진칠 진	15	阜	金	土	
	縉	맺을 진	16	糸	金	木	
	陳	베풀 진	16	阜	金	土	
	璡	옥돌 진	17	玉	金	金	

	한자	소리·뜻	획수	부수	발음오행	자원오행	비고
진	鎭	진압할 진	18	金	金	金	
질	秩	차례 질	10	禾	金	木	
	質	바탕 질	15	貝	金	金	
집	什	세간 집	4	人	金	火	십·집
	執	잡을 집	11	土	金	土	
	集	모일 집	12	隹	金	火	
	輯	모을 집	16	車	金	火	
	潗	샘솟을 집	16	水	金	水	潗(潗과 동자)
	鏶	쇳조각 집	20	金	金	金	
징	徵	부를 징	15	彳	金	火	
	澄	맑을 징	16	水	金	水	
차	且	또 차	5	一	金	木	
	次	버금 차	6	欠	金	水	
	此	이 차	6	止	金	土	
	車	수레 차	7	車	金	火	거·차
	借	빌 차	10	人	金	火	

	한자	소리·뜻	획수	부수	발음오행	자원오행	비고
찬	粲	선명할 찬	13	米	金	木	
	撰	글지을 찬	16	手	金	木	
	澯	맑을 찬	17	水	金	水	
	燦	빛날 찬	17	火	金	火	
	璨	옥광채 찬	18	玉	金	金	
	贊	도울 찬	19	貝	金	金	賛(贊의 속자, 15획)
	纂	모을 찬	20	糸	金	木	
	瓚	제기 찬	24	玉	金	金	
	纘	이을 찬	25	糸	金	木	
	讚	기릴 찬	26	言	金	金	讃(讚의 약자, 22획)
	鑽	뚫을 찬	27	金	金	金	
찰	札	편지 찰	5	木	金	木	
	察	살필 찰	14	宀	金	木	
참	參	참여할 참	11	厶	金	火	삼·참
창	昌	창성할 창	8	日	金	火	
	昶	밝을 창	9	日	金	火	

385

	한자	소리·뜻	획수	부수	발음오행	자원오행	비고
창	倉	곳집(창고) 창	10	人	金	火	
	唱	노래 창	11	口	金	水	
	窓	창 창	11	穴	金	水	
	敞	드러날 창	12	攴	金	金	
	創	비롯할 창	12	刀	金	金	
	彰	밝을 창	14	彡	金	火	
	滄	싸늘할 창	14	水	金	水	
	菖	창포 창	14	艸	金	木	
	暢	화창할 창	14	日	金	火	
	蒼	푸를 창	16	艸	金	木	
채	采	캘 채	8	采	金	木	
	寀	녹봉 채	11	宀	金	木	
	埰	영지(領地) 채	11	土	金	土	
	彩	채색 채	11	彡	金	火	
	採	캘 채	12	手	金	木	
	菜	나물 채	14	艸	金	木	

	한자	소리·뜻	획수	부수	발음오행	자원오행	비고
채	綵	비단 채	14	糸	金	木	
	蔡	거북 채	17	艸	金	木	
책	册	책 책	5	冂	金	木	冊(册과 동자, 5획, 冂부)
	策	꾀 책	12	竹	金	木	
처	處	곳 처	11	虍	金	土	
척	尺	자 척	4	尸	金	木	
	拓	열 척	9	手	金	木	척·탁
	戚	겨레 척	11	戈	金	金	
	陟	오를 척	15	阜	金	土	
천	川	내 천	3	巛	金	水	
	千	일천 천	3	十	金	水	
	天	하늘 천	4	大	金	火	
	仟	일천 천	5	人	金	火	
	泉	샘 천	9	水	金	水	
	阡	두렁(길) 천	11	阜	金	土	
	踐	밟을 천	15	足	金	土	

	한자	소리·뜻	획수	부수	발음오행	자원오행	비고
천	遷	옮길 천	19	辵	金	土	
	薦	천거할 천	19	艸	金	木	
철	哲	밝을 철	10	口	金	水	
	喆	밝을 철	12	口	金	水	
	綴	꿰맬 철	14	糸	金	木	
	徹	통할 철	15	彳	金	火	
	撤	거둘 철	16	手	金	木	
	澈	물맑을 철	16	水	金	水	
	轍	수레바퀴자국 철	19	車	金	火	
	鐵	쇠 철	21	金	金	金	
첨	尖	뾰족할 첨	6	小	金	金	
	添	더할 첨	12	水	金	水	
	僉	다 첨	13	人	金	火	
	瞻	우러러볼 첨	18	目	金	木	
첩	捷	이길 첩	12	手	金	木	
청	靑	푸를 청	8	靑	金	木	青(靑과 동자, 8획)

	한자	소리·뜻	획수	부수	발음오행	자원오행	비고
청	晴	갤 청	12	日	金	火	晴(晴과 동자, 12획)
	淸	맑을 청	12	水	金	水	淸(淸과 동자, 12획)
	請	청할 청	15	言	金	金	請(請과 동자, 15획)
	聽	들을 청	22	耳	金	火	
	廳	관청 청	25	广	金	木	
체	締	맺을(연결할) 체	15	糸	金	木	
	諦	살필 체	16	言	金	金	
	遞	갈마들(번갈아들) 체	17	辶	金	土	
	體	몸 체	23	骨	金	金	
초	初	처음 초	7	刀	金	金	
	肖	닮을 초	9	肉	金	水	
	招	부를 초	9	手	金	木	
	超	뛰어넘을 초	12	走	金	火	
	草	풀 초	12	艸	金	木	艸(草의 본자, 6획, 艸부)
	楚	초나라 초	13	木	金	木	
	樵	땔나무 초	16	木	金	木	

	한자	소리·뜻	획수	부수	발음오행	자원오행	비고
초	礎	주춧돌 초	18	石	金	金	
	蕉	파초 초	18	艹	金	木	
촉	觸	닿을 촉	20	角	金	木	
촌	寸	마디 촌	3	寸	金	土	
	村	마을 촌	7	木	金	木	
총	總	거느릴 총	17	糸	金	木	
	聰	귀밝을 총	17	耳	金	火	聡(聰과 동자, 14획)
	叢	모을 총	18	又	金	水	
	寵	사랑할 총	19	宀	金	木	
최	崔	높을 최	11	山	金	土	
	最	가장 최	12	日	金	水	
	催	재촉할 최	13	人	金	火	
추	秋	가을 추	9	禾	金	木	
	抽	뺄 추	9	手	金	木	
	推	헤아릴 추	12	手	金	木	
	楸	가래나무 추	13	木	金	木	

	한자	소리·뜻	획수	부수	발음오행	자원오행	비고
추	追	따를 추	13	辶	金	土	
	樞	지도리 추	15	木	金	木	
	錐	송곳 추	16	金	金	金	
	錘	저울추 추	16	金	金	金	
	鄒	나라이름 추	17	邑	金	土	
축	丑	소 축	4	一	金	土	
	畜	기를 축	10	田	金	土	
	祝	축하할 축	10	示	金	金	
	軸	굴대 축	12	車	金	火	
	蓄	쌓을 축	16	艹	金	木	
	築	쌓을 축	16	竹	金	木	
춘	春	봄 춘	9	日	金	火	
	椿	참죽나무 춘	13	木	金	木	
	瑃	옥이름 춘	14	玉	金	金	
출	出	날 출	5	凵	金	土	
충	充	가득할 충	6	儿	金	木	

	한자	소리·뜻	획수	부수	발음오행	자원오행	비고
충	忠	충성 충	8	心	金	火	
	衷	정성 충	10	衣	金	木	
	衝	찌를 충	15	行	金	火	
취	吹	불 취	7	口	金	水	
	取	취할 취	8	又	金	水	
	就	나아갈 취	12	尢	金	土	
	聚	모일 취	14	耳	金	火	
	翠	비취색 취	14	羽	金	火	
	趣	뜻 취	15	走	金	火	
측	側	곁 측	11	人	金	火	
	測	잴 측	13	水	金	水	
치	治	다스릴 치	9	水	金	水	
	峙	우뚝할 치	9	山	金	土	
	致	이룰 치	10	至	金	土	
	値	값 치	10	人	金	火	
	雉	꿩 치	13	隹	金	火	

	한자	소리·뜻	획수	부수	발음오행	자원오행	비고
치	馳	달릴 치	13	馬	金	火	
	稚	어릴 치	13	禾	金	木	
	置	둘 치	14	网	金	木	
	熾	불활활탈 치	16	火	金	火	
칙	則	법 칙	9	刀	金	金	
	勅	조서 칙	9	力	金	土	
친	親	친할 친	16	見	金	火	
칠	七	일곱 칠	7	一	金	金	
	漆	옻칠할 칠	15	水	金	水	
침	沈	잠길 침	8	水	金	水	심·침
	針	바늘 침	10	金	金	金	
	浸	담글 침	11	水	金	水	
	琛	보배 침	13	玉	金	金	
칭	秤	저울 칭	10	禾	金	木	
	稱	일컬을 칭	14	禾	金	木	
쾌	夬	쾌이름 쾌	4	大	木	木	

	한자	소리·뜻	획수	부수	발음오행	자원오행	비고
쾌	快	시원할 쾌	8	心	木	火	
타	他	다를 타	5	人	火	火	
	打	칠 타	6	手	火	木	
	妥	평온할 타	7	女	火	土	
탁	托	받칠 탁	7	手	火	木	
	卓	높을 탁	8	十	火	木	
	拓	박을 탁(금석문을 종이에 박는 것)	9	手	火	木	척·탁
	度	헤아릴 탁	9	广	火	木	도·탁
	託	부탁할 탁	10	言	火	金	
	倬	클 탁	10	人	火	火	
	晫	환할 탁	12	日	火	火	
	琸	사람이름 탁	13	玉	火	金	
	琢	옥다듬을 탁	13	玉	火	金	
	擢	뽑아낼 탁	18	手	火	木	
	濯	씻을 탁	18	水	火	水	
	鐸	방울 탁	21	金	火	金	

	한자	소리·뜻	획수	부수	발음오행	자원오행	비고
탄	吞	삼킬 탄	7	口	火	水	
	坦	평탄할 탄	8	土	火	土	
	炭	숯 탄	9	火	火	火	
	誕	태어날 탄	14	言	火	金	
	彈	탄알 탄	15	弓	火	金	
	灘	여울 탄	23	水	火	水	
탐	耽	즐길 탐	10	耳	火	火	
	探	찾을 탐	12	手	火	木	
탑	塔	탑 탑	13	土	火	土	
태	太	클 태	4	大	火	木	
	台	별이름 태	5	口	火	水	
	兌	바꿀 태	7	儿	火	金	
	泰	클 태	9	水	火	水	
	胎	아이밸 태	11	肉	火	水	
	邰	나라이름 태	12	邑	火	土	
	態	태도 태	14	心	火	火	

	한자	소리·뜻	획수	부수	발음오행	자원오행	비고
택	宅	집 택	6	宀	火	木	
	擇	가릴 택	17	手	火	木	
	澤	못 택	17	水	火	水	
토	土	흙 토	3	土	火	土	
	兔	토끼 토	8	儿	火	木	
	討	칠 토	10	言	火	金	
통	桶	통 통	11	木	火	木	
	統	거느릴 통	12	糸	火	木	
	通	통할 통	14	辶	火	土	
퇴	堆	언덕 퇴	11	土	火	土	
투	投	던질 투	8	手	火	木	
	透	통할 투	14	辶	火	土	
특	特	특별할 특	10	牛	火	土	
파	巴	땅이름 파	4	己	水	土	
	坡	고개 파	8	土	水	土	
	杷	비파나무 파	8	木	水	木	

	한자	소리·뜻	획수	부수	발음오행	자원오행	비고
파	把	잡을 파	8	手	水	木	
	波	물결 파	9	水	水	水	
	芭	파초 파	10	艸	水	木	
	琶	비파 파	13	玉	水	金	
	播	씨뿌릴 파	16	手	水	木	
판	坂	비탈 판	7	土	水	土	
	判	판단할 판	7	刀	水	金	
	版	널 판	8	片	水	木	
	板	널빤지 판	8	木	水	木	
	販	팔 판	11	貝	水	金	
	阪	비탈 판	12	阜	水	土	
팔	八	여덟 팔	8	八	水	金	
패	貝	조개 패	7	貝	水	金	
	佩	찰 패	8	人	水	火	
	覇	으뜸 패	19	襾	水	金	
팽	彭	성(姓) 팽	12	彡	水	火	

	한자	소리·뜻	획수	부수	발음오행	자원오행	비고
팽	澎	물소리 팽	16	水	水	水	
편	片	조각 편	4	片	水	木	
	扁	액자 편	9	戶	水	木	
	便	편할 편	9	人	水	火	
	編	엮을 편	15	糸	水	木	
	篇	책 편	15	竹	水	木	
	遍	두루 편	16	辶	水	土	
평	平	평평할 평	5	干	水	木	
	坪	땅평평할 평	8	土	水	土	
	枰	바둑판 평	9	木	水	木	
	評	평론할 평	12	言	水	金	
폐	陛	섬돌 폐	15	阜	水	土	
	幣	예물 폐	15	巾	水	木	
포	包	감쌀 포	5	勹	水	金	
	布	베 포	5	巾	水	木	
	抱	안을 포	9	手	水	木	

	한자	소리·뜻	획수	부수	발음오행	자원오행	비고
포	砲	대포 포	10	石	水	金	
	浦	물가 포	11	水	水	水	
	捕	잡을 포	11	手	水	木	
	飽	배부를 포	14	食	水	水	
	褒	기릴 포	15	衣	水	木	
	鋪	펼 포	15	金	水	金	
	葡	포도 포	15	艸	水	木	
폭	幅	폭 폭	12	巾	水	木	
표	杓	자루 표	7	木	水	木	
	表	겉 표	9	衣	水	木	
	豹	표범 표	10	豸	水	水	
	彪	범 표	11	彡	水	火	
	票	쪽지 표	11	示	水	火	
	漂	뜰 표	15	水	水	水	
	標	표시 표	15	木	水	木	
	驃	날래고용감할 표	21	馬	水	火	

	한자	소리·뜻	획수	부수	발음오행	자원오행	비고
품	品	물건 품	9	口	水	水	
	稟	여쭐 품	13	禾	水	水	
풍	風	바람 풍	9	風	水	木	
	楓	단풍나무 풍	13	木	水	木	
	豐	성할 풍	18	豆	水	木	豊(豐의 속자, 13획, 豆부)
필	匹	짝 필	4	匸	水	水	
	必	반드시 필	5	心	水	火	
	泌	물결부딪칠 필	9	水	水	水	
	珌	칼장식옥 필	10	玉	水	金	
	畢	마칠 필	11	田	水	土	
	苾	향기 필	11	艸	水	木	
	弼	도울 필	12	弓	水	金	
	筆	붓 필	12	竹	水	木	
	馝	향기로울 필	14	香	水	木	
하	下	아래 하	3	一	土	水	
	河	강 하	9	水	土	水	

	한자	소리·뜻	획수	부수	발음오행	자원오행	비고
하	昰	여름 하	9	日	土	火	
	夏	여름 하	10	夊	土	火	
	賀	하례할 하	12	貝	土	金	
	廈	큰집 하	13	广	土	木	厦(廈의 속자, 12획, 厂부, 자원오행木)
	霞	놀 하	17	雨	土	水	
학	學	배울 학	16	子	土	水	学(學의 속자, 8획)
	鶴	학 학	21	鳥	土	火	
한	汗	땀 한	7	水	土	水	
	寒	찰 한	12	宀	土	水	
	閑	한가할 한	12	門	土	水	
	漢	한수 한	15	水	土	水	
	翰	날개 한	16	羽	土	火	
	韓	나라이름 한	17	韋	土	金	
	瀚	넓고클 한	20	水	土	水	
할	轄	다스릴 할	17	車	土	火	
함	含	머금을 함	7	口	土	水	

	한자	소리·뜻	획수	부수	발음오행	자원오행	비고
함	函	함 함	8	凵	土	木	
	咸	다 함	9	口	土	水	
	涵	젖을 함	12	水	土	水	
합	合	합할 합	6	口	土	水	
항	亢	목 항	4	亠	土	水	
	抗	막을 항	8	手	土	木	
	沆	물넓을 항	8	水	土	水	
	巷	거리 항	9	己	土	土	
	姮	항아 항	9	女	土	土	
	恒	항상 항	10	心	土	火	恆(恒의 본자, 10획, 心부)
	項	목(목덜미) 항	12	頁	土	火	
	港	항구 항	13	水	土	水	
해	亥	돼지 해	6	亠	土	水	
	海	바다 해	11	水	土	水	
	偕	함께 해	11	人	土	火	
	該	그 해	13	言	土	金	

	한자	소리·뜻	획수	부수	발음오행	자원오행	비고
해	楷	본보기 해	13	木	土	木	
	解	풀 해	13	角	土	木	
	諧	화할 해	16	言	土	金	
핵	核	씨 핵	10	木	土	木	
행	行	다닐 행	6	行	土	火	
	杏	살구 행	7	木	土	木	
	幸	다행 행	8	干	土	木	
향	向	향할 향	6	口	土	水	
	享	누릴 향	8	亠	土	土	
	香	향기 향	9	香	土	木	
	珦	옥이름 향	11	玉	土	金	
	鄕	시골 향	17	邑	土	土	
	響	울릴 향	22	音	土	金	
허	許	허락할 허	11	言	土	金	
헌	軒	집 헌	10	車	土	火	
	憲	법 헌	16	心	土	火	

	한자	소리·뜻	획수	부수	발음오행	자원오행	비고
헌	獻	드릴 헌	20	犬	土	土	
험	險	험할 험	21	阜	土	土	
	驗	증험할 험	23	馬	土	火	
혁	革	가죽 혁	9	革	土	金	
	奕	클 혁	9	大	土	木	
	赫	붉을 혁	14	赤	土	火	
	爀	빛날 혁	18	火	土	火	
현	玄	검을 현	5	玄	土	火	
	見	나타날 현	7	見	土	火	현·견
	弦	활시위 현	8	弓	土	木	
	泫	물깊고넓을 현	9	水	土	水	
	炫	빛날 현	9	火	土	火	
	玹	옥돌 현	10	玉	土	金	
	峴	재(고개) 현	10	山	土	土	
	絃	악기줄 현	11	糸	土	木	
	晛	햇살 현	11	日	土	火	

	한자	소리·뜻	획수	부수	발음오행	자원오행	비고
현	現	나타날 현	12	玉	土	金	
	絢	무늬 현	12	糸	土	木	
	鉉	솥귀 현	13	金	土	金	
	賢	어질 현	15	貝	土	金	
	懸	매달 현	20	心	土	火	
	顯	나타날 현	23	頁	土	火	
협	協	도울 협	8	十	土	水	
	俠	호협할 협	9	人	土	火	
	峽	골짜기 협	10	山	土	土	
	挾	낄 협	11	手	土	木	
	浹	젖을 협	11	水	土	水	
형	兄	맏 형	5	儿	土	木	
	形	형상 형	7	彡	土	火	
	亨	형통할 형	7	亠	土	土	
	型	본보기 형	9	土	土	土	
	炯	빛날 형	9	火	土	火	

	한자	소리·뜻	획수	부수	발음오행	자원오행	비고
형	洞	찰 형	9	水	土	水	
	邢	나라이름 형	11	邑	土	土	
	珩	노리개 형	11	玉	土	金	
	熒	등불 형	14	火	土	火	
	瑩	의혹할 형	15	玉	土	金	영·형
	衡	저울 형	16	行	土	火	
	瀅	물맑을 형	19	水	土	水	
	馨	향기로울 형	20	香	土	木	
혜	彗	별이름 혜	11	彐	土	火	
	惠	은혜 혜	12	心	土	火	恵(惠의 속자, 10획)
	慧	슬기 혜	15	心	土	火	
	蕙	아름다울 혜	18	艸	土	木	
호	互	서로 호	4	二	土	水	
	戶	집 호	4	戶	土	木	
	好	좋을 호	6	女	土	土	
	虎	범 호	8	虍	土	木	

	한자	소리·뜻	획수	부수	발음오행	자원오행	비고
호	昊	하늘 호	8	日	土	火	
	祜	복 호	10	示	土	金	
	毫	가는털 호	11	毛	土	火	
	浩	넓을 호	11	水	土	水	
	扈	뒤따를 호	11	戶	土	木	
	晧	밝을 호	11	日	土	火	
	淏	맑을 호	12	水	土	水	
	皓	흴 호	12	白	土	金	
	琥	호박(琥珀) 호	13	玉	土	金	
	湖	호수 호	13	水	土	水	
	瑚	산호 호	14	玉	土	金	
	豪	호걸 호	14	豕	土	水	
	滸	물가 호	15	水	土	水	
	澔	넓을 호	16	水	土	水	
	壕	해자(垓字) 호	17	土	土	土	
	濠	해자(垓字) 호	18	水	土	水	

	한자	소리·뜻	획수	부수	발음오행	자원오행	비고
호	鎬	호경 호	18	金	土	金	
	護	보호할 호	21	言	土	金	
	顥	클 호	21	頁	土	火	
	護	구할 호	23	言	土	金	
	灝	넓을 호	25	水	土	水	
혼	婚	혼인할 혼	11	女	土	土	
홍	弘	넓을 홍	5	弓	土	火	
	虹	무지개 홍	9	虫	土	水	
	泓	물깊을 홍	9	水	土	水	
	紅	붉을 홍	9	糸	土	木	
	洪	큰물 홍	10	水	土	水	
	烘	횃불 홍	10	火	土	火	
	鴻	큰기러기 홍	17	鳥	土	火	
화	火	불 화	4	火	土	火	
	化	화할 화	4	匕	土	火	
	禾	벼 화	5	禾	土	木	

	한자	소리·뜻	획수	부수	발음오행	자원오행	비고
화	和	고를 화	8	口	土	水	
	花	꽃 화	10	艸	土	木	
	貨	재화 화	11	貝	土	金	
	畵	그림 화	12	田	土	土	畫(畵의 속자, 13획, 田부)
	話	말할 화	13	言	土	金	
	華	빛날 화	14	艸	土	木	
	嬅	고울 화	15	女	土	土	
	樺	자작나무 화	16	木	土	木	
확	確	확실할 확	15	石	土	金	碻(確과 동자, 15획)
	擴	넓힐 확	19	手	土	木	
	穫	벼벨 확	19	禾	土	木	
환	丸	둥글 환	3	丶	土	土	
	幻	변할 환	4	幺	土	火	
	奐	빛날 환	9	大	土	木	
	桓	굳셀 환	10	木	土	木	
	晥	환할 환	11	日	土	火	

	한자	소리·뜻	획수	부수	발음오행	자원오행	비고
환	喚	부를 환	12	口	土	水	
	換	바꿀 환	13	手	土	木	
	煥	빛날 환	13	火	土	火	
	渙	흩어질 환	13	水	土	水	
	環	고리 환	18	玉	土	金	
	還	돌아올 환	20	辵	土	土	
	歡	기뻐할 환	22	欠	土	金	
활	活	살 활	10	水	土	水	
	闊	넓을 활	17	門	土	木	濶(闊의 속자, 18획, 水부, 자원오행水)
황	皇	임금 황	9	白	土	金	
	晃	밝을 황	10	日	土	火	
	凰	봉황새 황	11	几	土	木	
	黃	누를 황	12	黃	土	土	
	煌	빛날 황	13	火	土	火	
	滉	물깊고넓을 황	14	水	土	水	
	榥	책상 황	14	木	土	木	

	한자	소리·뜻	획수	부수	발음오행	자원오행	비고
황	璜	패옥 황	17	玉	土	金	
회	回	돌아올 회	6	口	土	水	
	廻	돌 회	9	廴	土	水	
	恢	클 회	10	心	土	火	
	會	모일 회	13	曰	土	木	
	檜	노송나무 회	17	木	土	木	
	繪	그림 회	19	糸	土	木	絵(繪의 속자, 12획)
	懷	품을 회	20	心	土	火	
획	劃	그을 획	14	刀	土	金	
횡	橫	가로 횡	16	木	土	木	
효	爻	변할 효	4	爻	土	火	
	孝	효도 효	7	子	土	水	
	效	본받을 효	10	攴	土	金	効(效의 속자, 8획, 力부, 자원오행土)
	涍	강이름 효	11	水	土	水	
	曉	새벽 효	16	日	土	火	
	斅	가르칠 효	20	攴	土	金	

	한자	소리·뜻	획수	부수	발음오행	자원오행	비고
효	驍	날랠 효	22	馬	土	火	
후	后	임금 후	6	口	土	水	
	厚	두터울 후	9	厂	土	土	
	後	뒤 후	9	彳	土	火	
	侯	제후 후	9	人	土	火	
	候	기후 후	10	人	土	火	
	逅	만날 후	13	辵	土	土	
훈	訓	가르칠 훈	10	言	土	金	
	焄	향기 훈	11	火	土	火	
	熏	연기낄 훈	14	火	土	火	
	勳	공 훈	16	力	土	火	勲(勳의 속자, 15획, 力부) 또는 勛(勳의 고자, 12획, 力부)
	壎	질나팔 훈	17	土	土	土	
	燻	연기낄 훈	18	火	土	火	
	薰	향기 훈	20	艸	土	木	
훤	暄	따뜻할 훤	13	日	土	火	
	萱	원추리 훤	15	艸	土	木	

	한자	소리·뜻	획수	부수	발음오행	자원오행	비고
휘	彙	무리 휘	13	彐	土	火	
	暉	빛 휘	13	日	土	火	
	煇	빛날 휘	13	火	土	火	
	揮	휘두를 휘	13	手	土	木	
	輝	빛날 휘	15	車	土	火	
	徽	아름다울 휘	17	彳	土	火	
휴	休	쉴 휴	6	人	土	火	
	烋	아름다울 휴	10	火	土	火	
	携	가질 휴	14	手	土	木	
흑	黑	검을 흑	12	黑	土	水	
흔	欣	기뻐할 흔	8	欠	土	火	
	昕	아침 흔	8	日	土	火	
	炘	이글이글할 흔	8	火	土	火	
흘	屹	산우뚝솟을 흘	6	山	土	土	
흠	欽	공경할 흠	12	欠	土	金	
흡	吸	마실 흡	7	口	土	水	

	한자	소리·뜻	획수	부수	발음오행	자원오행	비고
흡	洽	윤택하게할 흡	10	水	土	水	
	恰	흡사할 흡	10	心	土	火	
	翕	합할 흡	12	羽	土	火	
흥	興	일어날 흥	15	臼	土	土	
희	希	바랄 희	7	巾	土	木	
	姬	계집 희	9	女	土	土	
	晞	마를 희	11	日	土	火	
	喜	기쁠 희	12	口	土	水	
	稀	드물 희	12	禾	土	木	
	熙	빛날 희	13	火	土	火	
	僖	기쁠 희	14	人	土	火	
	嬉	즐길 희	15	女	土	土	
	凞	화할 희	15	冫	土	水	
	憙	기쁠 희	16	心	土	火	
	戲	놀 희	16	戈	土	金	
	熹	성할 희	16	火	土	火	

	한자	소리·뜻	획수	부수	발음오행	자원오행	비고
희	熺	성할 희	16	火	土	火	
	羲	숨 희	16	羊	土	土	
	禧	복 희	17	示	土	木	
	曦	햇빛 희	20	日	土	火	

부록 2 성씨에 따른 길한 수리의 배합표

　이 표는 81수리 이론을 바탕으로 한다. 81수리 이론은 성명 각 글자의 획수를 세어 원형이정의 4격을 구성한 후, 이것을 81수리로 따져 이름이 갖는 운세를 설명한다.

　예를 들어 성씨가 2획성인 경우 이 획수인 2에 이름 첫 글자의 획수인 1과 이름 끝 글자의 획수인 4를 2·1·4의 차례로 배합하면 81수리 이론에 따라 원형이정의 4격이 모두 길한 수리를 이룬다는 내용이다.

　일반적으로 성명이 세 글자인 경우 원격은 성을 제외한 이름 두 글자의 획수를 합한 것이고, 형격은 성과 이름 첫 글자의 획수를 합한 것이며, 이격은 성과 이름 끝 글자의 획수를 합한 것이고, 정격은 성과 이름 두 글자의 획수를 모두 합한 것이다.

　81수리의 길흉은 본문을 참고하기 바란다. 그러나 필자는 이 81수리 이론이 믿을 수 없는 것이라고 밝힌 바 있다.

원격	성을 제외한 이름 두 글자의 획수를 합한 것
형격	성과 이름 첫 글자의 획수를 합한 것
이격	성과 이름 끝 글자의 획수를 합한 것
정격	성과 이름 두 글자의 획수를 모두 합한 것

2획

내乃 복卜 정丁

성(성씨)	이름자(1)	이름자(2)	4격 수리				성(성씨)	이름자(1)	이름자(2)	4격 수리			
			원	형	이	정				원	형	이	정
2	1	4	5	3	6	7	2	11	5	16	13	7	18
2	1	5	6	3	7	8	2	11	22	33	13	24	35
2	1	14	15	3	16	17	2	13	3	16	15	5	18
2	1	15	16	3	17	18	2	13	16	29	15	18	31
2	1	22	23	3	24	25	2	13	22	35	15	24	37
2	3	3	6	5	5	8	2	14	1	15	16	3	17
2	3	12	15	5	14	17	2	14	9	23	16	11	25
2	3	13	16	5	15	18	2	14	15	29	16	17	31
2	4	1	5	6	3	7	2	14	19	33	16	21	35
2	4	9	13	6	11	15	2	14	21	35	16	23	37
2	4	11	15	6	13	17	2	15	1	16	17	3	18
2	4	19	23	6	21	25	2	15	6	21	17	8	23
2	5	1	6	7	3	8	2	15	14	29	17	16	31
2	5	6	11	7	8	13	2	15	16	31	17	18	33
2	5	11	16	7	13	18	2	16	5	21	18	7	23
2	5	16	21	7	18	23	2	16	13	29	18	15	31
2	6	3	9	8	5	11	2	16	15	31	18	17	33
2	6	5	11	8	7	13	2	16	19	35	18	21	37
2	6	9	15	8	11	17	2	16	23	39	18	25	41
2	6	15	21	8	17	23	2	19	4	23	21	6	25
2	6	23	29	8	25	31	2	19	14	33	21	16	35
2	9	4	13	11	6	15	2	19	16	35	21	18	37
2	9	6	15	11	8	17	2	21	14	35	23	16	37
2	9	14	23	11	16	25	2	22	1	23	24	3	25
2	9	22	31	11	24	33	2	22	9	31	24	11	33
2	11	4	15	13	24	33	2	22	11	33	24	13	35

성(성씨)	이름자(1)	이름자(2)	4격 수리			
			원	형	이	정
2	22	13	35	24	15	37
2	23	6	29	25	8	31
2	23	16	39	25	18	41

3획	성(성씨)	이름자(1)	이름자(2)	4격 수리			
				원	형	이	정
간干	3	2	3	5	5	6	8
궁弓	3	2	13	15	5	16	18
대大	3	3	2	5	6	5	8
범凡	3	3	10	13	6	13	16
산山	3	3	12	15	6	15	18
우于	3	3	18	21	6	21	24
천千	3	4	4	8	7	7	11
	3	4	14	18	7	17	21
	3	5	8	13	8	11	16
	3	5	10	15	8	13	18
	3	8	5	13	11	8	16
	3	8	10	18	11	13	21
	3	8	13	21	11	16	24
	3	8	21	29	11	24	32
	3	10	3	13	13	6	16
	3	10	5	15	13	8	18
	3	10	8	18	13	11	21
	3	10	22	32	13	25	35
	3	12	3	15	15	6	18

성(성씨)	이름자(1)	이름자(2)	4격 수리			
			원	형	이	정
3	12	20	32	15	23	35
3	13	2	15	16	5	18
3	13	8	21	16	11	24
3	14	4	18	17	7	21
3	14	15	29	17	18	32
3	14	18	32	17	21	35
3	14	21	35	17	24	38
3	15	14	29	18	17	32
3	15	20	35	18	23	38
3	18	2	20	21	5	23
3	18	3	21	21	6	24
3	18	14	32	21	17	35
3	18	20	38	21	23	41
3	20	12	32	23	15	35
3	20	15	35	23	18	38
3	20	18	38	23	21	41
3	21	8	29	24	11	32
3	21	14	35	24	17	38
3	22	13	35	25	16	38

4획	성(성씨)	이름자(1)	이름자(2)	4격 수리			
				원	형	이	정
개介	4	1	2	3	5	6	7
공孔	4	1	12	13	5	16	17
	4	2	1	3	6	5	7

성(성씨)	이름자(1)	이름자(2)	4격 수리 원	형	이	정		성(성씨)	이름자(1)	이름자(2)	4격 수리 원	형	이	정
공公	4	2	11	13	6	15	17	4	13	12	25	17	16	29
모毛	4	3	4	7	7	8	11	4	13	20	33	17	24	37
목木	4	3	14	17	7	18	21	4	14	3	17	18	7	21
문文	4	4	3	7	8	7	11	4	14	7	21	18	11	25
방方	4	4	7	11	8	11	15	4	14	11	25	18	15	29
변卞	4	4	9	13	8	13	17	4	14	17	31	18	21	35
부夫	4	4	13	17	8	17	21	4	14	19	33	18	23	37
원元	4	4	17	21	8	21	25	4	14	21	35	18	25	39
윤尹	4	4	21	25	8	25	29	4	17	4	21	21	8	25
인仁	4	7	4	11	11	8	15	4	17	12	29	21	16	33
천天	4	7	14	21	11	18	25	4	17	14	31	21	18	35
태太	4	9	2	11	13	6	15	4	17	20	37	21	24	41
편片	4	9	4	13	13	8	17	4	19	2	21	23	6	25
	4	9	12	21	13	16	25	4	19	12	31	23	16	35
	4	9	20	29	13	24	33	4	19	14	33	23	18	37
	4	9	22	31	13	26	35	4	20	1	21	24	5	25
	4	11	2	13	15	6	17	4	20	9	29	24	13	33
	4	11	14	25	15	18	29	4	20	11	31	24	15	35
	4	11	20	31	15	24	35	4	20	13	33	24	17	37
	4	12	1	13	16	5	17	4	20	17	37	24	21	41
	4	12	9	21	16	13	25	4	20	21	41	24	25	45
	4	12	13	25	16	17	29	4	21	4	25	25	8	29
	4	12	17	29	16	21	33	4	21	12	33	25	16	37
	4	12	19	31	16	23	35	4	21	14	35	25	18	39
	4	12	21	33	16	25	37	4	22	9	31	26	13	35
	4	13	4	17	17	8	21							

5획	성(성씨)	이름자(1)	이름자(2)	4격 수리			
				원	형	이	정
감甘	5	1	2	3	6	7	8
	5	1	10	11	6	15	16
공功	5	1	12	13	6	17	18
구丘	5	2	6	8	7	11	13
백白	5	2	11	13	7	16	18
사史	5	2	16	18	7	21	23
석石	5	3	8	11	8	13	16
소김	5	3	10	13	8	15	18
신申	5	6	2	8	11	7	13
옥玉	5	6	10	16	11	15	21
왕王	5	6	12	18	11	17	23
을지乙支	5	6	18	24	11	23	29
	5	8	3	11	13	8	16
전田	5	8	8	16	13	13	21
점占	5	8	10	18	13	15	23
좌左	5	8	16	24	13	21	29
평平	5	8	24	32	13	29	37
피皮	5	10	1	11	15	6	16
현玄	5	10	3	13	15	8	18
	5	10	6	16	15	11	21
	5	10	8	18	15	13	23
	5	11	2	13	16	7	18
	5	12	1	13	17	6	18
	5	12	6	18	17	11	23
	5	12	12	24	17	17	29
	5	12	20	32	17	25	37
	5	13	20	33	18	25	38
	5	16	2	18	21	7	23
	5	16	8	24	21	13	29
	5	16	16	32	21	21	37
	5	18	6	24	23	11	29
	5	20	12	32	25	17	37
	5	20	13	33	25	18	38
	5	24	8	32	29	13	37

6획	성(성씨)	이름자(1)	이름자(2)	4격 수리			
				원	형	이	정
길吉	6	1	10	11	7	16	17
노老	6	1	17	18	7	23	24
모牟	6	2	5	7	8	11	13
미米	6	2	9	11	8	15	17
박朴	6	2	15	17	8	21	23
백百	6	2	23	25	8	29	31
서西	6	5	2	7	11	8	13
안安	6	5	10	15	11	16	21
이伊	6	5	12	17	11	18	23
인印	6	5	18	23	11	24	29
임任	6	5	26	31	11	32	37
전全	6	7	10	17	13	16	23
	6	7	11	18	13	17	24
	6	7	18	25	13	24	31

	성(성씨)	이름자(1)	이름자(2)	4격 수리			
				원	형	이	정
주朱	6	7	25	32	13	31	38
	6	9	2	11	15	8	17
	6	9	9	18	15	15	24
	6	9	23	32	15	29	38
	6	9	26	35	15	32	41
	6	10	1	11	16	7	17
	6	10	5	15	16	11	21
	6	10	7	17	16	13	23
	6	10	15	25	16	21	31
	6	10	19	29	16	25	35
	6	10	23	33	16	29	39
	6	10	25	35	16	31	41
	6	11	7	18	17	13	24
	6	11	12	23	17	18	29
	6	11	18	29	17	24	35
	6	12	5	17	18	11	23
	6	12	11	23	18	17	29
	6	12	17	29	18	23	35
	6	12	19	31	18	25	37
	6	12	23	35	18	29	41
	6	15	2	17	21	8	23
	6	15	10	25	21	16	31
	6	15	17	32	21	23	38
	6	15	18	33	21	24	39
	6	17	12	29	23	18	35
	6	17	15	32	23	21	38

	성(성씨)	이름자(1)	이름자(2)	4격 수리			
				원	형	이	정
	6	17	18	35	23	24	41
	6	18	5	23	24	11	29
	6	18	7	25	24	13	31
	6	18	11	29	24	17	35
	6	18	15	33	24	21	39
	6	18	17	35	24	23	41
	6	19	10	29	25	16	35
	6	19	12	31	25	18	37
	6	23	2	25	29	8	31
	6	23	9	32	29	15	38
	6	23	10	33	29	16	39
	6	23	12	35	29	18	41
	6	25	7	32	31	13	38
	6	25	10	35	31	16	41
	6	26	5	31	32	11	37

7획	성(성씨)	이름자(1)	이름자(2)	4격 수리			
				원	형	이	정
강江	7	1	10	11	8	17	18
두杜	7	1	16	17	8	23	24
성成	7	1	24	25	8	31	32
송宋	7	4	4	8	11	11	15
신辛	7	4	14	18	11	21	25
여呂	7	6	10	16	13	17	23
	7	6	11	17	13	18	24

성(성씨)	성	이름자(1)	이름자(2)	4격 수리 원	형	이	정
여余	7	6	18	24	13	25	31
여汝	7	8	8	16	15	15	23
연延	7	8	9	17	15	16	24
오吳	7	8	10	18	15	17	25
이李	7	8	16	24	15	23	31
정廷	7	8	17	25	15	24	32
지池	7	8	24	32	15	31	39
차車	7	9	8	17	16	15	24
하何	7	9	16	25	16	23	32
	7	9	22	31	16	29	38
	7	10	1	11	17	8	18
	7	10	6	16	17	13	23
	7	10	8	18	17	15	25
	7	10	14	24	17	21	31
	7	10	22	32	17	29	39
	7	11	6	17	18	13	24
	7	11	14	25	18	21	32
	7	14	4	18	21	11	25
	7	14	10	24	21	17	31
	7	14	11	25	21	18	32
	7	14	17	31	21	24	38
	7	14	18	32	21	25	39
	7	16	1	17	23	8	24
	7	16	8	24	23	15	31
	7	16	9	25	23	16	32
	7	16	16	32	23	23	39

성(성씨)	성	이름자(1)	이름자(2)	4격 수리 원	형	이	정
	7	16	22	38	23	29	45
	7	17	8	25	24	15	32
	7	17	14	31	24	21	38
	7	17	24	41	24	31	48
	7	18	6	24	25	13	31
	7	18	14	32	25	21	39
	7	22	9	31	29	16	38
	7	22	10	32	29	17	39
	7	22	16	38	29	23	45
	7	24	1	25	31	8	32
	7	24	8	32	31	15	39
	7	24	17	41	31	24	48

8획

성(성씨)	성	이름자(1)	이름자(2)	4격 수리 원	형	이	정
경京	8	3	5	8	11	13	16
경庚	8	3	10	13	11	18	21
계季	8	3	13	16	11	21	24
공空	8	3	21	24	11	29	32
구具	8	5	3	8	13	11	16
기奇	8	5	8	13	13	16	21
김金	8	5	10	15	13	18	23
맹孟	8	5	16	21	13	24	29
	8	5	24	29	13	32	37
	8	7	8	15	15	16	23

성(성씨)	이름자(1)	이름자(2)	4격 수리			
			원	형	이	정
명明 8	7	9	16	16	17	24
방房 8	7	10	17	15	18	25
봉奉 8	7	16	23	15	24	31
사舍 8	7	17	24	15	25	32
8	7	24	31	15	32	39
상尙 8	8	5	13	16	13	21
석昔 8	8	7	15	16	15	23
송松 8	8	9	17	16	17	25
승承 8	8	13	21	16	21	29
심沈 8	8	15	23	16	23	31
악岳 8	8	17	25	16	25	33
임林 8	8	21	29	16	29	37
8	8	23	31	16	31	39
종宗 8	9	7	16	17	15	24
주周 8	9	8	17	17	16	25
창昌 8	9	15	24	17	23	32
8	9	16	25	17	24	33
채采 8	10	3	13	18	11	21
탁卓 8	10	5	15	18	13	23
화和 8	10	7	17	18	15	25
8	10	13	23	18	21	31
8	10	15	25	18	23	33
8	10	21	31	18	29	39
8	10	23	33	18	31	41
8	13	3	16	21	11	24
8	13	8	21	21	16	29
8	13	10	23	21	18	31

성(성씨)	이름자(1)	이름자(2)	4격 수리			
			원	형	이	정
8	13	16	29	21	24	37
8	15	8	23	23	16	31
8	15	9	24	23	17	32
8	15	10	25	23	18	33
8	15	16	31	23	24	39
8	16	5	21	24	13	29
8	16	7	23	24	15	31
8	16	9	25	24	17	33
8	16	13	29	24	21	37
8	16	15	31	24	23	39
8	16	17	33	24	25	41
8	16	21	37	24	29	45
8	16	23	39	24	31	47
8	17	7	24	25	15	32
8	17	8	25	25	16	33
8	17	16	33	25	24	41
8	21	3	24	29	11	32
8	21	8	29	29	16	37
8	21	10	31	29	18	39
8	21	16	37	29	24	45
8	23	8	31	31	16	39
8	23	10	33	31	18	41
8	23	16	39	31	24	47
8	24	5	29	32	13	37
8	24	7	31	32	15	39
8	27	10	37	35	18	45

9획	성(성씨)	이름자(1)	이름자(2)	4격 수리			
				원	형	이	정
강姜	9	2	4	6	11	13	15
	9	2	6	8	11	15	17
남南	9	2	14	16	11	23	25
단段	9	4	2	6	13	11	15
류柳	9	4	4	8	13	13	17
선宣	9	4	12	16	13	21	25
성星	9	4	20	24	13	29	33
언彦	9	6	2	8	15	11	17
우禹	9	6	9	15	15	18	24
위韋	9	6	23	29	15	32	38
유兪	9	7	8	15	16	17	24
추秋	9	7	16	23	16	25	32
표表	9	7	22	29	16	31	38
하河	9	8	7	15	17	16	24
함咸	9	8	8	16	17	17	25
	9	8	15	23	17	24	32
	9	8	16	24	17	25	33
	9	9	6	15	18	15	24
	9	9	14	23	18	23	32
	9	9	20	29	18	29	38
	9	12	4	16	21	13	25
	9	12	12	24	21	21	33
	9	12	20	32	21	29	41
	9	14	2	16	23	11	25
	9	14	9	23	23	18	32
	9	14	15	29	23	24	38

	성(성씨)	이름자(1)	이름자(2)	4격 수리			
				원	형	이	정
	9	15	8	23	24	17	32
	9	15	14	29	24	23	38
	9	15	24	39	24	33	48
	9	16	7	23	25	16	32
	9	16	8	24	25	17	33
	9	16	16	32	25	25	41
	9	16	22	38	25	31	47
	9	16	23	39	25	32	48
	9	20	4	24	29	13	33
	9	20	9	29	29	18	38
	9	20	12	32	29	21	41
	9	22	2	24	31	11	33
	9	22	7	29	31	16	38
	9	22	16	38	31	25	47
	9	23	6	29	32	15	38
	9	23	16	39	32	25	48
	9	24	15	39	33	24	48

10획	성(성씨)	이름자(1)	이름자(2)	4격 수리			
				원	형	이	정
계桂	10	1	5	6	11	15	16
고高	10	1	6	7	11	16	17
	10	1	7	8	11	17	18
골骨	10	1	14	15	11	24	25
	10	1	22	23	11	32	33

성(성씨)	이름자(1)	이름자(2)	4격 수리 원	형	이	정
구俱	10	3	3	6	13	13	16
궁宮	10	3	5	8	13	15	18
	10	3	8	11	13	18	21
당唐	10	3	22	25	13	32	35
마馬	10	5	1	6	15	11	16
방芳	10	5	3	8	15	13	18
서徐	10	5	6	11	15	16	21
손孫	10	5	8	13	15	18	23
예芮	10	6	1	7	16	11	17
	10	6	5	11	16	15	21
원袁	10	6	7	13	16	17	23
은殷	10	6	15	21	16	25	31
조曺	10	6	19	25	16	29	35
진晋	10	6	23	29	16	33	39
진秦	10	7	1	8	17	11	18
	10	7	6	13	17	16	23
창倉	10	7	8	15	17	18	25
하夏	10	7	14	21	17	24	31
홍洪	10	7	22	29	17	32	39
	10	8	3	11	18	13	21
	10	8	5	13	18	15	23
	10	8	7	15	18	17	25
	10	8	13	21	18	23	31
	10	8	15	23	18	25	33
	10	8	21	29	18	31	39
	10	8	23	31	18	33	41

성(성씨)	이름자(1)	이름자(2)	4격 수리 원	형	이	정
10	11	14	25	21	24	35
10	13	8	21	23	18	31
10	13	22	35	23	32	45
10	14	1	15	24	11	25
10	14	7	21	24	17	31
10	14	11	25	24	21	35
10	14	15	29	24	25	39
10	14	21	35	24	31	45
10	15	6	21	25	16	31
10	15	8	23	25	18	33
10	15	14	29	25	24	39
10	15	22	37	25	32	47
10	15	23	38	25	33	48
10	19	6	25	29	16	35
10	19	19	38	29	29	48
10	21	8	29	31	18	39
10	21	14	35	31	24	45
10	22	1	23	32	11	33
10	22	3	25	32	13	35
10	22	7	29	32	17	39
10	22	13	35	32	23	45
10	22	15	37	32	25	47
10	23	6	29	33	16	39
10	23	8	31	33	18	41
10	23	15	38	33	25	48

11획	성(성씨)	이름자(1)	이름자(2)	4격 수리 원	형	이	정
강康	11	2	4	6	13	15	17
강强	11	2	5	7	13	16	18
마麻	11	2	22	24	13	33	35
매梅	11	4	2	6	15	13	17
반班	11	4	14	18	15	25	29
방邦	11	4	20	24	15	31	35
상常	11	5	2	7	16	13	18
설卨	11	6	7	13	17	18	24
양梁	11	6	12	18	17	23	29
어魚	11	6	18	24	17	29	35
위尉	11	7	6	13	18	17	24
이異	11	7	14	21	18	25	32
장將	11	10	14	24	21	25	35
장張	11	12	6	18	23	17	29
장章	11	12	12	24	23	23	35
최崔	11	13	24	37	24	35	48
허許	11	14	4	18	25	15	29
호扈	11	14	7	21	25	18	32
호胡	11	14	10	24	25	21	35
	11	18	6	24	29	17	35
	11	20	4	24	31	15	35
	11	20	21	41	31	32	52
	11	20	27	47	31	38	58
	11	21	20	41	32	31	52
	11	22	2	24	33	13	35
	11	24	13	37	35	24	48
	11	27	20	47	38	31	58

12획	성(성씨)	이름자(1)	이름자(2)	4격 수리 원	형	이	정
경景	12	1	4	5	13	16	17
구邱	12	1	5	6	13	17	18
동童	12	1	12	13	13	24	25
동방東方	12	1	20	21	13	32	33
민閔	12	3	3	6	15	15	18
삼森	12	3	20	23	15	32	35
소邵	12	4	1	5	16	13	17
순淳	12	4	9	13	16	21	25
순筍	12	4	13	17	16	25	29
순舜	12	4	17	21	16	29	33
승勝	12	4	19	23	16	31	35
요堯	12	4	21	25	16	33	37
유庾	12	5	1	6	17	13	18
정程	12	5	6	11	17	18	23
증曾	12	5	12	17	17	24	29
팽彭	12	5	20	25	17	32	37
풍馮	12	6	5	11	18	17	23
	12	6	11	17	18	23	29
	12	6	17	23	18	29	35
	12	6	19	25	18	31	37
	12	6	23	29	18	35	41

성(성씨)	이름자(1)	이름자(2)	4격 수리			
			원	형	이	정
하賀	12	9	4	13	21	16	25
	12	9	12	21	21	24	33
황黃	12	9	20	29	21	32	41
	12	9	26	35	21	38	47
	12	11	6	17	23	18	29
	12	11	12	23	23	24	35
	12	12	1	13	24	13	25
	12	12	5	17	24	17	29
	12	12	9	21	24	21	33
	12	12	11	23	24	23	35
	12	12	13	25	24	25	37
	12	12	17	29	24	29	41
	12	12	21	33	24	33	45
	12	12	23	35	24	35	47
	12	13	4	17	25	16	29
	12	13	12	25	25	24	37
	12	13	20	33	25	32	45
	12	17	4	21	29	16	33
	12	17	6	23	29	18	35
	12	17	12	29	29	24	41
	12	19	4	23	31	16	35
	12	19	6	25	31	18	37
	12	20	1	21	32	13	33
	12	20	3	23	32	15	35
	12	20	5	25	32	17	37
	12	20	9	29	32	21	41

성(성씨)	이름자(1)	이름자(2)	4격 수리			
			원	형	이	정
	12	20	13	33	32	25	45
	12	21	4	25	33	16	37
	12	21	12	33	33	24	45
	12	23	6	29	35	18	41
	12	23	12	35	35	24	47
	12	26	9	35	38	21	47

13획

성(성씨)	이름자(1)	이름자(2)	4격 수리			
			원	형	이	정
가賈	13	2	3	5	15	16	18
금琴	13	2	16	18	15	29	31
노路	13	2	22	24	15	35	37
목睦	13	3	2	5	16	15	18
사공司空	13	3	8	11	16	21	24
신新	13	3	22	25	16	35	38
양楊	13	4	4	8	17	17	21
염廉	13	4	12	16	17	25	29
옹雍	13	4	20	24	17	33	37
장莊	13	5	20	25	18	33	38
초楚	13	8	3	11	21	16	24
	13	8	8	16	21	21	29
	13	8	10	18	21	23	31
	13	8	16	24	21	29	37
	13	8	24	32	21	37	45
	13	10	8	18	23	21	31

성(성씨)	이름자(1)	이름자(2)	4격 수리 원	형	이	정
13	10	22	32	23	35	45
13	12	4	16	25	17	29
13	12	12	24	25	25	37
13	12	20	32	25	33	45
13	16	2	18	29	15	31
13	16	8	24	29	21	37
13	16	16	32	29	29	45
13	16	19	35	29	32	48
13	19	16	35	32	29	48
13	19	20	39	32	33	52
13	20	4	24	33	17	37
13	20	5	25	33	18	38
13	20	12	32	33	25	45
13	22	2	24	35	15	37
13	22	3	25	35	16	38
13	22	10	32	35	23	45
13	22	26	48	35	39	61
13	26	22	48	39	35	61

14획

성(성씨)	이름자(1)	이름자(2)	4격 수리 원	형	이	정
견甄	14	1	2	3	15	16	17
공손公孫	14	1	10	11	15	24	25
	14	1	17	18	15	31	32
국菊	14	1	23	24	15	37	38

성(성씨)	이름자(1)	이름자(2)	4격 수리 원	형	이	정
기箕	14	2	1	3	16	15	17
	14	2	9	11	16	23	25
단端	14	2	15	17	16	29	31
배裵	14	2	19	21	16	33	35
봉鳳	14	2	21	23	16	35	37
서문西門	14	2	23	25	16	37	39
신慎	14	3	4	7	17	18	21
	14	3	15	18	17	29	32
온溫	14	3	18	21	17	32	35
제齊	14	3	21	24	17	35	38
조趙	14	4	3	7	18	17	21
채菜	14	4	7	11	18	21	25
화華	14	4	11	15	18	25	29
	14	4	17	21	18	31	35
	14	4	19	23	18	33	37
	14	4	21	25	18	35	39
	14	7	4	11	21	18	25
	14	7	10	17	21	24	31
	14	7	11	18	21	25	32
	14	7	17	24	21	31	38
	14	7	18	25	21	32	39
	14	7	24	31	21	38	45
	14	9	2	11	23	16	25
	14	9	9	18	23	23	32
	14	9	15	24	23	29	38
	14	9	24	33	23	38	47

성(성씨)	이름자(1)	이름자(2)	4격 수리			
			원	형	이	정
14	10	1	11	24	15	25
14	10	7	17	24	21	31
14	10	11	21	24	25	35
14	10	15	25	24	29	39
14	10	21	31	24	35	45
14	10	23	33	24	37	47
14	11	4	15	25	18	29
14	11	7	18	25	21	32
14	11	10	21	25	24	35
14	15	2	17	29	16	31
14	15	3	18	29	17	32
14	15	9	24	29	23	38
14	15	10	25	29	24	39
14	15	18	33	29	32	47
14	15	23	38	29	37	52
14	17	1	18	31	15	32
14	17	4	21	31	18	35
14	17	7	24	31	21	38
14	18	3	21	32	17	35
14	18	7	25	32	21	39
14	18	15	33	32	29	47
14	19	2	21	33	16	35
14	19	4	23	33	18	37
14	21	2	23	35	16	37
14	21	3	24	35	17	38
14	21	4	25	35	18	39

성(성씨)	이름자(1)	이름자(2)	4격 수리			
			원	형	이	정
14	21	10	31	35	24	45
14	21	17	38	35	31	52
14	23	1	24	37	15	38
14	23	2	25	37	16	39
14	23	10	33	37	24	47
14	24	7	31	38	21	45
14	24	9	33	38	23	47

15획

성(성씨)	이름자(1)	이름자(2)	4격 수리			
			원	형	이	정
가價	15	1	2	3	16	17	18
갈葛	15	1	16	17	16	31	32
경慶	15	1	22	23	16	37	38
곽郭	15	2	1	3	17	16	18
구歐	15	2	6	8	17	21	23
노魯	15	2	14	16	17	29	31
동董	15	2	16	18	17	31	33
묵墨	15	2	22	24	17	37	39
사마司馬	15	3	14	17	18	29	32
유劉	15	3	20	23	18	35	38
한漢	15	6	2	8	21	17	23
	15	6	10	16	21	25	31
	15	6	17	23	21	32	38
	15	6	18	24	21	33	39
	15	8	8	16	23	23	31

성(성씨)	이름자(1)	이름자(2)	4격 수리			
			원	형	이	정
15	8	9	17	23	24	32
15	8	10	18	23	25	33
15	8	16	24	23	31	39
15	8	24	32	23	39	47
15	9	8	17	24	23	32
15	9	14	23	24	29	38
15	10	6	16	25	21	31
15	10	8	18	25	23	33
15	10	14	24	25	29	39
15	10	22	32	25	37	47
15	10	23	33	25	38	48
15	14	2	16	29	17	31
15	14	3	17	29	18	32
15	14	9	23	29	24	38
15	14	10	24	29	25	39
15	14	18	32	29	33	47
15	14	23	37	29	38	52
15	16	1	17	31	16	32
15	16	2	18	31	17	33
15	16	8	24	31	23	39
15	16	16	32	31	31	47
15	16	17	33	31	32	48
15	17	6	23	32	21	38
15	17	16	33	32	31	48
15	17	20	37	32	35	52
15	18	6	24	33	21	39

성(성씨)	이름자(1)	이름자(2)	4격 수리			
			원	형	이	정
15	18	14	32	33	29	47
15	20	3	23	35	18	38
15	20	17	37	35	32	52
15	22	1	23	37	16	38
15	22	2	24	37	17	39
15	22	10	32	37	25	47
15	23	10	33	38	25	48
15	23	14	37	38	29	52
15	24	8	32	39	23	47

16획

성(성씨)		이름자(1)	이름자(2)	4격 수리			
				원	형	이	정
노盧	16	1	7	8	17	23	24
도道	16	1	15	16	17	31	32
도都	16	1	16	17	17	32	33
도陶	16	1	22	23	17	38	39
반潘	16	2	5	7	18	21	23
연燕	16	2	13	15	18	29	31
용龍	16	2	15	17	18	31	33
육陸	16	2	19	21	18	35	37
음陰	16	2	21	23	18	37	39
전錢	16	2	23	25	18	39	41
제諸	16	5	2	7	21	18	23
	16	5	8	13	21	24	29
	16	5	16	21	21	32	37

성(성씨)	이름자(1)	이름자(2)	4격 수리					성(성씨)	이름자(1)	이름자(2)	4격 수리			
			원	형	이	정					원	형	이	정
진陳	16	7	1	8	23	17	24	16	15	17	32	31	33	48
	16	7	8	15	23	24	31	16	16	1	17	32	17	33
황보皇甫	16	7	9	16	23	25	32	16	16	5	21	32	21	37
	16	7	16	23	23	32	39	16	16	7	23	32	23	39
	16	7	22	29	23	38	45	16	16	9	25	32	25	41
	16	8	5	13	24	21	29	16	16	13	29	32	29	45
	16	8	7	15	24	23	31	16	16	15	31	32	31	47
	16	8	9	17	24	25	33	16	17	8	25	33	24	41
	16	8	13	21	24	29	37	16	17	15	32	33	31	48
	16	8	15	23	24	31	39	16	19	2	21	35	18	37
	16	8	17	25	24	33	41	16	19	13	32	35	29	48
	16	8	21	29	24	37	45	16	19	22	41	35	38	57
	16	8	23	31	24	39	47	16	21	2	23	37	18	39
	16	9	7	16	25	23	32	16	21	8	29	37	24	45
	16	9	8	17	25	24	33	16	22	1	23	38	17	39
	16	9	16	25	25	32	41	16	22	7	29	38	23	45
	16	9	22	31	25	38	47	16	22	9	31	38	25	47
	16	9	23	32	25	39	48	16	22	19	41	38	35	57
	16	13	2	15	29	18	31	16	23	2	25	39	18	41
	16	13	8	21	29	24	37	16	23	9	32	39	25	38
	16	13	16	29	29	32	45							
	16	13	19	32	29	35	48							

17획

	성(성씨)	이름자(1)	이름자(2)	4격 수리			
				원	형	이	정
국鞠	17	1	6	7	18	23	24
	17	1	14	15	18	31	32

	16	15	1	16	31	17	32
	16	15	2	17	31	18	33
	16	15	8	23	31	24	39
	16	15	16	31	31	32	47

성(성씨)	이름자(1)	이름자(2)	4격 수리			
			원	형	이	정
사謝	17	1	20	21	18	37	38
상常	17	4	4	8	21	21	25
선鮮	17	4	12	16	21	29	33
손遜	17	4	14	18	21	31	35
양襄	17	4	20	24	21	37	41
양陽	17	6	1	7	23	18	24
연蓮	17	6	12	18	23	29	35
장蔣	17	6	15	21	23	32	38
종鍾	17	6	18	24	23	35	41
채蔡	17	7	8	15	24	25	32
추鄒	17	7	14	21	24	31	38
한韓	17	7	24	31	24	41	48
	17	8	7	15	25	24	32
	17	8	8	16	25	25	33
	17	8	16	24	25	33	41
	17	12	4	16	29	21	33
	17	12	6	18	29	23	35
	17	12	12	24	29	29	41
	17	14	1	15	31	18	32
	17	14	4	18	31	21	35
	17	14	7	21	31	24	38
	17	14	21	35	31	38	52
	17	15	6	21	32	23	38
	17	15	16	31	32	33	48
	17	15	20	35	32	37	52
	17	16	8	24	33	25	41

성(성씨)	이름자(1)	이름자(2)	4격 수리			
			원	형	이	정
	17	16	15	31	33	32	48
	17	18	6	24	35	23	41
	17	20	1	21	37	18	38
	17	20	4	24	37	21	41
	17	20	15	35	37	32	52
	17	21	14	35	38	31	52
	17	24	7	31	41	24	48

18획

성(성씨)	이름자(1)	이름자(2)	4격 수리			
			원	형	이	정
간簡	18	3	3	6	21	21	24
안顔	18	3	14	17	21	32	35
위魏	18	3	20	23	21	38	41
	18	5	6	11	23	24	29
	18	6	5	11	24	23	29
	18	6	7	13	24	25	31
	18	6	11	17	24	29	35
	18	6	15	21	24	33	39
	18	6	17	23	24	35	41
	18	6	23	29	24	41	47
	18	7	6	13	25	24	31
	18	7	14	21	25	32	39
	18	11	6	17	29	24	35
	18	14	3	17	32	21	35
	18	14	7	21	32	25	39

성(성씨)	이름자(1)	이름자(2)	4격 수리			
			원	형	이	정
18	14	15	29	32	33	47
18	15	6	21	33	24	39
18	15	14	29	33	32	47
18	17	6	23	35	24	41
18	20	3	23	38	21	41
18	23	6	29	41	24	47

성(성씨)	이름자(1)	이름자(2)	4격 수리			
			원	형	이	정
19	14	19	33	33	38	52
19	16	2	18	35	21	37
19	16	13	29	35	32	48
19	16	22	38	35	41	57
19	18	20	38	37	39	57
19	19	10	29	38	29	48
19	19	14	33	38	33	52
19	19	20	39	38	39	58
19	20	13	33	39	32	52
19	20	18	38	39	37	57
19	20	19	39	39	38	58
19	22	16	38	41	35	57

19획

관關, 남궁南宮, 방龐, 설薛, 정鄭

성(성씨)	이름자(1)	이름자(2)	4격 수리			
			원	형	이	정
19	2	4	6	21	23	25
19	2	14	16	21	33	35
19	2	16	18	21	35	37
19	4	2	6	23	21	25
19	4	12	16	23	31	35
19	4	14	18	23	33	37
19	6	10	16	25	29	35
19	6	12	18	25	31	37
19	10	6	16	29	25	35
19	10	19	29	29	38	48
19	12	4	16	31	23	35
19	12	6	18	31	25	37
19	13	16	29	32	35	48
19	13	20	33	32	39	52
19	14	2	16	33	21	35
19	14	4	18	33	23	37

20획

나羅, 석釋, 선우鮮于, 엄嚴

성(성씨)	이름자(1)	이름자(2)	4격 수리			
			원	형	이	정
20	1	4	5	21	24	25
20	1	12	13	21	32	33
20	1	17	18	21	37	38
20	3	12	15	23	32	35
20	3	15	18	23	35	38
20	3	18	21	23	38	41
20	4	1	5	24	21	25
20	4	9	13	24	29	33
20	4	11	15	24	31	35
20	4	13	17	24	33	37

성(성씨)	이름자(1)	이름자(2)	4격 수리 원	형	이	정
20	4	17	21	24	37	41
20	4	21	25	24	41	45
20	5	12	17	25	32	37
20	5	13	18	25	33	38
20	9	4	13	29	24	33
20	9	9	18	29	29	38
20	9	12	21	29	32	41
20	11	4	15	31	24	35
20	11	21	32	31	41	52
20	12	1	13	32	21	33
20	12	3	15	32	23	35
20	12	5	17	32	25	37
20	12	9	21	32	29	41
20	12	13	25	32	33	45
20	13	4	17	33	24	37
20	13	5	18	33	25	38
20	13	12	25	33	32	45
20	13	19	32	33	39	52
20	15	3	18	35	23	38
20	15	17	32	35	37	52
20	17	1	18	37	21	38
20	17	4	21	37	24	41
20	17	15	32	37	35	52
20	17	21	38	37	41	58
20	18	3	21	38	23	41
20	19	13	32	39	33	52

성(성씨)	이름자(1)	이름자(2)	4격 수리 원	형	이	정
20	19	19	38	39	39	58
20	21	4	25	41	24	45
20	21	11	32	41	31	52
20	21	17	38	41	41	58

21획

고顧
등藤
학鶴

성(성씨)	이름자(1)	이름자(2)	4격 수리 원	형	이	정
21	2	6	8	23	27	29
21	2	14	16	23	35	37
21	3	8	11	24	29	32
21	3	14	17	24	35	38
21	4	4	8	25	25	29
21	4	12	16	25	33	37
21	4	14	18	25	35	39
21	4	20	24	25	41	45
21	8	3	11	29	24	32
21	8	8	16	29	29	37
21	8	10	18	29	31	39
21	8	16	24	29	37	45
21	10	8	18	31	29	39
21	10	14	24	31	35	45
21	11	20	31	32	41	52
21	12	4	16	33	25	37
21	12	12	24	33	33	45
21	14	2	16	35	23	37

성(성씨)	이름자(1)	이름자(2)	4격 수리			
			원	형	이	정
21	14	3	17	35	24	38
21	14	4	18	35	25	39
21	14	10	24	35	31	45
21	14	17	31	35	38	52
21	16	2	18	37	23	39
21	16	8	24	37	29	45
21	17	14	31	38	35	52
21	20	4	24	41	25	45
21	20	11	31	41	32	52
21	20	17	37	41	38	58

22획

권權
변邊
소蘇
은隱

성(성씨)	이름자(1)	이름자(2)	4격 수리			
			원	형	이	정
22	1	2	3	23	24	25
22	1	10	11	23	32	33
22	1	15	16	23	37	38
22	1	16	17	23	38	39
22	2	1	3	24	23	25
22	2	9	11	24	31	33
22	2	11	13	24	33	35
22	2	13	15	24	35	37
22	2	15	17	24	37	39
22	3	10	13	25	32	35
22	3	13	16	25	35	28
22	7	9	16	29	31	38
22	7	10	17	29	32	39
22	7	16	23	29	38	45
22	9	2	11	31	24	33
22	9	7	16	31	29	38
22	9	16	25	31	38	47
22	10	1	11	32	23	33
22	10	3	13	32	25	35
22	10	7	17	32	29	39
22	10	13	23	32	35	45
22	10	15	25	32	37	47
22	11	2	13	33	24	35
22	13	2	15	35	24	37
22	13	3	16	35	25	38
22	13	10	23	35	32	45
22	15	1	16	37	23	38
22	15	2	17	37	24	39
22	15	10	25	37	32	47
22	16	1	17	38	23	39
22	16	7	23	38	29	45
22	16	9	25	38	31	47
22	16	19	35	38	41	57
22	16	23	39	38	45	61
22	19	16	35	41	38	57
22	23	2	25	45	24	47
22	23	16	39	45	38	61

25획	성(성씨)	이름자(1)	이름자(2)	4격 수리			
				원	형	이	정
독고 獨孤	25	4	4	8	29	29	33
	25	4	12	16	29	37	41
	25	4	4	8	29	29	33
	25	4	12	16	29	37	41
	25	6	7	13	31	32	38
	25	6	10	16	31	35	41
	25	7	6	13	32	31	38
	25	7	16	23	32	41	48
	25	8	8	16	33	33	41
	25	10	6	16	35	31	41
	25	10	13	23	35	38	48
	25	10	22	32	35	47	57
	25	12	4	16	37	29	41
	25	12	20	32	37	45	57
	25	13	10	23	38	35	48
	25	13	20	33	38	45	58
	25	16	7	23	41	32	48
	25	16	16	32	41	41	57
	25	20	12	32	45	37	57
	25	20	13	33	45	38	58
	25	22	10	32	47	35	57

31획	성(성씨)	이름자(1)	이름자(2)	4격 수리			
				원	형	이	정
제갈 諸葛	31	1	6	7	32	37	38
	31	1	16	17	32	47	48
	31	2	4	6	33	35	37
	31	2	6	8	33	37	39
	31	2	14	16	33	45	47
	31	4	2	6	35	33	37
	31	4	4	8	35	35	39
	31	4	17	21	35	48	52
	31	6	1	7	37	32	38
	31	6	2	8	37	33	39
	31	6	10	16	37	41	47
	31	7	10	17	38	41	48
	31	7	14	21	38	45	52
	31	8	8	16	39	39	47
	31	10	6	16	41	37	47
	31	10	7	17	41	38	48
	31	14	2	16	45	33	47
	31	14	7	21	45	38	52
	31	16	1	17	47	32	48
	31	16	16	32	47	47	63
	31	16	21	37	47	52	68
	31	17	4	21	48	35	52
	31	21	16	37	58	47	68

부록 3 · 성씨에 따른 명품이름 짓기

　여기에서는 성씨의 획수에 따라 조화를 이루는 이름을 짓는 데 참고할 수 있도록, 각 획의 대표 성씨로 구성하였다. 그러니까 예를 들어 공(孔)씨가 4획 대표 성씨로 나타나 있지는 않지만 당연히 이는 4획 성씨이다. 한글, 한자, 획수, 자원오행, 뜻풀이 순으로 제시하였으며, 각 이름에 사용한 한자는 [부록 1] '인명용 한자'로 국한하지 않았다. 획수는 [부록 2] '성씨에 따른 길한 수리의 배합표'를 따랐다. 개명을 고려하는 사람에게도 이 [부록 3]은 많은 도움이 되리라고 본다. 특히 뜻풀이는 보다 나은 삶을 꿈꾸는 이들에게 많은 영감을 제공할 것이다.

2획 정(丁)씨와 복(卜)씨의 남자 이름

한글	한자	획수	자원오행	뜻풀이
승훈	陞勳	15,16	토화	향상발전을 이루어 이 세상에 자신의 공적을 안겨 주어라.
연우	演禑	15,14	수목	자신의 뜻을 활짝 펼치며 오복을 두루 다 누려라.
우진	羽進	6,15	화토	빼어난 기상을 자랑하며 향상발전을 이루어 나가라.
유준	維俊	14,9	목화	만인의 규범이 되며 빼어난 기상을 자랑하라.
유진	瑜進	14,15	금토	아름다운 영화를 누리며 향상발전을 이루어 나가라.
은유	誾有	15,6	금수	화평한 인생을 누리며 오복을 두루 다 지녀라.
이안	怡安	9,6	화목	일생 동안 많은 경사를 즐기며 안락한 인생을 누려라.
재현	在賢	6,15	토금	오복을 두루 다 누리며 어진 심성과 자태를 지녀라.
주원	注瑗	9,14	수금	아름다운 행복의 물결을 누리며 높고 귀한 신분을 자랑하라.
태호	太浩	4,11	목수	만인의 규범이 되며 넓고 큰 행복의 물결을 누려라.

2획 정(丁)씨와 복(卜)씨의 여자 이름

한글	한자	획수	자원오행	뜻풀이
다윤	多玧	6,9	수금	하늘의 많은 은총을 누리며 높고 귀한 신분을 자랑하라.
도희	道熙	16,13	토화	바른 자세로 나아가며 빛나는 영화를 자랑하라.
서우	瑞禹	14,9	금토	일생 동안 많은 경사를 자랑하며 만인의 규범이 되어라.
선영	宣榮	9,14	화목	은혜를 널리 베풀며 아름다운 영화를 누려라.
수린	綏潾	13,16	목수	안락한 인생을 누리며 맑은 영화를 자랑하라.
아영	阿瓔	13,22	토금	여유로운 인생을 누리며 풍요로움을 자랑하라.
주영	注榮	9,14	수목	아름다운 행복의 물결을 누리며 커다란 영화를 자랑하라.
찬희	撰熙	16,13	목화	여유로운 인생을 누리며 빛나는 영화를 자랑하라.
하윤	昰允	9,4	화토	무성한 행복을 누리며 만인의 규범이 되어라.
해린	該潾	13,16	금수	풍요로운 인생을 누리며 맑은 영화를 자랑하라.

3획 천(千)씨와 ○씨의 남자 이름

한글	한자	획수	자원오행	뜻풀이
상원	尙原	8,10	금토	만인의 존경을 받으며 명문가의 근원을 이루어라.
세민	世岷	5,8	화토	이 세상에 자신의 공적을 안겨 주며 높고 귀한 신분을 자랑하라.
세운	世芸	5,10	화목	이 세상에 자신의 업적을 안겨 주며 향기로운 인생을 누려라.
시안	始晏	8,10	토화	명문가를 세우고 안락한 인생을 누려라.
시우	始祐	8,10	토금	명문가를 세우고 은혜를 널리 베풀어라.
시윤	示倫	5,10	목화	만인의 규범이 되며 바른 자세로 나아가라.
연재	沇宰	8,10	수목	모든 일을 순리대로 발전시키며 높고 귀한 신분을 자랑하라.
유호	瑜滸	14,15	금수	높고 귀한 신분을 자랑하며 아름다운 행복의 물결을 누려라.
태원	太源	4,14	목수	만인의 규범이 되며 명문가의 근원을 이루어라.
하온	碬瑥	14,15	수금	커다란 영화를 자랑하며 아름다운 명성을 떨쳐라.

3획 천(千)씨와 ○씨의 여자 이름

한글	한자	획수	자원오행	뜻풀이
서진	瑞進	14,15	금토	일생 동안 많은 경사를 자랑하며 향상발전을 이루어 나가라.
세영	洗瓔	10,22	수금	깨끗한 영화를 누리며 높고 귀한 신분을 자랑하라.
세온	洗蘊	10,22	수목	깨끗한 영화를 누리며 풍요로움을 자랑하라.
예진	譽溱	21,14	금수	아름다운 명성을 떨치며 무성한 행복을 누려라.
예진	藝溱	21,14	목수	슬기로움을 자랑하며 풍요로운 인생을 누려라.
유경	維慶	14,15	목화	만인의 규범이 되며 일생 동안 많은 경사를 누려라.
유진	瑜進	14,15	금토	아름다운 영화를 누리며 향상발전을 이루어 나가라.
유하	侑廈	8,13	화목	은혜를 널리 베풀며 명문가를 이루어라.
하정	夏正	10,5	화토	무성한 행복을 누리며 바른 자세로 나아가라.
효원	驍原	22,10	화토	빼어난 기상을 자랑하며 만인의 규범이 되어라.

4획 윤(尹)씨와 문(文)씨의 남자 이름

한글	한자	획수	자원오행	뜻풀이
상원	祥源	11,14	금수	일생 동안 많은 경사를 자랑하며 명문가의 근원을 이루어라.
선우	鮮禑	17,14	수목	깨끗한 영화를 자랑하며 오복을 두루 다 누려라.
수호	秀豪	7,14	목수	만인의 규범이 되며 빼어난 기상을 자랑하라.
여준	與晙	14,11	토화	은혜를 널리 베풀며 밝은 영화를 누려라.
예성	睿晟	14,11	목화	슬기로움을 자랑하며 밝은 영화를 누려라.
종윤	鍾允	17,4	금토	만인을 일깨워 주며 진실한 자세로 나아가라.
준성	浚誠	11,14	수금	깊은 행복의 물결을 누리며 자신의 일에 정성을 다하라.
지성	址誠	7,14	토금	명문가를 세우고 만인의 규범이 되어라.
지우	智禹	12,9	화토	슬기로움을 자랑하며 만인의 규범이 되어라.
혁진	赫振	14,11	화목	빛나는 영화를 누리며 아름다운 명성을 떨쳐라.

4획 윤(尹)씨와 문(文)씨의 여자 이름

한글	한자	획수	자원오행	뜻풀이
리원	利源	7,14	금수	은혜를 널리 베풀며 명문가의 근원을 이루어라.
수인	秀仁	7,4	목화	빼어난 기상을 자랑하며 은혜를 널리 베풀어라.
아랑	阿琅	13,12	토금	명문가를 세우고 아름다운 영화를 누려라.
예솔	嫕率	14,11	토화	부드러운 심성과 자태를 지니고 은혜를 널리 베풀어라.
유민	喩玟	12,9	수금	만인을 깨우쳐 주며 아름다운 영화를 누려라.
유하	喩廈	12,13	수목	만인을 깨우쳐 주며 명문가를 이루어라.
지아	智阿	12,13	화토	슬기로움을 자랑하며 아름다운 인생을 누려라.
채유	彩維	11,14	화목	아름다운 영화를 누리며 만인의 규범이 되어라.
하선	廈善	13,12	목수	명문가를 이루고 은혜를 널리 베풀어라.
하연	賀姸	12,9	금토	일생 동안 많은 경사를 누리며 예쁜 심성과 자태를 지녀라.

5획 백(白)씨와 신(申)씨의 남자 이름

한글	한자	획수	자원오행	뜻풀이
규호	圭鎬	6,18	토금	높고 귀한 신분을 누리며 빛나는 영화를 자랑하라.
도윤	導潤	16,16	목수	만인의 규범이 되며 풍요로운 인생을 누려라.
명준	明寯	8,16	화목	밝은 영화를 누리며 빼어난 기상을 자랑하라.
상원	尙原	8,10	금토	만인의 존경을 받으며 명문가의 근원을 이루어라.
선호	琁淏	12,12	금수	풍요로운 인생을 누리며 맑은 영화를 자랑하라.
시윤	始昀	8,8	토화	명문가를 세우고 밝은 영화를 자랑하라.
재유	在惟	6,12	토화	오복을 두루 다 누리며 아름다운 이상을 추구하라.
주열	朱烈	6,10	목화	높고 귀한 신분을 누리며 빼어난 기상을 자랑하라.
주환	周桓	8,10	수목	두루 만사형통을 누리며 빼어난 기상을 자랑하라.
지훈	沚訓	8,10	수금	아름다운 행복의 물결을 누리며 만인의 규범이 되어라.

5획 백(白)씨와 신(申)씨의 여자 이름

한글	한자	획수	자원오행	뜻풀이
리원	理媛	12,12	금토	바른 자세로 나아가며 아름다운 인생을 누려라.
미서	嵋舒	12,12	토화	높고 귀한 신분을 누리며 자신의 꿈을 활짝 펼쳐라.
선유	善庾	12,12	수목	어진 심성과 자태를 지니고 풍요로운 인생을 누려라.
소담	邵覃	12,12	토금	아름다운 인생을 누리며 은혜를 널리 베풀어라.
수희	琇喜	12,12	금수	아름다운 영화를 자랑하며 즐거운 인생을 누려라.
유리	喩理	12,12	수금	만인을 깨우쳐 주며 바른길로 나아가라.
유빈	惟斌	12,12	화목	아름다운 이상을 추구하며 빛나는 영화를 누려라.
유하	喩厦	12,12	수목	만인을 깨우쳐 주며 명문가를 이루어라.
채아	採雅	12,12	목화	바른 자세로 나아가며 아름다운 인생을 누려라.
혜원	惠媛	12,12	화토	은혜를 널리 베풀며 예쁜 심성과 자태를 지녀라.

6획 박(朴)씨와 안(安)씨의 남자 이름

한글	한자	획수	자원오행	뜻풀이
범진	範津	15,10	목수	만인의 규범이 되며 무성한 행복을 누려라.
성현	省炫	9,9	목화	모든 일을 잘 살펴서 나아가며 빛나는 영화를 누려라.
승준	勝晙	12,11	토화	자신의 뜻을 이루어 밝은 영화를 누려라.
우진	旴眞	7,10	화목	커다란 영화를 자랑하며 만인의 규범이 되어라.
은강	殷江	10,7	금수	풍요로움을 자랑하며 아름다운 행복의 물결을 누려라.
지용	池容	7,10	수목	아름다운 행복의 물결을 누리며 빼어난 기상을 자랑하라.
지훈	址訓	7,10	토금	명문가를 세우고 만인의 규범이 되어라.
태민	泰玟	9,9	수금	높고 귀한 신분을 자랑하며 아름다운 영화를 누려라.
현규	炫奎	9,9	화토	밝은 영화를 누리며 높고 귀한 신분을 자랑하라.
현성	賢城	15,10	금토	은혜를 널리 베풀며 높고 귀한 신분을 자랑하라.

6획 박(朴)씨와 안(安)씨의 여자 이름

한글	한자	획수	자원오행	뜻풀이
도연	度衍	9,9	목화	만인의 규범이 되며 풍요로운 인생을 누려라.
민유	敏喩	11,12	금수	슬기로움을 자랑하며 만인을 깨우쳐 주어라.
서정	曙正	18,5	화토	희망찬 새벽을 열어 가며 바른 자세로 나아가라.
선주	善珠	12,11	수금	은혜를 널리 베풀며 아름다운 영화를 누려라.
세온	洗穩	10,19	수목	깨끗한 자세로 나아가며 아름다운 인생을 누려라.
소윤	邵贇	12,19	토금	아름다운 인생을 누리며 빛나는 영화를 자랑하라.
솔희	率希	11,7	화목	은혜를 널리 베풀며 희망찬 인생을 누려라.
수빈	秀濱	7,18	목수	빼어난 기상을 자랑하며 아름다운 행복의 물결을 누려라.
정원	貞垣	9,9	금토	바른 자세로 나아가며 높고 귀한 신분을 누려라.
지안	址顔	7,18	토화	명문가를 세우고 아름다운 명성을 떨쳐라.

7획 이(李)씨와 송(宋)씨의 남자 이름

한글	한자	획수	자원오행	뜻풀이
다겸	多兼	6,10	수금	풍요로운 인생을 누리며 커다란 영화를 자랑하라.
도원	到遠	8,17	금토	자신의 꿈을 펼치며 원대한 이상을 추구하라.
서원	書源	10,14	목수	여유로운 인생을 누리며 명문가의 근원을 이루어라.
승환	昇奐	8,9	화목	향상발전을 이루어서 빛나는 영화를 누려라.
시안	施硏	9,8	토금	은혜를 널리 베풀며 깨끗한 영화를 자랑하라.
여준	與晙	14,11	토화	은혜를 널리 베풀며 밝은 영화를 누려라.
우제	瑀濟	14,18	금수	높고 귀한 신분을 자랑하며 자신의 뜻을 활짝 펼쳐라.
유강	有康	6,11	수목	오복을 두루 다 지니고 안락한 인생을 누려라.
재광	栽光	10,6	목화	명문가를 세우고 빛나는 영화를 자랑하라.
현민	炫岷	9,8	화토	빛나는 영화를 누리며 높고 귀한 신분을 자랑하라.

7획 이(李)씨와 송(宋)씨의 여자 이름

한글	한자	획수	자원오행	뜻풀이
다예	多禮	6,18	수목	하늘의 많은 은총을 누리며 만인의 규범이 되어라.
서령	抒怜	8,9	목화	자신의 꿈을 활짝 펼치며 슬기로움을 자랑하라.
승연	丞涓	6,11	목수	높고 귀한 신분을 자랑하며 모든 일을 순리대로 발전시켜라.
유미	侑美	8,9	화토	은혜를 널리 베풀며 아름다운 모습을 자랑하라.
윤채	倫采	10,8	화목	만인의 규범이 되며 높고 귀한 신분을 자랑하라.
재연	在硏	6,11	토금	오복을 두루 다 누리며 스스로 갈고닦아라.
정민	貞岷	9,8	금토	바른 자세로 나아가며 높고 귀한 신분을 누려라.
주현	周玹	8,10	수금	두루 만사형통을 누리며 높고 귀한 신분을 자랑하라.
지솔	至率	6,11	토화	자신의 뜻을 이루어 은혜를 널리 베풀어라.
효주	效周	10,8	금수	만인의 규범이 되며 두루 만사형통을 누려라.

8획 김(金)씨와 심(沈)씨의 남자 이름

한글	한자	획수	자원오행	뜻풀이
규현	奎賢	9,15	토금	하늘의 별처럼 높고 아름다우며 은혜를 널리 베풀어라.
도현	道顯	16,23	토화	바른길로 나아가며 밝은 영화를 누려라.
세림	洗琳	10,13	수금	깨끗한 영화를 누리며 아름다운 영화를 자랑하라.
우진	祐進	10,15	금토	은혜를 널리 베풀며 향상발전을 이루어 나가라.
윤성	潤省	16,9	수목	풍요로운 인생을 누리며 만인의 규범이 되어라.
이완	怡完	9,7	화목	즐거운 인생을 누리며 만인의 규범이 되어라.
주찬	宙澯	8,17	목수	명문가를 이루고 맑은 영화를 자랑하라.
채우	采佑	8,7	목화	높고 귀한 신분을 자랑하며 은혜를 널리 베풀어라.
현도	炫道	9,16	화토	빛나는 영화를 누리며 바른길로 나아가라.
현수	賢洙	15,10	금수	은혜를 널리 베풀며 모든 일을 순리대로 발전시켜라.

8획 김(金)씨와 심(沈)씨의 여자 이름

한글	한자	획수	자원오행	뜻풀이
보민	保岷	9,8	화토	은혜를 널리 베풀며 높고 귀한 신분을 자랑하라.
수현	秀炫	7,9	목화	빼어난 기상을 자랑하며 빛나는 영화를 누려라.
시오	施旿	9,8	토화	은혜를 널리 베풀며 밝은 영화를 누려라.
은강	殷江	10,7	금수	풍요로움을 자랑하며 아름다운 행복의 물결을 누려라.
은조	殷助	10,7	금토	무성한 행복을 누리며 은혜를 널리 베풀어라.
이서	怡抒	9,8	화목	일생 동안 많은 경사를 즐기며 자신의 꿈을 활짝 펼쳐라.
주아	姝我	9,7	토금	예쁜 심성과 자태를 지니고 고유의 개성미를 자랑하라.
지예	沚藝	8,21	수목	아름다운 행복의 물결을 누리며 슬기로움을 자랑하라.
지효	池效	7,10	수금	아름다운 행복의 물결을 누리며 만인의 규범이 되어라.
희주	希注	7,9	목수	높은 이상을 추구하며 아름다운 행복의 물결을 누려라.

9획 강(姜)씨와 류(柳)씨의 남자 이름

한글	한자	획수	자원오행	뜻풀이
다훈	茶勛	12,12	목화	향기로운 인생을 누리며 이 세상에 자신의 업적을 안겨 주어라.
리우	里玗	7,8	토금	여유로운 인생을 누리며 아름다운 영화를 자랑하라.
병재	炳在	9,6	화토	밝은 영화를 자랑하며 오복을 두루 다 누려라.
선재	善才	12,4	수목	은혜를 널리 베풀며 슬기로움을 자랑하라.
윤상	潤尙	16,8	수금	풍요로운 인생을 누리며 만인의 존경을 받아라.
이담	利潭	7,16	금수	은혜를 널리 베풀며 아름다운 행복의 물결을 누려라.
재현	在顯	6,23	토화	오복을 두루 지니고 밝은 영화를 누려라.
진후	賑厚	14,9	금토	은혜를 널리 베풀며 두터운 행복을 누려라.
태선	太善	4,12	목수	빼어난 기상을 자랑하며 은혜를 널리 베풀어라.
호진	昊縝	8,16	화목	하늘처럼 높고 어질며 아름다운 인생을 누려라.

9획 강(姜)씨와 류(柳)씨의 여자 이름

한글	한자	획수	자원오행	뜻풀이
도윤	導潤	16,16	목수	만인의 규범이 되며 풍요로운 인생을 누려라.
민지	玟至	9,6	금토	아름다운 영화를 누리며 자신의 꿈을 활짝 펼쳐라.
시현	始賢	8,15	토금	명문가를 세우고 은혜를 널리 베풀어라.
예서	例抒	8,8	화목	만인의 규범이 되며 자신의 꿈을 활짝 펼쳐라.
유진	侑進	8,15	화토	은혜를 널리 베풀며 향상발전을 이루어 나가라.
지영	至映	6,9	토화	자신의 뜻을 이루고 빛나는 영화를 누려라.
지영	池瓔	7,22	수금	깊은 행복의 물결을 누리며 아름다운 영화를 자랑하라.
지유	祉有	9,6	목수	오복을 두루 다 누리며 풍요로움을 자랑하라.
채윤	采昀	8,8	목화	높고 귀한 신분을 누리며 밝은 영화를 자랑하라.
해윤	諧潤	16,16	금수	조화로운 인생을 누리며 풍요로움을 자랑하라.

10획 고(高)씨와 서(徐)씨의 남자 이름

한글	한자	획수	자원오행	뜻풀이
근우	槿羽	15,6	목화	무궁한 영화를 누리며 향상발전을 이루어 나가라.
수범	壽範	14,15	수목	오랜 영화를 자랑하며 만인의 규범이 되어라.
승민	陞旼	15,8	토화	향상발전을 이루어 나가며 화락한 인생을 누려라.
시우	始旴	8,7	토화	명문가를 세우고 커다란 영화를 자랑하라.
우영	佑榮	7,14	화목	은혜를 널리 베풀며 아름다운 영화를 누려라.
유준	維浚	14,11	목수	만인의 규범이 되며 깊은 행복의 물결을 누려라.
유진	瑜進	14,15	금토	아름다운 영화를 누리며 향상발전을 이루어 나가라.
은유	誾有	15,6	금수	화평한 인생을 누리며 오복을 두루 다 지녀라.
재현	在賢	6,15	토금	오복을 두루 다 누리며 어진 심성과 자태를 지녀라.
하진	煆瑨	14,15	수금	커다란 영화를 자랑하며 풍요로운 인생을 누려라.

10획 고(高)씨와 서(徐)씨의 여자 이름

한글	한자	획수	자원오행	뜻풀이
다온	多穩	6,19	수목	풍요로움을 자랑하며 안락한 인생을 누려라.
도이	途利	14,7	토금	바른길로 나아가며 은혜를 널리 베풀어라.
민주	岷住	8,7	토화	높고 귀한 신분을 자랑하며 안락한 인생을 누려라.
서하	緖煆	15,14	목수	모든 일을 순리대로 발전시키며 빼어난 기상을 자랑하라.
은유	誾有	15,6	금수	화평한 인생을 누리며 오복을 두루 다 지녀라.
이서	易序	8,7	화목	즐거운 인생을 누리며 모든 일을 순리대로 발전시켜라.
정윤	廷昀	7,8	목화	높고 귀한 신분을 누리며 밝은 영화를 자랑하라.
지호	址昊	7,8	토화	명문가를 세우고 하늘처럼 높고 어질어라.
하진	煆瑨	14,15	수금	커다란 영화를 자랑하며 풍요로운 인생을 누려라.
현지	賢至	15,6	금토	어진 심성과 자태를 지니고 자신의 뜻을 이루어라.

11획 양(梁)씨와 최(崔)씨의 남자 이름

한글	한자	획수	자원오행	뜻풀이
도하	堵賀	12,12	토금	안락한 인생을 즐기며 일생 동안 많은 경사를 누려라.
우주	旴朱	7,6	화목	커다란 영화를 자랑하며 높고 귀한 신분을 누려라.
원준	愿峻	14,10	화토	모든 일에 정성을 다하며 높고 귀한 신분을 누려라.
유준	瑜准	14,10	금수	풍요로움을 자랑하며 높고 귀한 신분을 누려라.
준영	峻寧	10,14	토화	높고 귀한 신분을 자랑하며 안락한 인생을 누려라.
준우	濬宇	18,6	수목	깊은 행복의 물결을 누리며 명문가를 이루어라.
준호	準祜	14,10	수금	만인의 규범이 되며 오복을 두루 다 누려라.
지성	址誠	7,14	토금	명문가를 세우고 만인의 규범이 되어라.
진혁	眞赫	10,14	목화	만인의 규범이 되며 빛나는 영화를 누려라.
태원	太源	4,14	목수	만인의 규범이 되며 명문가의 근원을 이루어라.

11획 양(梁)씨와 최(崔)씨의 여자 이름

한글	한자	획수	자원오행	뜻풀이
다예	多禮	6,18	수목	하늘의 많은 은총을 누리며 만인의 규범이 되어라.
서호	曙好	18,6	화토	희망찬 새벽을 열어 가며 아름다운 인생을 누려라.
수아	壽我	14,7	수금	무궁한 영화를 누리며 고유의 개성미를 자랑하라.
유주	維住	14,7	목화	만인의 규범이 되며 안락한 인생을 누려라.
은우	銀友	14,4	금수	깨끗한 영화를 자랑하며 좋은 벗들과 아름다운 인생을 누려라.
재이	在利	6,7	토금	오복을 두루 다 누리며 은혜를 널리 베풀어라.
정인	廷因	7,6	목수	높고 귀한 신분을 자랑하며 명문가를 이루어라.
지안	至顏	6,18	토화	자신의 뜻을 이루어 아름다운 명성을 떨쳐라.
지원	址瑗	7,14	토금	명문가를 세우고 아름다운 영화를 자랑하라.
지유	志維	7,14	화목	자신의 뜻을 활짝 펼치며 만인의 규범이 되어라.

12획 황(黃)씨와 민(閔)씨의 남자 이름

한글	한자	획수	자원오행	뜻풀이
도현	渡現	13,12	수금	자신의 뜻을 이루어 이 세상의 행복을 누려라.
수찬	琇潔	12,17	금수	아름다운 영화를 누리며 맑은 영화를 자랑하라.
승현	勝鉉	12,13	토금	빼어난 기상을 자랑하며 높고 귀한 신분을 누려라.
우성	宇晟	6,11	목화	명문가를 세우고 밝은 영화를 누려라.
유찬	庾潔	12,17	목수	풍요로움을 자랑하며 맑은 영화를 누려라.
재원	渽元	13,4	수목	맑은 영화를 자랑하며 만인의 규범이 되어라.
재윤	在贇	6,19	토금	오복을 두루 다 누리며 빛나는 영화를 자랑하라.
지민	至民	6,5	토화	자신의 꿈을 이루어 만백성을 도와주어라.
지성	智省	12,9	화목	슬기로움을 자랑하며 만인의 규범이 되어라.
하윤	昰允	9,4	화토	무성한 행복을 누리며 만인의 규범이 되어라.

12획 황(黃)씨와 민(閔)씨의 여자 이름

한글	한자	획수	자원오행	뜻풀이
다경	多璟	6,17	수금	풍요로운 인생을 누리며 옥빛 찬란한 영화를 자랑하라.
유진	喩璡	12,17	수금	만인을 깨우쳐 주며 아름다운 영화를 누려라.
유정	琉正	12,5	금토	아름다운 영화를 누리며 바른 자세로 나아가라.
정현	正現	5,12	토금	바른 자세로 나아가며 밝은 영화를 누려라.
하연	厦淵	12,13	목수	명문가를 세우고 아름다운 영화를 누려라.
시유	示惟	5,12	목화	만인의 규범이 되며 아름다운 이상을 추구하라.
재하	載厦	13,12	화목	오복을 두루 다 지니고 명문가를 이루어라.
소영	邵煐	12,13	토화	아름다운 인생을 누리며 빛나는 영화를 자랑하라.
지원	智遠	12,17	화토	슬기로움을 자랑하며 원대한 이상을 추구하라.
유하	喩厦	12,13	수목	만인을 깨우쳐 주며 명문가를 이루어라.

13획 양(楊)씨와 염(廉)씨의 남자 이름

한글	한자	획수	자원오행	뜻풀이
다훈	茶勛	12,12	목화	향기로운 인생을 누리며 이 세상에 자신의 업적을 안겨 주어라.
선유	善庾	12,12	수목	어진 심성과 자태를 지니고 풍요로운 인생을 누려라.
선호	琁淏	12,12	금수	풍요로운 인생을 누리며 맑은 영화를 자랑하라.
수호	受祜	8,10	수금	하늘의 은총을 받아서 누리며 오복을 두루 자랑하라.
시윤	始昀	8,8	토화	명문가를 세우고 밝은 영화를 자랑하라.
시호	始昊	8,8	토화	명문가를 세우고 하늘처럼 높고 어질어라.
재인	才仁	4,4	목화	슬기로움을 자랑하며 어진 심성과 자태를 지녀라.
준우	峻玗	10,8	토금	높고 귀한 신분을 자랑하며 아름다운 영화를 누려라.
태우	太友	4,4	목수	만인의 규범이 되며 좋은 벗들과 아름다운 인생을 누려라.
하윤	賀允	12,4	금토	일생 동안 많은 경사를 누리며 진실한 자세로 나아가라.

13획 양(楊)씨와 염(廉)씨의 여자 이름

한글	한자	획수	자원오행	뜻풀이
리호	理淏	12,12	금수	바른 자세로 나아가며 맑은 영화를 자랑하라.
선유	善庾	12,12	수목	어진 심성과 자태를 지니고 풍요로운 인생을 누려라.
소담	邵覃	12,12	토금	아름다운 인생을 누리며 은혜를 널리 베풀어라.
소연	邵然	12,12	토화	아름다운 인생을 누리며 모든 일을 순리대로 발전시켜 나아가라.
수린	樹潾	16,16	목수	명문가를 세우고 맑은 영화를 누려라.
수연	授然	12,12	목화	은혜를 널리 베풀며 모든 일을 순리대로 발전시켜라.
예진	叡縝	16,16	화목	슬기로움을 자랑하며 아름다운 영화를 누려라.
유리	喩理	12,12	수금	만인을 깨우쳐 주며 바른길로 나아가라.
하윤	賀允	12,4	금토	일생 동안 많은 경사를 누리며 진실한 자세로 나아가라.
혜승	惠勝	12,12	화토	은혜를 널리 베풀며 빼어난 기상을 자랑하라.

14획 배(裵)씨와 조(趙)씨의 남자 이름

한글	한자	획수	자원오행	뜻풀이
서오	書晤	10,11	목화	학문을 숭상하며 슬기로움을 자랑하라.
승진	陞鎭	15,18	토금	향상발전을 이루어 자신의 뜻을 활짝 펼쳐라.
은강	殷江	10,7	금수	풍요로움을 자랑하며 아름다운 행복의 물결을 누려라.
재이	財里	10,7	금토	풍요로움을 자랑하며 안락한 인생을 누려라.
정후	炡厚	9,9	화토	빛나는 영화를 자랑하며 두터운 행복을 누려라.
주현	注賢	9,15	수금	아름다운 행복의 물결을 누리며 은혜를 널리 베풀어라.
준기	俊紀	9,9	화목	빼어난 기상을 자랑하며 만인의 규범이 되어라.
준우	峻佑	10,7	토화	높고 귀한 신분을 자랑하며 은혜를 널리 베풀어라.
태호	太浩	4,11	목수	만인의 규범이 되며 넓고 큰 행복의 물결을 누려라.
하성	河省	9,9	수목	아름다운 행복의 물결을 누리며 모든 일을 잘 다스려 나가라.

14획 배(裵)씨와 조(趙)씨의 여자 이름

한글	한자	획수	자원오행	뜻풀이
서영	恕英	10,11	화목	어진 심성과 자태를 지니고 아름다운 영화를 누려라.
서호	書晧	10,11	목화	학문을 숭상하며 밝은 영화를 누려라.
세인	洗寅	10,11	수목	깨끗한 영화를 자랑하며 만인의 존경을 받아라.
세현	洗賢	10,15	수금	깨끗한 영화를 누리며 어진 심성과 자태를 지녀라.
연오	娟晤	10,11	토화	아름다운 심성과 자태를 지니고 밝은 영화를 누려라.
연주	娟珠	10,11	토금	예쁜 심성과 자태를 지니고 아름다운 영화를 누려라.
재유	宰唯	10,11	목수	높고 귀한 신분을 누리며 고유의 개성미를 추구하라.
주원	珠原	11,10	금토	아름다운 영화를 누리며 명문가를 세워라.
채아	彩娥	11,10	화토	아름다운 영화를 자랑하며 만인의 사랑을 받아라.
현수	賢洙	15,10	금수	은혜를 널리 베풀며 아름다운 행복의 물결을 누려라.

15획 유(劉)씨와 노(魯)씨의 남자 이름

한글	한자	획수	자원오행	뜻풀이
다겸	多兼	6,10	수금	풍요로운 인생을 누리며 커다란 영화를 자랑하라.
도윤	途玧	14,9	토금	바른 자세로 나아가며 높고 귀한 신분을 누려라.
도후	到厚	8,9	금토	자신의 뜻을 이루어 두터운 행복을 누려라.
서우	曙宇	18,6	화목	희망찬 새벽을 열어 가며 명문가를 이루어라.
성원	省源	9,14	목수	만인의 규범이 되며 명문가의 근원을 이루어라.
승후	承侯	8,9	목화	가문을 잘 계승발전시키며 높고 귀한 신분을 자랑하라.
시윤	施昀	9,8	토화	은혜를 널리 베풀며 밝은 영화를 자랑하라.
준우	濬宇	18,6	수목	깊은 행복의 물결을 누리며 명문가를 이루어라.
찬규	燦圭	17,6	화토	빛나는 영화를 자랑하며 높고 귀한 신분을 누려라.
호준	鎬準	18,14	금수	아름다운 영화를 누리며 만인의 규범이 되어라.

15획 유(劉)씨와 노(魯)씨의 여자 이름

한글	한자	획수	자원오행	뜻풀이
도윤	導潤	16,16	목수	만인의 규범이 되며 풍요로운 인생을 누려라.
도하	睹河	14,9	목수	바른 자세로 나아가며 아름다운 행복의 물결을 누려라.
서린	恕麟	10,23	화토	어진 심성과 자태를 지니고 빼어난 기상을 자랑하라.
서윤	諝潤	16,16	금수	슬기로움을 자랑하며 풍요로운 인생을 누려라.
선우	璇遇	16,16	금토	아름다운 영화를 자랑하며 하늘의 은총을 누려라.
세영	洗瓔	10,22	수금	깨끗한 영화를 누리며 높고 귀한 신분을 자랑하라.
예진	叡縝	16,16	화목	슬기로움을 자랑하며 아름다운 영화를 누려라.
유진	維晉	14,10	목화	만인의 규범이 되며 향상발전을 이루어 나가라.
주영	姝瑛	9,14	토금	예쁜 심성과 자태를 지니고 옥빛 찬란한 영화를 누려라.
주현	姝顯	9,23	토화	아름다운 심성과 자태를 지니고 밝은 영화를 누려라.

16획 노(盧)씨와 진(陳)씨의 남자 이름

한글	한자	획수	자원오행	뜻풀이
도원	到遠	8,17	금토	자신의 꿈을 펼치며 원대한 이상을 추구하라.
민성	岷成	8,7	토화	높고 귀한 신분을 누리며 자신의 꿈을 이루어라.
성윤	省潤	9,16	목수	만인의 규범이 되며 풍요로운 인생을 누려라.
시현	始賢	8,15	토금	명문가를 세우고 은혜를 널리 베풀어라.
시훈	示勳	5,16	목화	만인의 규범이 되며 이 세상에 자신의 공적을 안겨 주어라.
이담	利潭	7,16	금수	은혜를 널리 베풀며 아름다운 행복의 물결을 누려라.
주상	周相	8,9	수목	두루 만사형통을 누리며 높고 귀한 신분을 자랑하라.
주한	周韓	8,17	수금	두루 만사형통을 누리며 우리나라를 대표하라.
하서	昰抒	9,8	화목	무성한 행복을 누리며 자신의 꿈을 활짝 펼쳐라.
현우	炫遇	9,16	화토	빛나는 영화를 자랑하며 많은 경사를 누려라.

16획 노(盧)씨와 진(陳)씨의 여자 이름

한글	한자	획수	자원오행	뜻풀이
도희	道熙	16,13	토화	바른 자세로 나아가며 빛나는 영화를 자랑하라.
선우	宣遇	9,16	화토	은혜를 널리 베풀며 아름다운 영화를 누려라.
시현	始賢	8,15	토금	명문가를 세우고 은혜를 널리 베풀어라.
예성	叡省	16,9	화목	슬기로움을 자랑하며 만인의 규범이 되어라.
유미	諭美	16,9	금토	만인을 깨우쳐 주며 아름다운 인생을 누려라.
정현	靜炫	16,9	목화	안락한 인생을 누리며 빛나는 영화를 자랑하라.
주하	周廈	8,13	수목	두루 만사형통을 누리며 명문가를 이루어라.
주현	周賢	8,15	수금	두루 만사형통을 누리며 은혜를 널리 베풀어라.
하담	廈潭	13,16	목수	명문가를 이루고 아름다운 행복의 물결을 누려라.
해린	該潾	13,16	금수	풍요로운 인생을 누리며 맑은 영화를 자랑하라.

17획 한(韓)씨와 채(蔡)씨의 남자 이름

한글	한자	획수	자원오행	뜻풀이
경민	炅岷	8,8	화토	빛나는 영화를 누리며 높고 귀한 신분을 자랑하라.
민성	岷成	8,7	토화	높고 귀한 신분을 누리며 자신의 뜻을 이루어라.
민수	旼秀	8,7	화목	화락한 인생을 누리며 빼어난 기상을 자랑하라.
서진	序溱	7,14	목수	모든 일을 순리대로 발전시키며 무성한 행복을 누려라.
승혁	升赫	4,14	목화	향상발전을 이루어 나가며 빛나는 영화를 누려라.
유호	有鎬	6,18	수금	오복을 두루 다 지니고 아름다운 영화를 누려라.
이준	利準	7,14	금수	이 세상에 자신의 업적을 안겨 주며 만인의 규범이 되어라.
재현	在賢	6,15	토금	오복을 두루 다 누리며 어진 심성과 자태를 지녀라.
준우	濬宇	18,6	수목	깊은 행복의 물결을 누리며 명문가를 이루어라.
하윤	賀允	12,4	금토	일생 동안 많은 경사를 누리며 진실한 자세로 나아가라.

17획 한(韓)씨와 채(蔡)씨의 여자 이름

한글	한자	획수	자원오행	뜻풀이
라윤	羅奫	20,15	목수	아름다운 영화를 자랑하며 깊고 넓은 행복의 물결을 누려라.
리원	理媛	12,12	금토	바른 자세로 나아가며 아름다운 인생을 누려라.
소담	邵覃	12,12	토금	아름다운 인생을 누리며 은혜를 널리 베풀어라.
수민	秀旼	7,8	목화	빼어난 기상을 자랑하며 화락한 인생을 누려라.
예진	譽溱	21,14	금수	아름다운 명성을 떨치며 무성한 행복을 누려라.
유리	喩理	12,12	수금	만인을 깨우쳐 주며 바른길로 나아가라.
유하	喩廈	12,12	수목	만인을 깨우쳐 주며 명문가를 이루어라.
지유	智庾	12,12	화목	슬기로움을 자랑하며 풍요로운 인생을 누려라.
지호	址昊	7,8	토화	명문가를 세우고 하늘처럼 높고 어질어라.
혜원	惠媛	12,12	화토	은혜를 널리 베풀며 예쁜 심성과 자태를 지녀라.

18획 안(顔)씨와 위(魏)씨의 남자 이름

한글	한자	획수	자원오행	뜻풀이
수인	秀因	7,6	목수	빼어난 기상을 자랑하며 명문가의 시초를 이루어라.
우진	羽進	6,15	화토	빼어난 기상을 자랑하며 향상발전을 이루어 나가라.
유호	瑜澔	14,15	금수	높고 귀한 신분을 자랑하며 아름다운 행복의 물결을 누려라.
재현	在顯	6,23	토화	오복을 두루 지니고 밝은 영화를 누려라.
정우	禎旰	14,7	목화	일생 동안 많은 경사를 누리며 커다란 영화를 자랑하라.
준우	浚宇	11,6	수목	깊은 행복의 물결을 누리며 명문가를 이루어라.
지성	址誠	7,14	토금	명문가를 세우고 만인의 규범이 되어라.
지안	志安	7,6	화목	자신의 뜻을 활짝 펼치며 안락한 인생을 누려라.
진우	進瑀	15,14	토금	향상발전을 이루어 나가며 아름다운 영화를 자랑하라.
하온	嘏瑥	14,15	수금	커다란 영화를 자랑하며 아름다운 명성을 떨쳐라.

18획 안(顔)씨와 위(魏)씨의 여자 이름

한글	한자	획수	자원오행	뜻풀이
다연	多研	6,11	수금	하늘의 많은 은총을 누리며 향상발전을 이루어 나가라.
도이	途利	14,7	토금	바른길로 나아가며 은혜를 널리 베풀어라.
리원	利源	7,14	금수	은혜를 널리 베풀며 명문가의 근원을 이루어라.
수현	守晛	6,11	목화	스스로 잘 가꾸어 지켜 나가며 밝은 영화를 누려라.
예지	睿池	14,7	목수	슬기로움을 자랑하며 아름다운 행복의 물결을 누려라.
재연	在研	6,11	토금	오복을 두루 다 누리며 스스로 갈고닦아라.
지안	志安	7,6	화목	자신의 뜻을 활짝 펼치며 안락한 인생을 누려라.
지원	址愿	7,14	토화	명문가의 토대를 이루고 자신의 일에 정성을 다하라.
지유	池維	7,14	수목	아름다운 행복의 물결을 누리며 만인의 규범이 되어라.
지현	至顯	6,23	토화	자신의 뜻을 이루어 밝은 영화를 누려라.

19획 정(鄭)씨와 설(薛)씨의 남자 이름

한글	한자	획수	자원오행	뜻풀이
도운	渡賱	13,16	수금	자신의 뜻을 이루어 풍요로움을 자랑하라.
서원	舒元	12,4	화목	자신의 꿈을 활짝 펼치며 만인의 규범이 되어라.
선유	璿洧	19,10	금수	아름다운 영화를 누리며 모든 일을 순리대로 발전시켜라.
선재	善才	12,4	수목	은혜를 널리 베풀며 슬기로움을 자랑하라.
승우	勝羽	12,6	토화	자신의 꿈을 활짝 펼치며 향상발전을 이루어 나가라.
시우	詩遇	13,16	금토	여유로운 인생을 즐기며 하늘의 은총을 누려라.
인성	印盛	6,12	목화	높고 귀한 신분을 자랑하며 풍요로운 인생을 누려라.
인호	隣鎬	20,18	토금	은혜를 널리 베풀며 아름다운 영화를 누려라.
재훈	在勛	6,12	토화	오복을 두루 다 누리며 은혜를 널리 베풀어라.
태원	太源	4,14	목수	만인의 규범이 되며 명문가의 근원을 이루어라.

19획 정(鄭)씨와 설(薛)씨의 여자 이름

한글	한자	획수	자원오행	뜻풀이
다민	多珉	6,10	수금	하늘의 많은 은총을 누리며 아름다운 영화를 자랑하라.
도희	道熙	16,13	토화	바른 자세로 나아가며 빛나는 영화를 자랑하라.
서아	諝阿	16,13	금토	슬기로움을 자랑하며 아름다운 인생을 누려라.
수린	綏潾	13,16	목수	안락한 인생을 누리며 맑은 영화를 자랑하라.
여은	如殷	6,10	토금	자신의 꿈을 활짝 펼치며 무성한 영화를 자랑하라.
유빈	有斌	6,12	수목	오복을 두루 다 지니고 빛나는 영화를 누려라.
윤지	倫至	10,6	화토	만인의 규범이 되며 자신의 꿈을 이루어라.
지유	祇有	10,6	금수	만인의 공경을 받으며 오복을 두루 다 누려라.
하연	廈燕	13,16	목화	명문가를 이루고 일생 동안 많은 경사를 누려라.
희라	熙羅	13,20	화목	빛나는 영화를 자랑하며 아름다운 인생을 누려라.

20획 나(羅)씨와 엄(嚴)씨의 남자 이름

한글	한자	획수	자원오행	뜻풀이
도하	度河	9,9	목수	만인의 규범이 되며 모든 일을 순리대로 발전시켜라.
선후	宣厚	9,9	화토	은혜를 널리 베풀며 두터운 행복을 누려라.
승준	升俊	4,9	목화	향상발전을 이루어 빼어난 기상을 자랑하라.
승현	勝鉉	12,13	토금	빼어난 기상을 자랑하며 높고 귀한 신분을 누려라.
시유	詩喩	13,12	금수	아름다운 인생을 누리며 만인을 깨우쳐 주어라.
시하	施賀	9,12	토금	은혜를 널리 베풀며 일생 동안 많은 경사를 누려라.
시혁	是奕	9,9	화목	바른 자세로 나아가며 커다란 영화를 누려라.
우주	禹炷	9,9	토화	만인의 규범이 되며 이 세상에 등불을 밝혀주어라.
태윤	泰玧	9,9	수금	빼어난 기상을 자랑하며 아름다운 영화를 누려라.
태하	泰厦	9,12	수목	커다란 영화를 자랑하며 명문가를 이루어라.

20획 나(羅)씨와 엄(嚴)씨의 여자 이름

한글	한자	획수	자원오행	뜻풀이
선우	宣禹	9,9	화토	은혜를 널리 베풀며 만인의 규범이 되어라.
소율	邵律	12,9	토화	아름다운 인생을 누리며 만인의 규범이 되어라.
소하	昭厦	9,12	화목	밝은 영화를 누리며 명문가를 이루어라.
수연	琇姸	12,9	금토	아름다운 영화를 누리며 예쁜 심성과 자태를 지녀라.
시하	施賀	9,12	토금	은혜를 널리 베풀며 일생 동안 많은 경사를 누려라.
유민	喩玟	12,9	수금	만인을 깨우쳐 주며 아름다운 영화를 누려라.
유정	柔淨	9,12	목수	부드러운 심성과 자태를 지니고 깨끗한 영화를 누려라.
윤주	玧注	9,9	금수	높고 귀한 신분을 자랑하며 아름다운 행복의 물결을 누려라.
태리	太悧	4,11	목화	커다란 영화를 누리며 슬기로움을 자랑하라.
태유	泰柔	9,9	수목	커다란 영화를 자랑하며 부드러운 심성과 자태를 지녀라.

22획 권(權)씨와 소(蘇)씨의 남자 이름

한글	한자	획수	자원오행	뜻풀이
순효	純孝	10,7	목수	만인의 규범이 되며 가문을 잘 계승발전시켜라.
시훈	施勳	9,16	토화	은혜를 널리 베풀며 이 세상에 자신의 공적을 안겨 주어라.
우진	佑眞	7,10	화목	은혜를 널리 베풀며 만인의 규범이 되어라.
유림	洧琳	10,13	수금	모든 일을 순리대로 발전시키며 아름다운 영화를 자랑하라.
윤성	潤省	16,9	수목	풍요로운 인생을 누리며 만인의 규범이 되어라.
이담	利潭	7,16	금수	은혜를 널리 베풀며 아름다운 행복의 물결을 누려라.
재이	財里	10,7	금토	풍요로움을 자랑하며 안락한 인생을 누려라.
지훈	址訓	7,10	토금	명문가를 세우고 만인의 규범이 되어라.
혁우	奕佑	9,7	목화	커다란 영화를 자랑하며 은혜를 널리 베풀어라.
현우	炫遇	9,16	화토	빛나는 영화를 자랑하며 많은 경사를 누려라.

22획 권(權)씨와 소(蘇)씨의 여자 이름

한글	한자	획수	자원오행	뜻풀이
규리	奎利	9,7	토금	높고 귀한 신분을 자랑하며 이 세상에 자신의 업적을 안겨 주어라.
보민	甫玟	7,9	수금	빼어난 기상을 자랑하며 아름다운 영화를 누려라.
세하	洗廈	10,13	수목	깨끗한 영화를 누리며 명문가를 세워라.
수현	秀炫	7,9	목화	빼어난 기상을 자랑하며 빛나는 영화를 누려라.
유나	瑈娜	13,10	금토	풍요로움을 자랑하며 아름다운 인생을 누려라.
유주	柔澍	9,16	목수	은혜를 널리 베풀며 이 세상에 단비를 내려 주어라.
은수	誾洙	15,10	금수	화평한 인생을 누리며 모든 일을 순리대로 발전시켜라.
지안	志案	7,10	화목	자신의 뜻을 활짝 펼치며 아름다운 이상을 추구하라.
지윤	址倫	7,10	토화	명문가를 세우고 만인의 규범이 되어라.
하진	夏進	10,15	화토	무성한 행복을 누리며 향상발전을 이루어 나가라.